02

浙大文献学
研究生教程

说文段注八讲

王诚 著

商籍印书馆

图书在版编目（CIP）数据

说文段注八讲 / 王诚著 . — 北京 : 商务印书馆 , 2023
（浙大文献学研究生教程）
ISBN 978-7-100-22385-0

Ⅰ . ①说…　Ⅱ . ①王…　Ⅲ . ①《说文》－注释－
研究生－教材　Ⅳ . ① H161

中国国家版本馆 CIP 数据核字（2023）第 073613 号

浙大文献学研究生教程

说文段注八讲

王　诚　著

商 务 印 书 馆 出 版
（北京王府井大街 36 号　邮政编码 100710）
商 务 印 书 馆 发 行
上海盛通时代印刷有限公司印刷
ISBN　978-7-100-22385-0

2023 年 10 月第 1 版　　开本　880 × 1240　1/32
2023 年 10 月第 1 次印刷　印张　10¾

定价：78.00 元

总　序

何为"文献"?《论语·八佾》:"夏礼吾能言之,杞不足征也;殷礼吾能言之,宋不足征也。文献不足故也。"这是"文献"一词的最早出处。三国魏何晏《论语集解》引郑玄注:"献,犹贤也。我不以礼成之者,以此二国之君,文章、贤才不足故也。"南宋朱熹《论语集注》:"文,典籍也;献,贤也。"按照郑玄和朱熹的说法:文,指有关典章制度的文字资料;献,指熟悉掌故的人。后来"文献"的概念发生了一些变化,从指"典籍和贤才"的并列结构转向偏指"典籍"。宋末元初马端临的《文献通考》,是第一部以"文献"命名的著作,此书中的"文献"即指典籍和文字资料。

何为"文献学"? 文献学是一门探究如何对文献进行整理与研究的学问,古典文献学的研究对象即是古代典籍。自西汉刘向、刘歆父子领校秘书、整理群籍以来,一直到清代章学诚提出"辨章学术,考镜源流",中国古代文献学研究的历史源远流长。就狭义的古文献学而言,包括语言文字和文本形态,涉及中国古代语言文字学和古籍版本、目录、校勘、辑佚、辨伪、编纂等方面的学问。这大约是"文献学"本体课程的范畴。广义"文献学"的概念始见于近代,泛指以文献为研究对象的传统学问,经过几代学者的推阐和实践,文献学的内涵和外延得到不断的深化和发展。

我们这套教程的文献学概念就属于后者。

虽然古文献学的定义有广狭之分，但其宗旨和目的是明确的，那就是整理和研究中国历代文献典籍、传承和弘扬中华优秀传统文化。可以说，古典文献学是关于古文献阅读、整理、研究和利用的学问。浙江大学古籍研究所承担的正是这样的工作。

浩如烟海的古书典籍是中国古代文化的重要载体，其形式和内容两方面的特点决定了古文献学是个既交叉又综合的学科。就内容而言，古文献学分为具体和抽象两个方面：前者包括文献记载的人物、史事、年代、名物、典制、天文、地理、历算、乐律等，涉及自然和社会、时间和空间诸多方面的具体内容；后者主要指文献中的思想观念，需要紧密结合语言文字和具体内容剖析探求。按学术性质来分，古文献学又分考据学和义理学，有关形式方面的文字、音韵、训诂、版本、目录、校勘、辑佚、辨伪诸学及有关内容的考实之学均属考据学；有关思想内容的剖析探求属于义理学。浙大古籍所的文献学诸课程，秉承清代朴学学风，考据为主，兼具义理分析，二者紧密结合。

浙江大学古籍研究所的文献学课程已有近四十年的历史。我所的前身是杭州大学古籍研究所，1983 年经教育部批准成立，是全国高等院校古籍整理研究工作委员会所属的二十四家古籍整理研究机构之一。首任所长是著名学者姜亮夫先生。由姜先生组建的学术队伍文史哲兼备，设置的课程包含了广义文献学的各个领域。从姜先生主持制定的研究生培养方案（见序后所附）中，可以看出当初的规模和教学的理念。经过四十年的发展，我所现已成为海内外有较大影响的传统文化研究和人才培养基地，所辖中国古典文献学专业分别于 1983 年和 1984 年被国务院学位委员会评定为硕士学位授权点和博士学位授权点，1994 年被评为浙江省重点学科，2007 年被评为国家重点学科。目前，我所的文献学课程也因为研究人员的变动而处于变化之中。

为了适应新时代的要求，进一步加强古籍整理和研究人才的培养，推进研究生教育的改革和创新，同时，也为了使我所教师的教学科研成果为更多人所知、所享、所用，在古籍所成立四十周年之际，我们组织编写了"浙大文献学研究生教程"。这套教程包括：《礼学文献八讲》《说文段注八讲》《敦煌经学文献八讲》《宋代科举八讲》《音韵学八讲》《训诂学八讲》《中古汉译文献语言八讲》《博物学八讲》《东亚文献学八讲》《唐代避讳问题八讲》《汉文佛教文献八讲》《出土文献与周礼八讲》《敦煌道教文献八讲》《敦煌写本文献学》，共十四种。这些都是老师们发挥自身研究特长，同时根据课程特点和学生需求，在多年探索、积累的基础上撰写的研究生文献学教材，以学术性为主，兼顾知识性和普及性。因为浙江大学一学年分为春夏秋冬四个学期，一门课通常开一个学期，每学期八周，故大部分教材都是八讲。

这套教程涵盖了我所的主要研究方向，但不能包括所有文献学课程。教程在文献学的基础上，广涉经学、礼学、传统语言学、敦煌学、史学、宗教学等诸多领域。从书名中就可看到，涉及的文献种类丰富多样。从文献的流传来看，既有传世文献，又有出土文献；从文献的版本来看，既有刻本文献，又有写本文献；从文献的存藏来看，既有域内文献，又有域外文献；从文献的内容来看，涵括儒家文献、佛道文献；等等。这套教程在选题设计上点面结合，既有学科通论，也有专题研究；在内容安排上广度和深度相结合，一方面注意知识的覆盖面，对相关学科或专题做体系的介绍，另一方面也体现深浅梯度和进阶层级，重视培养分析问题、解决问题的能力。因为授课者对各自领域均有深入的研究，这套教程视野广阔，内容前沿，材料新颖，对于文献学及相关专业的青年学子，以及热爱中华典籍和传统文化、有志于学习和研究文献学的广大朋友，是一套很好的读本，相信会有助益。

古籍工作得到党和国家的高度重视。1981 年 9 月，中共中央发出《关于整理我国古籍的指示》，推动我国古籍事业不断向前发展。新时代古籍事业迎来新的发展机遇。2022 年 4 月，中共中央办公厅、国务院办公厅印发《关于推进新时代古籍工作的意见》，全面部署古籍工作，意见指出："做好古籍工作，把祖国宝贵的文化遗产保护好、传承好、发展好，对赓续中华文脉、弘扬民族精神、增强国家文化软实力、建设社会主义文化强国具有重要意义。"在中华优秀传统文化日益融入时代、走进生活的今天，古籍整理与研究事业任重道远，前途无限，我们愿意与学界同道一起携手共进，为赓续中华文脉、弘扬民族精神贡献力量。

浙江大学古籍研究所　王云路

2022 年 12 月

附录　二十世纪八十年代姜亮夫先生制定的古典文献学硕士研究生培养方案（专业课和专题报告部分）

专业课	
《尚书》	1. 以上每种有一人讲授，求会通。此外，下列几种可由学生选读一两种，要求熟练，并自选导师指导：《周易》《老子》《论语》《墨子·经说》诸篇，《中庸》或《大学》。 2. 以上诸书除熟读外，并即作为基本技能练习之专书，用三百年来有关学者最佳成就为基本读物，一定要从头到尾读透、点过，并且作出笔记等。
《诗经》	
《左传》	
《庄子》	
《荀子》	
《韩非子》	
屈原赋	
《史记》	
《续资治通鉴长编》	
文字学	读《说文解字》。以三分之一时间讲甲骨金文。
声韵学	读《广韵》。以三分之一时间讲古韵学。
训诂学	读《尔雅义疏》。
文献学	参《通志二十略》，廿四史志书。
目录学	参《汉书·艺文志》《隋书·经籍志》《通志·艺文略》《四库全书总目提要》。
版本学	
校雠学	参郑樵《通志·校雠略》、章学诚《校雠通义》。
要籍解题及古籍校读	

专题报告	
中国文化史	
中国思想史	
佛典泛论	
道教概论	
三教斗争史	
中国名学和印度因明学	
金石学	
中国艺术史	
中印交通史	
中国科技史	
天文历算书目提要	以上专题报告，针对学生进一步学习的志愿，来灵活安排。报告时数，按内容需要灵活掌握。
史记历书、汉书律历志算释	
中国六大古都的结构形势	
中国方志学	
礼俗与民俗学	
文物与文献	
档案学	
历史统计学	
历史研究中的语言学方法	
文化人类学	
制度与制度史	
历代职官小史	
中国医学	

目 录

第一讲 段玉裁及其《说文》学

学习和研究传统语言文字学，《说文解字》是必读的一部经典。《说文解字》简称《说文》，东汉许慎撰，是中国语言学史上第一部分析字形、考究字源、说解字义、辨识音读的字典，而且是一部具有理论性和独创性的小学专书。后世研究《说文》形成专门的学问，即《说文》学，又称许学。清代是《说文》学的鼎盛时期，其中成就最为卓著的是段玉裁、朱骏声、桂馥和王筠，被誉为"《说文》四大家"。居四大家之首的是段玉裁，他所著的《说文解字注》简称《说文段注》或《段注》，在数百种整理、注释《说文》的著作中首屈一指，在四大家的《说文》研究中最为精深、全面。与段玉裁齐名的乾嘉学者王念孙推重《段注》，为之作序称：自许慎之后，"盖千七百年来无此作矣"。《段注》不仅是研习《说文》乃至传统小学必读的权威性著作，而且是研治经史之学特别是先秦两汉典籍的训诂要书。

一　段玉裁生平简述

段玉裁（1735—1815），字若膺，号懋堂，亦作茂堂，江苏金坛（今常州市金坛区）人，清代著名经学家、文字音韵训诂学家。段玉裁出身于普通的耕读之家，家境贫寒，其先人有诗句云"不种砚田无乐事，不撑铁骨莫支贫"，祖父、父亲皆以授徒为生。段玉裁六岁从祖父发蒙，九岁开始从父读书，二十六岁恩科乡试中举，于入都参拜座师之际，得顾炎武《音学五书》，"读之，惊其考据之博衍，始有意于音均之学"[1]。次年在京城参加会试，不第，后以举人的身份在景山万善殿官学任教习之职。两年以后，以考据学成就声重京师的戴震同样会试不第，滞留在京城。段玉裁与当时好学之士前往拜访，并听其讲学。戴震南归后，段玉裁以信札问安，自称弟子。由于中举时间段比戴早，戴震谦不敢当，数年之后才许以师弟相称。段玉裁服膺戴震的学说，并在小学方面传承和发展了戴震的学术，而且终身感念师恩，"虽耄，或称震，必垂手拱立，朔望必庄诵震手札一通"，还将戴震的《原善》《孟子字义疏证》和廿一经[2]并列，"恭安几上，手披口读"，八十岁时"思先生而不可见，于是修先生年谱一卷付刻"。

段玉裁三十六岁时，由吏部铨授贵州玉屏县知县，谁知两年之后便因违误遭罢，又奉命发四川候补而至成都，此后三年，署理富顺县及南溪县事。当时正值清廷平定大小金川叛乱，段玉裁还曾被派去办理化林坪兵站事务。尽管事务繁忙，但"每处分毕，漏下三鼓，辄篝灯改窜《六书音均表》以为常"。《六书音均表》成书于 1775 年，是年段玉裁四十一岁。第二年便开始作《说文解字读》，故《段注》卷十五谓此注"发轫于乾隆丙申"，即指此年。四十四岁因受四川长官青睐，得补巫山知县，"事简民和"。然而不到三年便称疾致仕归，结束了其十年仕宦生涯。段玉裁虽所任

---

[1]　本节引文见刘盼遂《段玉裁先生年谱》，不再一一注明。关于段玉裁的生平，详参董莲池《段玉裁评传》，南京大学出版社，2006 年，第 1—46 页；王华宝《段玉裁年谱长编》，江苏人民出版社，2016 年。

[2]　段玉裁在十三经之外，益以《国语》《大戴礼记》《史记》《汉书》《资治通鉴》《说文解字》《九章算术》《周髀算经》，合为廿一经。

仅为七品知县，但"所至有政声"，"民爱戴之"。

　　辞官回故里之后，段玉裁一方面有更多的时间闭门著述，另一方面交游日广，和当时的学术界有了更多的联系，遂潜心钻研学问。归途过南京，前往钟山书院拜谒钱大昕，段玉裁在任官之前，就曾与之书信往还，讨论音韵。回到金坛后，得卢文弨、金榜、刘端临为友。五十五岁那年，家中遭横逆之事，为避难而赴京。此时始得与王念孙把晤，并商订古音。王念孙早年亦受教于戴震，二人可说是同门师兄弟，后来段玉裁为王念孙作《广雅疏证序》，王念孙为段玉裁作《说文解字序》。此时段玉裁在学界已颇知名，阮元奉诏校勘石经《仪礼》，曾致函商问疑难之处。后来阮元主持校勘《十三经注疏》，聘请段玉裁参与其事，并委以重任。段玉裁在交游中结识了不少名家，通过学术交流汲取时贤的研究成果。在《说文解字注》中可以看到段玉裁对其同时代学者的观点多有引用，引用率最高的是其师戴震的观点，钱大昕、王念孙的观点也数次出现，此外，还有程瑶田、王鸣盛、姚鼐、江声、金榜、庄述祖、王引之、江沅、钮树玉、沈彤、陈寿祺等，乃至其弟子陈奂。

　　段玉裁晚年移家居苏州，从六十岁即1794年开始，着手将先前完成的《说文解字读》隐括作注。尽管俗事羁绊、病痛困扰、精力衰减，但段玉裁在十余年间克服了种种艰难，始终执着于撰写《说文解字注》，念念不忘完成这部著作，用他自己的话说是"勉治《说文解字》"。虽然有时进展缓慢，甚至不得不暂停，但得益于深厚的学术积累和非凡的精神意志，撰作计划还是在步步推进。段玉裁在写给至友刘端临的信中曾说，"胸中充积既多，触处逢源，无所窒碍"。终于在1807年段玉裁七十三岁时，《说文解字注》三十卷全部撰成。如果从作《说文解字读》算起，可谓积时三十年。但书的刊刻需要人力和物力，所以直到1815年段玉裁八十一岁时，《说文解字注》才全部刊成，刻成未过数月，段玉裁即归道山。王念孙闻讯后对陈奂说："若膺死，天下遂无读书人矣。"

二　段玉裁对《说文》 体例的阐发

段玉裁在《说文叙》注中说："自有《说文》以来，世世不废，而不融会其全书者，仅同耳食，强为注解者，往往眯目而道白黑。"《说文》有明确的理论指导，并按一定的原则编排，内含体例，且具系统性，但许慎没有列出"凡例"明示读者。要读懂《说文》，首先要了解其中的体例。颜之推在《颜氏家训·书证》里就曾指出《说文》"隐括有条例，剖析穷根源"。南唐徐锴的《说文解字系传》第一次较全面地注释《说文》，也开创了对《说文》体例的研究。不过，宋元明的《说文》研究主要侧重于"六书"。《说文》体例的研究至清代始兴盛，《段注》更为全面系统地揭示和发明了许书条例，正如江沅在《说文解字注后叙》中所说："许氏著书之例以及所以作书之旨，皆详于先生所为注中。"以下列举其中部分并做概要说明。

1. 说解的体例

首先，《说文》对文字的说解分形、义、音三个部分，全书贯彻形义统一的原则；段玉裁在此基础上进一步阐发"形音义互相求"的理论方法。从形音义三者的关系入手，方能把握许书体例的核心，如：

《一部》[1]"一"字下注云："《尔雅》《方言》，所以发明转注假借。《仓颉》《训纂》《滂熹》及《凡将》《急就》《元尚》《飞龙》《圣皇》诸篇，仅以四言、七言成文，皆不言字形原委。以字形为书，俾学者因形以考音与义，实始于许，功莫大焉。"

《一部》"元"字下注云："凡文字有义、有形、有音。《尔雅》已下，义书也；《声类》已下，音书也；《说文》，形书也。凡篆一字，先训其义，若'始也''颠也'是。次释其形，若'从某，某声'是。次释其音，若'某声'及'读若某'是。合三者以完一篆，故曰形书也。"

《说文叙》"厥谊不昭，爰明以谕"注："许君之书，主就形而为之说解。其篆文，则形也。其说解，则先释其义，……次释其形，……次说其音，……必先说义者，有义而后有形也。音后于形者，审形乃可知音，即形即音也。合三者以完一篆，说其义而转注、叚借明矣，说其形而指事、象形、形声、会意明矣，说其音而形声、叚借愈明矣。一字必兼三者，三者必互相求；万字皆兼三者，万字必以三者彼此这道互求。"

段玉裁在《说文》开篇"一"字下就明确指出许书的主旨和特点。与其他字书、训诂专书以及韵书不同，《说文》是一部"形

---

[1]　为简省起见，一般情况下，本书引《说文》只出部目，不出书名。

书"，其目的是说明"字形原委"，并"因形以考音与义"，可以说是对字形、字义、字音的全面说解。形、音、义三者之间存在紧密的联系，在《说文》中体现最明显的是形和义的关系。"传统语言文字学把形义统一看作研究古文字和古代文献词义的一个重要原则，看作由字而及词的一个重要途径"，而《说文》"最早把理论和实践结合起来，全面系统地贯彻这个原则来说形说义"。[1]许慎对字义的训释必与字形相贴切，段玉裁说："许造此书，依形立解，断非此形彼义，牛头马脯，以自为矛盾者。"[2]《段注》反复申明这一原则，如：

《玉部》："瑱，以玉充耳也。"段注："瑱不皆以玉，许专云以玉者，为其字之从玉也。凡字从某、为某之属，许君必言其故。"

《豐部》："豔[3]，好而长也。"段注："今人但训美好而已，许必云'好而长'者，为其从豐也。豐，大也。大与长义通。"

《广部》："庶，屋下众也。"段注："诸家皆曰：'庶，众也。'许独云屋下众者，以其字从广也。"

《心部》："慶（庆），行贺人也。"段注："贺下曰：'以礼相奉庆也。'是二篆为转注也。贺从贝，故云以[4]'以礼相奉庆'；从夊[5]，故云'行贺人'。"

按：所谓"言其故"，可以理解为说明字形和字义的相关性，

---

［1］　参见陆宗达、王宁《训诂方法论》，中华书局，2018年，第31页。
［2］　见《心部》"慎"字下注。
［3］　为了分析字形的需要，本书引《说文》原文及段玉裁注文保留必要繁体字形。
［4］　"以"字衍。
［5］　"从夊"前似脱"庆"字。

具体来说就是说明构意（造意），即构形体现的造字意图，以及构件所带的意义信息。

《说文》中有一部分字的造意直接就是实义，即可以直接根据字形的分析来解释字义[1]，如：

> 《珏部》："珏，二玉相合为一珏。"段注："《左传正义》曰：'瑴，《仓颉篇》作珏，云双玉为珏，故字从双玉。'按，《淮南书》曰：'玄玉百工。'注：'二玉为一工。'工与珏双声，百工即百珏也。不言'从二玉'者，义在于形，形见于义也。"

按：与"珏"类似的重叠式会意字还有"㸞，二爻也""皕，二百也""从，二人也""鱻，二鱼也"等，段玉裁谓之"以形为义"或"即形为义"。当然，这一条例并不限于重叠式会意字，下面两例中的"覸"是会意兼形声，"㬎"是变体象形，同样是"以形为义"：

> 《面部》："覸，面见人也。从面见，见亦声。"段注："此以形为义之例。"

> 《㬎部》："㬎，到首也。贾侍中说，此断首到县㬎字。"段注："到者，今之倒字。此亦以形为义之例。……不言从到首者，形见于义，如'珏'下不言'从二玉'也。"

《说文》作为一部"形书"，对形义关系做了明确的说明和系统的分析，而对音义关系的探讨则主要体现于声训。声训在汉代颇为盛行，许慎在说解中并未有所标示，以至于《说文》声训在后代一直晦而不显。由于段玉裁在古音研究上的造诣，《说文》中

---

[1] 造意直接就是实义，还有另外一种情况，即"释义切合字形，而且切合字形的意义在早期文献中确实使用过"。参见李国英《〈说文〉的造意——兼论辞书对〈说文〉训释材料的采用》，《辞书研究》1987 年第 1 期。

的声训现象得以揭示。《段注》常常指出训释词和被训释词之间或双声或叠韵或同音的关系，由此标示出《说文》中的声训，如：

《一部》："天，颠也。"段注："此以同部叠韵为训也。凡'门，闻也''户，护也''尾，微也''髪（发），拔也'皆此例。"

《革部》："鞳，鞳[1]辽也。"段注："此'门，闻也''户，护也''鼓，郭也''琴，禁也'之例，以叠韵说其义也。辽者，谓辽远必闻其音也。"

《肉部》："腹，厚也。"段注："腹、厚叠韵。此与'髪，拔也''尾，微也'一例。谓腹之取名，以其厚大。"

《亶部》："亶，度也。民所度居也。"段注："此以音说义，与'蔓，度也'音义略同。"

虽然声训在汉代已广泛运用[2]，但音义关系在理论上并未得到系统的论述，"直到清代，'因声求义'作为训诂的一个重要方法，才臻于系统化、理论化"[3]。戴震《六书音均表序》云："故训音声，相为表里。"段玉裁继承戴震的学术理念，阐发和实践了形音义三者互求的研究方法，他在《广雅疏证序》中说："学者之考字，因形以得其音，因音以得其义。……治经莫重乎得义，得义莫切于得音。"这可以说是段玉裁治《说文》的基本方法。

其次，段玉裁针对《说文》特定的说解，揭示和阐发了各种

---

[1] 段玉裁注云："此复字删之未尽者。"

[2] 黄侃说："试取《说文解字》观之，其说解之字，什九以声训，以意训者至鲜。"见黄侃述，黄焯编《文字声韵训诂笔记》，上海古籍出版社，1983年，第200页。董婧宸根据较为严格的语音标准、意义标准，统计《说文》声训共882条。见董婧宸《〈说文解字〉声训与〈说文〉六书的形体分析——论〈说文解字〉声训的形训特点》，《民俗典籍文字研究》第21辑，商务印书馆，2018年。

[3] 陆宗达、王宁《训诂方法论》，中华书局，2018年，第73页。

具体的训释条例。下面举例对其中一部分条例略做说明。如：

　　《乌部》："舄，雗也。"段注："谓舄即雗字。此以今字释
古字之例。古文作舄，小篆作雗。舁下曰：'厚也。'《周礼》
注曰：'勋读为勋。'皆以今字释古字。"

　　《穴部》："窊，深也。"段注："此以今字释古字也。窊湥
古今字。"

　　按：这是"以今字释古字"之例，段玉裁指出上述两例的被
训释字和训释字是古今字关系。又如：

　　《木部》："梫，桂也。"段注："许言梫桂也者，梫为桂之
一，而桂不止于梫也。"

　　按：此例是以大名释小名，即用上位概念（属概念）训释下
位概念（种概念）。又如：

　　《玉部》："瑾，瑾瑜，美玉也。"又："瑜，瑾瑜也。"段
注："凡合二字成文，如瑾瑜、玫瑰之类，其义既举于上字，
则下字例不复举，俗本多乱之。"

　　《犬部》："狻，狻麑，如虦猫，食虎豹者。"段注："于此
详之，故《鹿部》麑下只云：'狻麑也。'全书之例如此。凡
合二字成文者，其义详于上字，同部异部皆然。"

　　《女部》："婴，婴婗也。"段注："各本婗上删婴字，今
补。此三字句，婴婗合二字为名，不容分裂。"

　　按：这是说明《说文》联绵字训释的条例，段玉裁认为"瑾
瑜""玫瑰""狻麑""婴婗"等上下二字"不容分裂"，即"合二
字成文"。联绵字的上下二字释义方式有别，许慎于上字详细释
义，于下字则不再重复，无论二字同属一个部还是分属不同的部。
又如：

《艸部》："苋，苋菜也。"段注："菜上苋字，乃复写隶字删之仅存者也。寻《说文》之例，云芙菜、葵菜、莙菜、蘆菜、薇菜、萑菜、莛菜、蘸菜、苋菜，以释篆文。䔖者，字形；葵菜也者，字义。如《水部》，䀚者，字形；河水也者，字义。"

《山部》："岷，岷山也。"段注："三字句。各本无'岷'字，浅人所删，乃使文理不完。许书之例，以说解释文字，若'岷'篆为文字，'岷山也'为说解，浅人往往泛谓复字而删之。如'髦'篆下云'髦髮也'，'巂'篆下云'巂周'，'河'篆、'江'篆下云'河水''江水'，皆删一字，今皆补正。"

《马部》："驱，驱马也。"段注："各本作'马驰也'，今正。此三字为一句。䮸为篆文。此三字言其义，许之例如此。"

《水部》："河，河水。"段注："各本水上无'河'字，由尽删篆下复举隶字，因并不可删者而删之也。许君原本当作'河水也'三字。䀚者，篆文也。'河水也'者，其义也。此以义释形之例。毛传云：'洽，水也。渭，水也。'此释经之例。"

按：这是"复举隶字"之例，上述四例中，段玉裁根据许书"以义释形"的体例，认为说解中当复举被释字，不应该删去。再如：

《广部》："廪，廣（广）也。"段注："上文殿之大屋曰廣矣，此廣则其引伸之义也。凡读《说文》者，必知斯例，而后无所窒。"

《马部》："駔，壮马也。"段注："《士部》曰：'壮者，大也。'《亣部》：'奘者，駔大也。'《释言》曰：'奘，駔也。'郭云：'今江东呼为大駔，而犹麤也。'按，駔本大马之偶，引伸为凡大之偶，故駔篆下云'奘马'，而奘篆下但云

'驵大'，许书义例之精密如此。"

按：这是说明《说文》训释词既可以用其本义，也可以用其引申义，如果都以本义去理解，有时便会扞格难通。"廣""庼"同处一部，且相隔不远，因此，段玉裁特地指出训释词"廣"应当取其引申义大，而非本义殿之大屋。同样，"驵"的本义是大马，而作为"奘"的训释词则当取其引申义粗大。

《说文》义例的精密还体现在相关字词释义的相互补充和相互参见，但限于体例，许慎并未明示，《段注》对互见的条目做了沟通，从而呈现《说文》内部的系统性。如互见例，即两个同义或相关的字，释义内容互补，体现内在联系，同时避免重复：

《玉部》："琚，佩玉石也。"段注："毛公、《大戴》皆云'琚、瑀以纳间'，许君以瑀字厕于石次玉之类。……瑀下不言'佩玉石'，琚下不言'美石次玉'，互见也。"

《瓦部》："甂，瓾也。一穿。"段注："瓾下曰'甂也'，浑言之。此曰'瓾也一穿'，析言之。浑言见甂亦呼瓾，析言见瓾非止一穿，参差互见，使文义相足。此许训诂之一例也。"

又如补见例，即某字有二义，在该字下只训释其中一义，而在与之相关联的字下补足另一义：

《水部》："浅，不深也。"段注："许于深下但云'水名'，不云不浅，而测下、浅下、窡下，可以补足其义。是亦一例。"

《水部》："淖，泥也。"段注："许泥为水名，不箸涂泥之解，于此补见，是与深同例也。"

以上都是同部之字释义的互见和补见。还有异部之字训释的参见，如：

《门部》："闳，门高也。"段注："《自部》曰：'阬，闳也。'此曰：'闉，门高皃。'相合为一义。凡许书异部合读之例如此。"

再次，许慎说解文字有专门用语，段玉裁对《说文》说解术语的含义和用法做了说明。这里仅以"从某"和"一曰"这两个术语为例略做说明。"从某"是构形术语，如：

《一部》："吏，治人者也。从一，从史，史亦声。"段注："天下曰'从一大'，此不曰'从一史'者，吏必以一为体，以史为用，一与史二事，故异其词也。"

《亼部》："亼，三合也。从入一，象三合之形。"段注："许书通例，其成字者必曰'从某'，如此言'从入一'是也。"[1]

《说文叙》"会意者，比类合谊，以见指㧑，武信是也"注："凡会意之字，曰从人言，曰从止戈。人言、止戈，二字皆联属成文，不得曰从人、从言，从戈、从止。而全书内往往为浅人增一从字，大徐本尤甚，绝非许意。"

按："从某"是分析表形或表义的成字构件的用语。段玉裁分辨了"从某某"与"从某，从某"的区别。

"一曰"又作"或曰""又曰"，表示并录不同的说解，段玉裁在《示部》"祝"字下注云："凡'一曰'，有言义者，有言形者，有言声者。""一曰"可用于标示字形、字音和字义等方面的别说。不过，《说文》中大多数的"一曰"用作训诂术语[2]，如：

---

[1] "亼"在六书中属于哪一类，众说不一，徐铉等曰："此疑只象形，非从人、一也。"段注云："从入一，而非会意，则又足之曰：'象三合之形。'谓似会意而实象形也。"《六书正讹》则以为指事。因此，"亼"其实可以不拆分。

[2] 华学诚指出："《说文》在一个字头之下用一个'一曰'来说明字义的另外一种解释的例子有五百六十九个，约占全书'一曰'用例的百分之七十八强。"见华学诚《〈说文〉"一曰"义例试说》，《内蒙古师范大学学报（哲学社会科学版）》1986 年第 4 期。

《示部》："禋，絜祀也。一曰精意以享为禋。"段注："凡义有两岐者，出一曰之例。《山海经》《韩非子》《故训传》皆然，但《说文》多有浅人疑其不备而窜入者。《周语》内史过曰：'精意以享，禋也。'絜祀二字已苞之，何必更端偶引乎？举此可以隅反。"

《艸部》："蘿，茛艸也。一曰拜商蘿。"段注："《说文》言'一曰'者有二例：一是兼采别说，一是同物二名。"

《辵部》："述，敛聚也。《虞书》曰：'旁述孱功。'又曰：'怨匹曰述。'"段注："'又曰'与'一曰'同，别一义也。"

《林部》："楚，丛木。一名荆也。"段注："一名，当作'一曰'。[1] 许书之一曰，有谓别一义者，有谓别一名者。上文丛木泛词，则一曰为别一义矣。"

《鱼部》："鲖，鲖鱼。一曰鳠也。"段注："此一曰，犹今言一名也。许书一字异义，言一曰；一物异名，亦言一曰，不嫌同辞也。"

《木部》："梂，梂枣也。从朱而小。一曰梗。"段注："一曰梗者，一名梗也。"

按：段玉裁指出《说文》"一曰"主要用于两种情况，一种情况是"一字异义"，而且并非本义和引申义的关系，所谓"兼采别说"。如"述"是敛聚义，同时又有配偶义，二义相隔较远。又如"楚"泛指丛莽，但又可专指一种叫牡荆的植物，二义无引申关

---

[1]《艸部》："苢，芣苢。一名马舄，其实如李，令人宜子。"段注："《说文》凡云'一名'者，皆后人所改窜。"

系。而"禋"的二义，在段玉裁看来，洁祀义本身就包含精意以享，因此不必用"一曰"。另一种情况是"一物异名"，由于命名角度不同或其他原因，同一事物有不同的名称，即异名同实。如"鲖"的另一个名称叫"鳡"，"樗"的另一个名称叫"楰"。[1]

最后，《说文》和经学关系密切，作为古文经学大师，许慎作《说文》的主要目的并不在于分析文字训诂本身，而是从古文经学的观点出发来发扬"五经之道"，正如《说文叙》强调的，"文字者，经义之本，王政之始"。[2]《说文》的说解中有不少对儒家经典的引用，段玉裁对《说文》引经的体例也多有阐发。如：

> 《示部》："祝，祭主赞词者。从示，从儿口。一曰从兑省。《易》曰：'兑为口，为巫。'"段注："凡引经传，有证义者，有证形者，有证声者，此引《易》证形也。"
>
> 《玉部》："珒，石之次玉者，以为系璧。从玉，丰声，读若《诗》曰'瓜瓞菶菶'。一曰若陈蚌。"段注："《大雅·生民》文。此引经说字音也。"
>
> 《玉部》："璪，玉饰。如水藻之文。《虞书》曰：'璪火粉米。'"段注："凡《说文》有引经言假借者，例此。"
>
> 《艸部》："葜，艸兒。《周礼》曰：'穀檠不葜。'"段注："凡许君引经传，有证本义者，如'菶菶山川'是，有证假借者，如'穀敝不葜'，非关艸兒也。"
>
> 《艸部》："藶，艸木生箸土。《易》曰：'百谷艸木麗于

[1] 关于"一物异名"，参看第七讲第一节。
[2] 参看陆宗达《说文解字通论》，中华书局，2015年，第3—4页。

地。'"段注："此引《易》象传说从艸麗之意也。凡引经传，
有证字义者，有证字形者，有证字音者。如'艸木麗于地'
说从艸麗，'豐其屋'说从宀豐，皆论字形耳。……他如蘸字
之引《夏书》，荆字、相字、瑹字、和字、葬字、庸字、亼字
之引《易》，𢜗字之引《诗》，有字之引《春秋传》，公字之引
《孝经说》，罔字之引《孟子》，易字之引祕书，畜字之引《淮南
王》，公字之引《韩非》，皆说字形会意之恉，而学者多误会。"

按：《段注》归纳了《说文》引经的目的，包括说字形、
说字音、证字义和证假借等。由于许慎对此没有明确说明，因
此，如不解其例，则容易误会。段玉裁甚至说"不知有偁经说
叚借之例，不可与读《说文》"[1]。又如"称引经传而又释其
义"之例：

《手部》："揅，掐也。《周书》曰：'师乃揅。'揅者，抽
兵刃以习击刺也。"段注："此释《大誓》揅字之义，以明与
训掐之揅不同也。凡《说文》既说字义，而引经又释其义者，
皆以明说经与说字不同。如圛训'回行'，《商书》之'曰
圛'，则训'圛者，升云半有半无'。聖训'以土增大道'，
《唐书》之'朕聖谗说殄行'，则训'聖，疾恶也'。蒦训'火
不明'，《周书》之'布重蒦席'，则训'织蒻席也'。此亦同
此例。揅本训'掐'，而《大誓》之揅，训'抽兵刃以习击
刺'。揅与抽同，于六书为叚借，故必箸之。"

按：《说文》所引《周书》"师乃揅"的"揅"义为抽拔，与
本义掐即挖取有所不同，因此，许慎引经之后又补充释义。王筠

[1]　见《土部》"坍"字下注。

《句读》："《书》者，《大誓》逸篇，引而说之者，此别一义。"
《蛾术编》卷三十《说字》十六"挏字注"迮鹤寿案："《说文》之例，每字于训诂下有引书一句以证之者，即证本字本义，也有引书一句但证其字而其义不同者，则再下训诂，更引书以证训诂之字。即如'挏'字引《周书》曰'师乃挏'，但证其字也。此'挏'字与训'掐也'不同，故再释之曰'挏者，抽兵刃以习击刺也'。"此外，《说文》还有以引经替代释义的体例，如：

　　《走部》："趨，'趋进，趨如也。'"段注："有但引经文不释字义者，如此及'词之骵矣''紒衣长，短右袂'是也。又'色艴如也'，又'足躍如也'。"

　　《车部》："辅，《春秋传》曰：'辅车相依。'"段注："凡许书有不言其义、径举经传者，如：骵下云'词之骵矣'，鹤下云'鹤鸣九皋，声闻于天'，艴下云'色艴如也'，绚下云'《诗》云素以为绚兮'之类是也。此引《春秋传·僖公五年》文，不言辅义者，义已具于传文矣。"

　　按："趋进，趨如也"是《论语·乡党》中的话，今本"趨"作"翼"。邢昺疏云："趋进翼如也者，谓疾趋而进，张拱端好，为鸟之张翼也。""辅车相依"为《左传·僖公五年》所引谚语。"辅车"有歧解，杜预释为颊辅与牙床，段玉裁引《诗·小雅·正月》"其车既载，乃弃尔辅"孔疏："此云弃辅，则辅是可解脱之物，盖如今人缚杖于辐，以防辅车也。"认为"辅"指附于车轮外侧、用以加固的直木。段注云："《春秋传》'辅车相依'，许厕之于此者，所以说辅之本义也，所以说《左氏》也。谓辅与车必相依倚也。他家说《左》者，以颊与牙车释之，乃因下文之唇齿而傅会耳。固不若许说之善也。"

2. 编排的体例

《说文》的编排遵循一定的原则，许慎显然经过深思熟虑，但这些原则仅在《叙》中概略地提及。因此，《说文》的编排体例和说解体例一样，贯穿和蕴含在全书正文之中，有待后人发凡起例。段玉裁逐一发掘和阐明这些条例，呈现了许书内部的有序性，有助于我们把握全书的次第和各层级结构。

首先，《说文》的有序性最明显的体现，就是许慎在《叙》中所说的"分别部居，不相杂厕"，段玉裁对此注云："圣人造字实自像形始，故合所有之字，分别其部为五百四十，每部各建一首，而同首者，则曰'凡某之属皆从某'，于是形立而音义易明。凡字必有所属之首，五百四十字可以统摄天下古今之字，此前古未有之书，许君之所独创，若网在纲，如裘挈领，讨原以纳流，执要以说详，与《史籀篇》《仓颉篇》《凡将篇》乱杂无章之体例，不可以道里计。"可见部首就是《说文》之纲，纲举而目张，正如《说文后叙》所说："其建首也，立一为耑。方以类聚，物以群分。同条牵属，共理相贯。杂而不越，据形系联。引而申之，以究万原。毕终于亥，知化穷冥。"五百四十部始"一"终"亥"，排列次序有条例可循：

《一部》部末"文五、重一"注云："凡部之先后，以形之相近为次。凡每部中字之先后，以义之相引为次。《颜氏家训》所谓'櫑槌有条例'也。"

《说文后叙》"据形系联"注云："谓五百四十部次弟，大略以形相连次，使人记忆易检寻。如八篇起《人部》，则全篇三十六部皆由人而及之是也。虽或有以义相次者，但十之一而已。部首以形为次，以六书始于象形也。每部中以义为次，以六书归于转注也。"

在概括部首排序总原则的基础上，段玉裁在《说文叙》后附的部目中依次注明各部先后相蒙、相次的关系，如：

　　齿部三十八（仍蒙止而次之。）

　　牙部三十九（牙之形无所蒙，而其物齿属也，故次于此。）

　　足部四十（仍蒙止而次之。）

　　疋部四十一（仍蒙止。）

　　品部四十二（远蒙口而次之。）

同时，《段注》在一些部首字下对分部次第和排列依据也有具体阐说，如：

　　《足部》："足，人之足也。在体下。从口止。"段注："齿上止下口，次之以足，上口下止，次之以疋，似足者也，次之以品，从三口。"

段玉裁还对《说文》某些部首的立部和归部做了说明，如：

　　《珏部》"珏"字下注云："因有班、辬字，故珏专列一部，不则缀于《玉部》末矣。凡《说文》通例如此。"

　　《蓐部》"蓐"字下注云："此不与《艸部》五十三文为类而别立《蓐部》者，以有薅字从蓐故也。"

　　《句部》"鉤"字下注云："句之属三字，皆会意兼形声。不入手、竹、金部者，会意合二字为一字，必以所重为主。三字皆重句，故入《句部》。"

　　《厽部》"絫"字下注云："会意。糸，细丝也。积细丝成缯，积坆土成墙，其理一也。不入《糸部》入《厽部》，重厽也。《玉篇》乃以入《糸部》矣。"

　　《羽部》"翟"字下注云："不入《隹部》者，隹为短尾鸟总名，又此鸟以尾长为异也。"

　　《于部》"吁"字下注云："吁训惊语，故从亏口。亏者，惊意。此篆重以亏会意，故不入《口部》，如'句''丩'属字之例。"

　　其次，关于同一部首之内字的排列原则，段玉裁概括为"以义为次"，并且指出，"其列字之次第，类聚群分，皆有意义。虽少为后人所乱，而大致可稽"。[1]《段注》在具体的字下以及一些部末对部内列字顺序及其层级次第多有阐释和解说，如：

　　《玉部》"瑞"字下注云："瑞为圭璧璋琮之总偁，自璧至瑁十五字皆瑞也，故总言之。"

　　《人部》"傑（杰）"字下注云："二篆相属则义相近[2]，全书之例也。"

　　《车部》"辀"字下注云："凡许全书之例，皆以难晓之篆先于易知之篆。如辑下云：'车舆也。'而后出舆篆。辀下云：'车两辀也。'而后出辀篆是也。"

　　《雨部》"霜"字下注云："许列字，首霝，为动万物者莫疾乎此也；次之以雪，乃次之以霝、霰，谓冬雪而后春雨也；次之以露，露，春夏秋皆有之；秋深乃凝霜也，次之以霜，而岁功成矣。岁功以雪始，以霜终。"

　　《一部》部末"文五、重一"注云："《说文》每部自首至尾，次弟井井，如一篇文字。如一而元，元，始也，始而

————————

[1]　见《艸部》部末"文四百四十五、重三十一"注。
[2]　"篆"，原误作"传"，径改。

后有天，天莫大焉，故次以丕，而吏之从一终焉是也。"

《玉部》部末"文二十四、重十七"注云："自璙已下，皆玉名也。……璑已下五文，记玉之恶与美也。璧至瑞，皆言玉之成瑞器者也，瑬、珩、玦、珥至瓃，皆以玉为饰也，玼至瑕，皆言玉色也。琢、琱、理三文，言治玉也。……玲已下六文，玉声也。瑀至玖，石之次玉者也。珉至琝，石之似玉者也。琨、珉、瑶，石之美者也。……通乎《说文》之条理次第，斯可以治小学。"

《肉部》部末"文一百四十、重二十"注云："胹、胚、胎，人之始也。自肌、肤以及肤、胲，皆言人体所具，而依次弟言之。……腴之次，当本在脽、胅二篆之下。"

《刀部》部末"文六十四、重十"段注："自劦至剥、割、劈，皆谓刀及刀之用也。自剞、刷至券，皆非必用刀，而拟乎刀之用者也。其刭、剭、刑、刭四字，则司寇之刑，用刀者也。不与凡用刀之字为伍者，因上文言罚而系联之也。"

综合上述部首和部内文字次序的编排，简言之就是《说文叙》注所谓"许君之书，以字部首为经而物类纬之"。同时，段玉裁指出，《说文》在字形层面的有序性之外，内在还含有古音的系统和意义的系统："其书以形为主，经之为五百四十部，以义纬之，又以音纬之。后儒苟取其义之相同、相近者，各比其类为一书，其条理精密胜于《尔雅》远矣。后儒苟各类其同声者，介以三百篇古音之部分，如是为一书，周秦之韵具在此矣。故许一书可以为三书。"[1]

---

[1]　见《说文后叙》"知此者稀"注。

最后，《说文》在 9353 个小篆之外，还收录有 1163 个"重文"。重文对正篆来说是重出的文字，也就是被释字（正篆）在不同时期的各种异体[1]，包括古文和籀文等。段玉裁论述篆文和古籀的关系，在《说文叙》"皆取史籀大篆，或颇省改"注中说：

> 言史籀大篆，则古文在其中。大篆既或改古文，小篆复或改古文大篆。"或"之云者，不尽省改也。不改者多，则许所列小篆，固皆古文大篆。其不云古文作某、籀文作某者，古籀同小篆也。其既出小篆，又云古文作某、籀文作某者，则所谓"或颇省改"者也。[2]

按：据王国维考证，《说文》所收"古文"其实是战国时代东方六国的文字。[3] 段玉裁说"大篆改古文"恐不确。但小篆以籀文为依据，在籀文基础上或稍加简化，应该是符合事实的。因此，秦始皇所定的小篆大部分沿袭了籀文。[4]

同时，段玉裁还阐发了《说文》同字异体的编排体例，在"先小篆后古籀"的通例之外，指出"先古籀后小篆"的变例[5]，

---

[1] 不过，沈兼士认为《说文》重文"包括形体变异、同音通借、义通换用三种性质"，"非仅如往者所谓音义悉同形体变易"的异体字。见沈兼士《汉字义读法之一例——〈说文〉重文之新定义》，《沈兼士学术论文集》，中华书局，1986 年，第 239 页。黄天树赞同沈兼士的意见，并做了补充论证，参看黄天树《说文解字通论》，北京大学出版社，2014 年，第 272—290 页。

[2] 又，《一部》"一"字下云："小篆之于古籀，或仍之，或省改之，仍者十之八九，省改者十之一二而已。仍则小篆皆古籀也，故不更出古籀；省改则古籀非小篆也，故更出之。"

[3] 参看王国维《战国时秦用籀文六国用古文说》，《观堂集林》，中华书局，1961 年，第 305—307 页。

[4] 参看陆宗达《说文解字通论》，中华书局，2015 年，第 25 页。

[5] 《段注》中有数十处提及此变例，如《卜部》"舥"字下注云："许书以先小篆后古文为正例，以先古文后小篆为变例。"《二部》"凡"字下注云："许以先篆后古籀为经例，先古籀后篆为变例。"

于《说文叙》"今叙篆文，合以古籀"下注云：

> 小篆因古籀而不变者多，故先篆文，正所以说古籀
> 也。……其有小篆已改古籀，古籀异于小篆者，则以古籀驸
> 小篆之后，曰"古文作某""籀文作某"，此全书之通例也。
> 其变例则先古籀后小篆，如一篇二下云"古文上"，丁下云
> "篆文二"。……凡全书有先古籀后小篆者，皆由部首之故也。

按：王国维对此赞誉道："此数语可谓千古卓识，二千年来治
《说文》者，未有能言之明白晓畅如是者也。"同时补充说："故
《叙》所云'今叙篆文，合以古籀者'，当以正字言，而非以重文
言。重文中之古籀，乃古籀之异于篆文及其自相异者。正字中之
古籀，则有古籀篆文俱有此字者，亦有篆文所无而古籀独有
者。"[1] 黄侃亦谓："段君'小篆因古籀而不变'之言至为审谛。
《说文》正篆未明言古籀者，不尽为秦篆也。"[2]

三　段玉裁对《说文》传讹的校订

段玉裁不仅经学、小学造诣精深，而且在校勘学上也取得了
突出的成就。作为理校派代表人物之一[3]，他有独到的校勘理
念，也留下了丰富的校勘成果。但同时因其勇于改字，后人批评

---

[1]　王国维《观堂集林》，中华书局，1961年，第318页。
[2]　黄侃述，黄焯编《文字声韵训诂笔记》，上海古籍出版社，1983年，第74页。
[3]　陈垣指出："段玉裁曰：'校书之难，非照本改字不讹不漏之难，定其是非之
　　　难。'所谓理校法也。遇无古本可据，或数本互异，而无所适从之时，则须用
　　　此法。此法须通识为之，否则鲁莽灭裂，以不误为误，而纠纷愈甚矣。故最高
　　　妙者此法，最危险者亦此法。"见陈垣《校勘学释例》，中华书局，1959年，
　　　第148页。

他逞臆武断、擅改原书。对于段玉裁对《说文》的校改，周祖谟
有过客观的评价："段氏是擅长校书的，他曾用几种宋刻大徐本互
校，又用元人《韵会举要》校订小徐本，然后又以大徐本与小徐
本对校。[1] 此外并据陆德明《经典释文》、唐人《五经正义》
《史记》《两汉书》注、李善《文选注》、玄应《一切经音义》、唐
宋类书以及《玉篇》《广韵》《集韵》等书所引以刊正二徐本之
误；同时又斟酌《说文》通例，以本书证本书，决定今本之是非。
误者正之，缺者补之，复者、衍者删之，字失其次者改订之，并在
注中说明。其中固然有得有失，但这种旁搜远绍、力求其是的做法
是前所未有的。"[2] 这里略举数例，并说明段玉裁校改的依据。

　　先看段玉裁校正《说文》篆文。据蒋冀骋统计，《段注》共改
篆 118，增篆 24，删篆 21。[3] 周祖谟说："段氏对周代铜器文字
既很少研究，对秦汉篆书石刻和汉人隶书也不重视，因此在刊正
篆文上就有时失之卤莽。"[4] 郭在贻也认为"其是处不在少数，
然亦偶有谬误"[5]。对于《段注》改篆，我们应当从其方法和依
据的角度加以考察和理解，同时结合古文字等相关材料进行论证
或辩驳。[6] 下例常被后人所引述：

　　　　《二部》："二，高也。此古文上。指事也。凡二之属皆从

---

[1] 如《巾部》："刷，刮也。从刀，㕞省声。《礼》有'刷巾'。"段注："有，铉
讹'布'，黄氏公绍所据锴本不误，而宋张次立依铉改为布。今《系传》本乃
张次立所更定，往往改之同铉，而佳处时存《韵会》也。"
[2] 周祖谟《问学集》，中华书局，1981 年，第 853 页。
[3] 参看蒋冀骋《说文段注改篆评议》，湖南教育出版社，1993 年，第 12 页。
[4] 周祖谟《问学集》，中华书局，1981 年，第 871 页。
[5] 郭在贻《〈说文段注〉之阙失》，《郭在贻文集》（第一卷），中华书局，2002
年，第 376 页。
[6] 如《木部》"本""末"二字，段玉裁依《六书故》所引唐本改篆形，从古文
字材料来看，显为误改，不可从。

二。⊥，篆文上。"段注："古文上作二，故帝下、旁下、示下，皆云'从古文上'，可以证古文本作二，篆作⊥。各本误以⊥为古文，则不得不改篆文之上为𠄞，而用上为部首，使下文从二之字皆无所统，示次于二之恉亦晦矣。今正⊥为二，𠄞为⊥，观者勿疑怪可也。凡《说文》一书，以小篆为质，必先举小篆，后言古文作某。此独先举古文，后言小篆作某，变例也。以其属皆从古文上，不从小篆上，故出变例而别白言之。"

按：徐灏《注笺》："段氏订正古文上作二，宋张有《复古编》、李从周《字通》皆如此作，盖《说文》旧本如是。惟以⊥为小篆则误。古文或纵或横，相承笔迹小异，⊥、丁犹二、二耳。郭忠恕《汗简》引《王庶子碑》上作▪▪，《华岳碑》下作▔，乃最古之体也。篆文𠄞，秦《峄山刻石》有之，今摹本尚存，不得谓后人所改。"罗振玉云："段先生注《说文解字》，改正古文之⊥丁二字为二二，段君未尝肆力于古金文，而冥与古合，其精思至可惊矣。"[1] 此例中段玉裁"以许校许"，《二部》中的"帝""旁"从古文二，则部首字亦应为古文二，据此改"上"为"二"，可以说理由充分。但后人对此也有不同意见，如徐承庆《段注匡谬》谓之"臆决专辄，诡更正文"。今人多谓《段注》改"上"为"二"与古文字暗合，不过季旭昇认为"段玉裁的更动是有问题的"，《说文》古文指战国文字，而不是甲骨文，"我们现在所能看到的战国文字，'上'字绝大多数都作'上'形，……六国古文的'上'字似还未见到有作'二'形的"，"秦系文字的'上'字都

---

[1]　罗振玉《殷虚书契考释三种》，中华书局，2006年，第410页。

作'止'形，少有例外，因此，大徐本《说文》小篆作'止'形，应该是非常正确的"[1]。董莲池对此也有评说，指出"尽管该部所收之字就初文来看都不从二，但段玉裁据以类相从的体例观察分析问题的科学方法是特别值得肯定的"[2]。

当然，《段注》改篆后来从出土古文字材料中得到确证的也不乏其例，如：

《门部》："闬，古文闬。"段注："此篆各本体误，《汗简》等书皆误，今考正。与古文恒同，中从古文月也。"

按：大徐本古文"闬"作闬，段玉裁改作"闬"。董莲池指出："考战国中山王鼎铭'简'字写作闬，从'竹'，从'外'。战国曾姬无恤壶铭文闬字写作闬，亦从'外'，均不从竹。'外'上古月部疑母，'闬'上古元部见母，月、元对转，见、疑旁纽，外、闬古音相近，在'闬'字中，充当'闬'的声符。"[3]此外，清华简《程寤》"闬"字正作闬，《越公其事》"闬"亦作闬，皆是其证。段玉裁并未见到这些古文字材料，只是依据"恒"字古文类推而做出正确的校改。

再看《段注》对《说文》说解的校改。从方法上看，段玉裁兼用对校、本校、他校和理校四法。其一，收集《说文》的各种版本进行对校，如：

《水部》："澥，勃澥，海之别也。"段注："宋本作'郣'，今本及《集韵》《类篇》皆作勃。别下，宋本、叶本、赵本、《五音韵谱》、《类篇》、《集韵》皆无'名'字，毛斧

[1]　季旭昇《说文新证》，福建人民出版社，2010年，第41页。
[2]　董莲池《段玉裁评传》，南京大学出版社，2006年，第183页。
[3]　董莲池《段玉裁评传》，南京大学出版社，2006年，第183页。

季妄增之，然《文选》注已误多矣。"

按：此例"勃"字从小徐本，而"别"下无"名"字则从大徐本，这就是段玉裁所说的"凡徐氏铉、锴二本不同，各从其长者"[1]。

其二，利用各种征引《说文》的后世文献进行他校[2]，如：

《木部》："楟，楟枣也。从柿而小。一曰楥。"段注："三字一句。……《南都赋》曰：'楟枣若留。'张揖注《子虚》曰：'楟，楟枣也。'李善引《说文》亦云：'楟枣似柿。'于此可以订删复字者之非矣。……各本无'而小一曰楥'五字，今合《齐民要术》、《众经音义》、《广韵》、《子虚》《南都》二赋李善注引订补。"

《木部》："楗，距门也。"段注："距，各本作'限'，非。今依《南都赋》注所引正。《老子释文》亦作'距门也'。"

按："楟"字释义，大小徐本皆作"枣也。似柿"，无"而小一曰楥"五字，《段注》据《文选》注等订补。"楗"字释义，段玉裁据《文选》注及《老子释文》改"限"为"距"，与唐写本《说文·木部》残卷合。[3]

其三，除了对校、他校之外，段玉裁较多地依据《说文》体例和形音义关系等进行本校和理校。如据编排体例校改：

《門部》："鬥，两士相对，兵杖在后，象鬥之形。"段注："按，此非许语也。许之分部次弟，自云'据形系联'。瓯甌在

---

[1]　见《二部》"旁"字下注。
[2]　当然也包括并非征引《说文》的其他相关文献。
[3]　莫友芝《唐写本说文解字木部笺异》："楗，解第一字烂存'止'旁，盖'距'字。'距'，二徐作'限'。《文选·南都赋》注引作'距'。《头陀寺碑文》注引《字林》亦云：'楗，门距。'距、距，正借字。"

前部，故受之以鬥。然则当云：'争也。两叽相对，象形。'谓两人手持相对也。乃云'两士相对，兵杖在后'，与前部说自相戾。且文从两手，非两士也。此必他家异说，浅人取而窜改许书。虽《孝经音义》引之，未可信也。"

《艸部》："蒫，香艸也。"段注："香艸，当作'艸香'。前文菅、芎已下十二字，皆说香艸，蒫、芳、萲不与同列，而厕苶下，是非艸名可知也。刘向《九叹》：'怀椒聊之蒫蒫。'王注：'椒聊，香草也。蒫蒫，香貌。'"

《车部》："辑，车舆也。"段注："各本作'车和辑也'，大误，今正。自轏篆以上，皆车名。自舆篆至軏篆，皆车上事件，其间不得有'车和'之训。许书列字次弟有伦，可考而知也。段令训为'车和'，则此篆当与轶、轃、輋、軭、轫、辍、軨、轚诸篆为类。《列子·汤问篇》唐殷敬顺释文引《说文》'辑，车舆也'。殷氏所见未误。"

按："鬥"是部首字，段玉裁依据《说文》部首"据形系联"的体例校改"鬥"字的说解。对于"蒫"和"辑"的训释，段玉裁根据《说文》同一部首之内"列字之次第，类聚群分"即"以义为次"的编排原则，同时参考《楚辞》王逸注，将"香艸"校改为"艸香"，以《列子释文》所引为旁证，将"车和辑也"校改为"车舆也"。[1] 又如据训释体例校改：

《人部》："僭，儗也。"段注："各本作'假也'，今依《玉篇》所引正。《广韵》亦云'拟也'。以僭儗二篆相联互

---

[1] 桂馥《义证》："王君念孙曰：舆者，轸轈轵轗之总名，辑众材而为之，故谓之舆。舆与辑同义，故舆或谓之辑。《说文》舆、辑二字相承，良有以也。今本作'车和辑也'，则与舆字意不相属矣。"

训，知作假之非矣。"

按：《人部》："儢，僭也。""僭""儢"相联，段玉裁依据
《说文》互训条例将二徐本的"假也"改为"儢也"，且有《玉
篇》《广韵》为佐证。又如据形音义关系校改：

> 《艸部》："茑，寄生艸也。"段注："艸字各本脱，依
> 《毛诗音义》及《韵会》补。……毛、陆皆曰'寄生'耳，
> 许独云'寄生艸'者，为其字之从艸也。"

> 《白部》："鲁，从白，鱼声。"段注："各本作'羞省
> 声'。按，羞从差省声，在古音十七部，今之歌麻韵。鲁字古
> 今音皆在五部，蕃、橹字用为鷺声。古文以旅为鲁，则羞为浅
> 人妄改也。今正。"

按："茑"的训释二徐本夺"艸"字，段玉裁依据《说文》
形义统一的原则校补。可资佐证的材料，除《毛诗音义》和《韵
会》之外，还有《慧琳音义》卷九十九"茑"注引《说文》亦作
"寄生草也"。"鲁"，二徐本皆作"羞省声"，段玉裁依据古音改
为"鱼声"。从古文字的角度看，"鲁"是"鱼"的分化字，义本
同鱼，借为国地名、嘉美、鲁钝等义。"鱼"是疑纽鱼部，"鲁"
是来纽鱼部，古音相近。[1]

最后看《段注》对字失其次者的改订。段玉裁依据《说文》
编排体例调整了某些部中字的次序[2]，如：

---

[1] 参看季旭昇《说文新证》，福建人民出版社，2010年，第278页。
[2] 《段注》的部首次序也与大徐本有所不同，大徐本《旨部》在《亏部》之后、
《喜部》之前，《段注》将其移至《甘部》之后、《曰部》之前，引江声曰：
"旨当与甘同类。"不过，钮树玉《段注订》云："按，五百四十部未可轻改。
旨，美也。美则可喜，故次以喜。今一改移，便不可通。江君偶有此说，未可
遽信也。"

《玉部》"璬"字下注云："璬、珩、玦三字，铉本在玥下瑞上，锴本则珩、玦又缀于部末，皆非旧次。凡一书内旧次可考者，订正之。此自璬至瑶九篆，皆饰之类。"

按：段玉裁将"璬""珩""玦"从"瑞"之上移到"瑞"之下，因为这三个字和其后的"珥""瑱""瑵""玟""璗""瑶"等属于同类，"皆以玉为饰"，而其前的"璧"至"瑞"则"皆言玉之成瑞器者"。[1] 又如：

《肉部》"肥"字下注云："各本此篆在部末，盖因夺落而补缀之也。今考定文理，必当厕此，与下文少肉反对。"

按：段玉裁将"肥"字移于"腤""臞""脱"之前，"肥，多肉也。腤，臞也。臞，少肉也。脱，消肉臞也"。如此，则"肥"与后三字构成反义关系。又如：

《肉部》"胥"字下注云："胥篆旧在臑、胳之间，非其类，今正之，移于此。"

按："臑""胳"皆指干肉，"胥"的本义是蟹酱，故曰"非其类"，段玉裁将其移于"肍""腜""胝"之后，三者皆指肉酱。再如：

《仌部》"凊"字下注云："癏、凊二篆，旧在冻篆之前，非其次也，今更正。凡全书内多有宜正者，学者依此求之。"

按：《仌部》"仌"至"凘"皆与冰冻有关，而自"凔""冷""凎"皆训寒。"癏""凊"亦训寒，和"凔"等同类，依据"以义为次"的体例，应该与之相属，因此，段玉裁将二篆移于"凎"字之后。

_____

[1] 见《玉部》部末"文百二十四、重十七"注。

　　以上例举了《段注》对《说文》传本讹误的校订，其理校之高妙于此可窥一斑。段玉裁云："凡此书经后人妄窜，盖不可数计，独其义例精密，迄今将二千年，犹可推寻，以复其旧。是以《冣目》云'后有达者，理而董之'也。"[1] 正因《说文》义例精密，所以段玉裁敢于断言"许书绝无此例"[2]"许无此例"[3]，从而"依全书通例正之"。勇于改字并非妄改、擅改，段玉裁对文字的校改依然秉持审慎的态度，对于不少据理校当改之处，并不直接改字，而是在注文中加以说明，在校勘的同时保存底本原貌。如《且部》"且"字下注云："薦当作'荐'，今不改者，存其旧以示人推究也。"正如他在《重刊明道二年〈国语〉序》中所说："校定之学，识不到，则或指瑜为瑕，而疵颣更甚，转不若多存其未校定之本，使学者随其学之浅深，以定其瑕，而瑜瑕之真固在。……古书之坏于不校者固多，坏于校者尤多。坏于不校者，以校治之；坏于校者，久且不可治。"[4]

◇扩展阅读

郭在贻《郭在贻文集》（第一卷），中华书局，2002 年。
李传书《说文解字注研究》，湖南人民出版社，1997 年。
吕景先《说文段注指例》，河南人民出版社，1987 年。
万献初《〈说文〉学导论》，武汉大学出版社，2014 年。
王平《〈说文〉研读》，华东师范大学出版社，2011 年。

---

[1]　见《欠部》"欲"字下注。
[2]　见《首部》"首"字下注。
[3]　见《虫部》"蟊"字下注。
[4]　段玉裁撰，钟敬华校点《经韵楼集》，上海古籍出版社，2007 年，第 191 页。

◇思考题

1. 徐铉校订《说文》，补录十九文，谓为"新修"，这十九个字"《说文》阙载"而"注义及序例、偏旁有之"。不过，《说文》脱遗失收的字不止此数。如《说文》无"由"字，然由声字甚多，段玉裁是如何处理这个矛盾的？其他《说文》研究者的观点如何？

2. 除了"由"字之外，段玉裁指出的许书夺漏之字还有哪些？你怎么看待这个问题？

3. 读《髟部》"髮（发）"字下段注，分析段玉裁校改"髮"字说解的依据。同时参看徐灏《注笺》、张舜徽《约注》对该字的注解，他们不同意段玉裁所改的各自理由是什么？

第二讲 《说文段注》与文字学研究

传统"小学"包括文字、音韵、训诂三个部门，分别偏重于研究汉字的形、音、义，但三者不能截然分开，而应相互联系和贯通。作为一部形书，《说文》重在分析"字形原委"，并且"主就形而为之说解"，可以说是中国文字学的奠基之作。虽然以今人的眼光看，段玉裁注《说文》"于字形分析最为疏略"[1]，其超迈前人之处主要在以声韵通训诂，但从文字学史的角度看，《段注》涉及文字学研究的诸多方面，考察和分析了各种文字现象，并提出了不少理论性观点。本讲先阐述段玉裁对传统文字学的重要概念"六书"的诠释，再分别从汉字构形和字用的角度，举例说明《段注》对字际关系包括汉字的构形关系和使用关系的研究。

一　六书理论的诠释

　　"六书"一语最早见于《周礼·地官·保氏》，汉代学者把它解释为关于汉字构造的六种基本原则。[2]《说文》是第一部运用六书分析汉字的专著[3]，许慎在《叙》中对六书分别做了界定："一曰指事。指事者，视而可识，察而见意，上下是也。二曰象

[1]　陆宗达《说文解字通论》，中华书局，2015年，第41页。
[2]　参看裘锡圭《文字学概要》（修订本），商务印书馆，2013年，第102页。
[3]　参看陆宗达《说文解字通论》，中华书局，2015年，第48页。

形。象形者，画成其物，随体诘诎，日月是也。三曰形声。形声
者，以事为名，取譬相成，江河是也。四曰会意。会意者，比类
合谊，以见指㧑，武信是也。五曰转注。转注者，建类一首，同意
相受，考老是也。六曰假借。假借者，本无其字，依声托事，令
长是也。"作为最早的关于汉字构造的系统理论，六书说对文字学
的发展起了重要作用，但后世对六书特别是转注、假借的解释一
直歧说纷纭，而且"六书说在建立权威之后，就逐渐变成束缚文
字学发展的桎梏了"[1]。

段玉裁对六书理论的阐释深受其师戴震的影响。戴震曾著
《六书论》三卷，指出百家言六书者多谬说，他在《答江慎修先生
论小学书》中明确提出并具体论述了"四体二用说"。段玉裁所编
《戴东原先生年谱》云："江先生得其书，谓：众说纷纭，得此论
定，诚无以易。"他在《说文叙》"保氏教国子，先以六书"注中
对"四体二用"做了概述：

> 赵宋以后，言六书者，匈襟狭隘，不知转注、叚借所以包
> 括诂训之全，谓六书为仓颉造字六法，说转注多不可通。戴
> 先生曰：指事、象形、形声、会意四者，字之体也。转注、叚
> 借二者，字之用也。圣人复起，不易斯言矣。

"四体二用说"将六书分为造字方法和用字方法两类，突破了
旧有的范式，在理论上有其合理之处，后来为不少学者所接受。
段玉裁注《说文》便系统地运用了"四体二用"的六书理论，同
时在《说文叙》注做了集中阐述。先看他对转注的解说：

> 转注，犹言互训也。注者，灌也。数字展转互相为训，

---

[1] 裘锡圭《文字学概要》（修订本），商务印书馆，2013年，第108页。

如诸水相为灌注，交输互受也。转注者，所以用指事、象形、形声、会意四种文字者也。数字同义，则用此字可，用彼字亦可。……建类一首，谓分立其义之类而一其首。如《尔雅·释诂》第一条说"始"是也。同意相受，谓无虑诸字意恉略同，义可互受相灌注而归于一首，如初、哉、首、基、肇、祖、元、胎、俶、落、权舆，其于义或近或远，皆可互相训释，而同谓之"始"是也。

于此可见，段玉裁明显承袭了戴震的观点[1]，认为转注是可以互相训释的同义或近义的两个或多个字之间的关系。戴震认为："数字共一用者，如初、哉、首、基之皆为始，卬、吾、台、予之皆为我，其义转相为注，曰转注。"段玉裁在《龠部》"䶵"字下注云："䶵训龢，龢训调，调训龢，三字为转注。"《贝部》"赐"字下注："《释诂》：'赍、贡、锡、畀、予、况，赐也。'七字转注。"这里所说的转注跟造字及文字构形并无关涉，全然属于训诂范畴，甚至可以说相当于同义。同时，段玉裁对假借的解说也不限于文字学的范围，《说文叙》注云：

大氐叚借之始，始于本无其字，及其后也，既有其字矣，而多为叚借，又其后也，且至后代讹字亦得自冒于叚借。博综古今，有此三变。以许书言之，本无难、易二字，而以难鸟、蜥易之字为之，此所谓无字依声者也。至于经传子史不用本字，而好用叚借字，此或古古积传，或转写变易，有不可知。

---

[1]　戴震《答江慎修先生论小学书》："转注之云，古人以其语言立为名类，通以今人语言，犹曰互训云尔。转相为注，互相为训，古今语也。"章太炎《转注假借说》云："休宁戴君以为，'考，老也''老，考也'，更互相注，得转注名。段氏承之，以一切故训皆称转注。"

　　这里所述及的既有本无其字的假借，亦即造字的假借，也有本有其字的假借，即用字的假借。[1] 段玉裁辨识文献用字的假借，依据的就是《说文》的本字和本义："汉人作传注不外转注、段借二者，必得其本字而后可说其段借，欲得其本字，非许书莫由也。"[2]《说文叙》注云："本义既明，则用此字之声而不用此字之义者，乃可定为段借。本义明而段借亦无不明矣。"

　　当然，戴震和段玉裁的"四体二用说"也存在较大局限，前人论之详矣。我们从学术史的角度来看，似不必斤斤于微观的具体分析，而应理解其理论构建的逻辑，及其对后人的启发。"四体二用说"结构严密，次第分明，《说文叙》注云：

　　　　盖有指事、象形，而后有会意、形声；有是四者为体，而后有转注、假借二者为用。

　　　　指事之别于象形者，形谓一物，事晐众物。专博斯分，故一举日月，一举二二。二二，所晐之物多；日月，只一物。学者知此，可以得指事、象形之分矣。……指事不可以会意，殽合两文为会意，独体为指事。

　　　　（形声）其别于指事、象形者，指事、象形独体，形声合体。其别于会意者，会意合体，主义；形声合体，主声。

　　在以上论述中，段玉裁分析了六书的先后次第，而且辨析了指事与象形、指事与会意、形声与指事、形声与会意的区别。再者，段玉裁的六书理论涉及字形、字音和字义三个层面，《说文

---

[1] 此外，段玉裁对引申和假借也常混而不分。其实，戴震已经把引申看作假借的一种类型，《答江慎修先生论小学书》："一字具数用者，依于义以引伸，依于声而旁寄，假此以施于彼，曰假借。"关于引申和假借的关系问题，将在第五讲第三节中具体说明。

[2] 见《大部》"查"字下注。

叙》注云：

> 六书者，文字、声音、义理之总汇也。有指事、象形、
> 形声、会意，而字形尽于此矣。字各有音，而声音尽于此矣。
> 有转注、叚借，而字义尽于此矣。异字同义曰转注，异义同
> 字曰叚借。有转注，而百字可一义也；有叚借，而一字可数
> 义也。

> 叚借者，古文初作而文不备，乃以同声为同义。转注专
> 主义，犹会意也；叚借兼主声，犹形声也。

由段玉裁的上述阐述可知，转注是多字对一义，假借则是一
字对多义，二者相对，而且转注和会意、假借和形声分别存在对
应关系。后来章太炎从语言学理论的层面重新诠释转注和假借，
他所说的转注假借既不是讲字形构造，也不是讲文字之用，而是
"文字随着语言的发展而繁衍的总规律"[1]。虽然章太炎对戴、段
有所批评，指出"由段氏所说推之，转注不系于造字，不应在六
书"，但其《转注假借说》云："转注者，繁而不杀，恣文字之孳
乳者也。假借者，志而如晦，节文字之孳乳者也。二者消息相殊，
正负相待，造字者以为繁省大例。"[2] 这不能说没有受戴、段
"四体二用说"的影响。

二 汉字的构形关系

"四体二用说"的"体"，即段玉裁所谓"字之体"，可以理

---

[1] 陆宗达、王宁《训诂与训诂学》，山西教育出版社，1994 年，第 330 页。
[2] 章太炎《国故论衡》，上海古籍出版社，2003 年，第 36、39 页。

解为汉字的构形。"六书"的前四书是汉字的四种构形模式,"用以分析《说文》小篆的形体,绝大部分是切合的"[1],但是"对从古到今的汉字难以完全涵盖"[2]。今人研究文字学不必视六书为圭臬,而应关注更多值得研究的课题。[3] 在分析单个汉字的构形模式之外,汉字之间的构形关系也是文字学研究的重要方面。汉字的构形关系可以分为共时和历时两大类,前者是"在同一历史时期同时使用的汉字的形体关系",后者是"在不同的历史时期,构形的传承和演变关系"。[4] 下面从这两个角度略举段玉裁的相关研究。

1. 共时的构形关系

汉字的构形指"采用哪些构件、数目多少、拼合的方式、放置的位置等"[5]。共时的汉字认同别异,需要分析汉字的构形属性,其中包括构件组合的动态特点、结构的级层数、各级构件及其功能和构件在组合中的样式等。[6]《段注》中不乏对构件及其组合样式的分析,以下举例略做说明。构件是"决定字与字区别的关键"[7],如:

　　《刀部》:"刷,刮也。从刀,𠕋省声。"段注:"刷与𠕋别。

---

[1]　王宁《论甲骨文构形的分析与描述——兼论"六书"用以分析古文字的局限》,载刘利民、周建设主编《语言》(第1卷),首都师范大学出版社,2000年。
[2]　王宁《汉字构形学导论》,商务印书馆,2015年,第122页。
[3]　参看裘锡圭《文字学概要》(修订本),商务印书馆,2013年,第108页。
[4]　参见王宁《汉字构形学导论》,商务印书馆,2015年,第150页。
[5]　王宁《汉字构形学导论》,商务印书馆,2015年,第61页。
[6]　参看王宁《汉字构形学导论》,商务印书馆,2015年,第142—149页。
[7]　王宁《汉字构形学导论》,商务印书馆,2015年,第145页。

《又部》曰：'𩔖，饰也。'《巾部》曰：'饰，𩔖也。'饰今拭字，拭用手、用巾，故从又巾。刷者，掊杷也。掊杷必用除秽之器，如刀然，故字从刀。"

按：这里段玉裁从构件的角度分析了"刷"与"𩔖"的区别。又如下面三例中"刀"与"力"这两个基础构件形近易混，造成相应的合体字区别度较低：

《力部》"券"字下注云："《辀人》：'终日驰骋，左不楗。'书楗或作券。郑云：'券，今倦字也。'据此，则汉时已倦行券废矣。……今皆作倦，盖由与契券从刀相似而避之也。"

《力部》："劫，人欲去，以力胁止曰劫。或曰以力去曰劫。从力去。"段注："二义皆力去也，此篆从力，而俗作'刦'，从刀，盖刀与力相淆之处固多矣。"

《力部》"劾"字下注云："此字俗作'刻'，从刃，恐从刀则混于《刀部》之刻也。"

按：因为"券"和"券"形体易混淆，所以汉代以后"券"字为"倦"字所替代。"劫"字俗作"刦"，显然是构件"力"讹作了"刀"。而"劾"字俗作"刻"，则是为了增强区别度，避免和"刻"字相混。

汉字的构件是双维度的，"构件放置的方向可以作为一种造字和区别构意的手段"，同时，构件相对位置的不同也可以用来区别构意。[1]《段注》在分析构形中对这两方面均有涉及，如构件的置向：

《兂部》："兂，歠食兂气不得息曰兂。从反欠。"段注：

---

[1]　参见王宁《汉字构形学导论》，商务印书馆，2015年，第146—147页。

"屰气，故从反欠。"[1]

《印部》："归，按也。从反印。"段注："按者，下也。用印必向下按之，故字从反印。……用印者必下向，故缓言之曰印，急言之曰归。"

《司部》："司，臣司事于外者。从反后。"段注："外对君而言，君在内也。臣宣力四方，在外，故从反后。"

《糸部》："䰍，繼或作䰍。反䰍为䰍。"段注："反之而成字者，如反已为㠯，反人为匕，反正为乏是也。"

按：上述四例都是采用置向为手段来造字和别义，即构件放置的方向与原字相反，从而表示相反或相对的构意。又如构件的相对位置：

《人部》："伐，击也。从人持戈。"段注："戍者，守也，故从人在戈下，入《戈部》。伐者，外击也，故从人杖戈，入《人部》。"

《木部》："柔，栩也。从木，予声。"段注："此与机杼字，以下形上声、左形右声分别。"《木部》："杼，机持纬者。从木，予声。"段注："此与木名之柔，以左形右声、下形上声为别。"

《禾部》："穧，获刈也。一曰撮也。从禾，斉声。"段注："上文既有䆩字，以禾在上、禾在旁别其义。"

按：许慎分析"伐"和"戍"的构形都是"从人持戈"，即皆以"人""戈"为构件，段玉裁指出二者构件的相对位置不同，

---

[1]　徐灏《注笺》："饮食气屰盖哽咽之义。气申为欠，气屰为先，故从反欠。"

"戌"的两个构件是上下关系，"伐"的两个构件是左右关系。[1]
《说文》"柔"与"枹"异字异词，即因构件位置不同而产生区
别。[2]"穧"与"齌"构件位置也起区别作用。

同时，也有一部分字并不因构件位置的不同而区别意义，而
且有些字的构件位置古今不同，但意义无别，如：

> 《辵部》："遷，近也。从辵，臸声。"段注："《至部》：
> '䅨，到也。'重至与并至一也。"

> 《夕部》："夗，古文。并夕。"段注："有并与重别者，如
> 棘、枣是也。有并与重不别者，夗、多是也。"

> 《木部》"槀"字下注云："枯槀、禾槀字，古皆高在上，
> 今字高在右。非也。"

按："臸"即"重至"，构件为上下关系，"䅨"即"并至"，
构件为左右关系，二者意义无别。"夗"和"多"也是"并与重不
别"，但"棘"与"枣"则有别。"槀"和"槁"、"槀"和"稿"
意义无别，只是古今写法不同，段玉裁所谓"非也"是从《说文》
正字的角度说的。

此外，对于某些字来说，构件的相对位置是否区别意义，还
存在不同的观点，或认为是两个不同的字，或认为只是一字异
写，如：

> 《木部》："欞（栊），槛也。从木，龍声。"段注："字有
> 偏旁稍移而为二字者，'柔，枹也'，'枹，机持纬者也'；

---

[1] 不过，从甲金文字形来看，"伐"从戈架于人颈，会伐击之意，"戌"从大持
  戈，会戍守之意。参看季旭昇《说文新证》，福建人民出版社，2010 年，第
  659 页。
[2] 不过，《尔雅·释木》："枹，柔也。"则"枹"和"柔"是异体关系。

'槈,房室之疏也','櫳,槛也'是也。窃有疑焉,槈与櫳,皆言横直为窗棂通明,不嫌同偶。如槛亦为阑槛,许于楯下云'阑槛'是也。左木右龍之字,恐浅人所增。"

《日部》:"厢,日在西方时侧也。从日,仄声。"段注:"此举形声包会意。隶作昃,亦作吳。小徐本《矢部》又出吳字,则复矣。夫制字各有意义,晏景晷旱之日在上,皆不可易也。日在上而干声,则为不雨;日在旁而干声,则为晚。然则厢训为日在西方,岂容移日在上?形声之内非无象形也。"

按:《说文》"槈"和"櫳"分为二字,一指窗棂,一指牢笼,但段玉裁认为二者实质无别,故"櫳"盖"槈"之或体,不必另列字头。而对于"厢"字,段玉裁则据形义关系认为,《系传》不应在《矢部》另列"吳"字,"吳"是"厢"的隶变。徐灏《注笺》云:"形声之字固有以偏旁上下为义者,然亦有取其字体相配,不可拘墟。若如段说,厢训日在西方,不容移日在上,然则晢训为明、晋训为进、啓为昼晴、昔为日晞干肉,其日皆当在上,何以置于下乎?吳乃厢之或体。"

上述构件相对位置不同而构意相同的几组字属于异写字,多为上下结构和左右结构的变化。与异写字相对的是异构字,即"形体结构不同而音义都相同、记录同一个词、在任何环境下都可以互相置换的字"[1]。《段注》中提到的"一字异体""某字之异体"中有一部分即为异构字,如:

《肉部》:"脃,小耎易断也。从肉,绝省声。"段注:"形声包会意也。易断故从绝省。"

---

[1] 王宁《汉字构形学导论》,商务印书馆,2015年,第154页。

《肉部》："膞，奯易破也。从肉，蠹声。"段注："胞、膞
盖本一字异体，《篇》《韵》皆云'膞同胞'。《小宗伯》注
曰：'今南阳名穿地为窀，声如腐胞之胞。'"

按："胞""膞"音义相同，并见于《说文》，段玉裁认为二
者都是形声字，义符相同而声符不同。又如：

《马部》："曳，木生条也。从马，由声。《商书》曰：'若颠
木之有曳枿。'"段注："《般庚》上篇文。今《书》作'由
糵'。许《木部》作'卤欁'，枿即欁，糵之异体也。"

按：《尔雅·释诂下》："枿，余也。"郝懿行《义疏》："枿
者，……《说文》作'欁'，或作'糵'，云'伐木余也'。"《木
部》："欁，伐木余也。从木，献声。《商书》曰：'若颠木之有曳
欁。'糵，欁或从木，辥声。"段注："韦昭曰：'以株生曰
糵。'……枿者，亦糵之异文。""欁""糵""枿"为异构字。又如：

《木部》："朻，高木下曲也。从木丩，丩亦声。"段注：
"此《韵会》所据小徐本也。今二徐本皆分樛、朻为二篆。樛
训下曲，朻训高木，乃张次立以铉改锴而然。……今考《释
木》曰：'下句曰朻。''南有樛木'，毛传曰：'木下曲曰
樛。'下曲即下句也；樛即朻也。一字而形声不同。许则从丩
声者，容许当日《毛诗》亦作朻也。《玉篇》分引《诗》《尔
雅》而云二同，甚为明皙。"

按：段玉裁认为"樛"和"朻"也是声符不同的异构字。再
如以下三例是形声字义符不同构成的异构字[1]：

---

[1] 此外，还有增加义符构成的累增异构字，形声字声符、义符都不相同构成的异构字、选择不同构形模式所造的异构字等，参看王宁《汉字构形学导论》，商务印书馆，2015年，第156—159页。

　　《黑部》:"䵣,䵣谓之垽。垽,滓也。从黑,殿省声。"段
注:"是澱、䵣二篆异部而实一字也。"《水部》:"澱,滓垽也。
从水,殿声。"段注:"䵣与澱异字而音义同,实则一字也。"

　　《土部》:"坡,阪也。"段注:"《𨸏部》曰:'坡者曰阪。'
此二篆转注也。又曰:'陂,阪也。'是坡、陂二字音义皆同
也。坡谓其陂陀。"《𨸏部》:"阪,坡者曰阪。"段注:"坡、
陂异部同字也。"

　　《井部》:"阱,陷也。从𨸏井,井亦声。穽,阱或从穴。"
段注:"穿地陷兽。……于大陆作之如井。……《中庸》音义
曰:'阱本作穽,同。'引《说文》'穽或阱字也'。……按,
古本《说文》多云'某或某字',见于《经典释文》者,往
往如是。《周礼》注所谓'古字多或'也。今本《说文》尽
改之,云'某或作某',非古也。"

按:"䵣"和"澱"皆从殿声,义符"黑"表其色,"水"表
其状。"坡""陂"皆从皮声,"土"和"𨸏"是近义义符,表达的
构意差别不大。"阱""穽"是会意包形声,盖皆源出于"井",
义符"𨸏"和"穴"是针对不同的角度选择的。所谓"古字多
或",表明秦统一文字之前异写异构现象的普遍性。

　　这里还应提及的是,《说文》小篆经过规范和整理,许慎在其
所见文字中优选字形,对异体字有所去取,正如下例中所分析的:

　　《人部》:"僊,长生僊去。从人䙴,䙴亦声。"段注:"僊
去疑当为'䙴去'。《庄子》曰:'千岁猒世,去而上僊。'
……䙴,升高也。长生者䙴去,故从人䙴会意。……《释名》
曰:'老而不死曰仙。仙,迁也,迁入山也,故其制字人旁作
山也。'成国字体与许不同,用此知汉末字体不一,许择善而

从也。汉碑或从辠，或从山。《汉·郊祀志》'僊人羡门'，师
古曰：'古以僊为仙。'《声类》曰：'仙，今僊字。'盖仙行而
僊废矣。"

按："仙"和"僊"是异构字，在汉代共用过，但后来一行一
废。[1] 按照《段注》的分析，许慎在二者之间做了优选，即认为
"僊"字在构形构意上优于"仙"字。我们认为这一选择是以《说
文》形义系统为背景做出的，而且"僊"和"辠""遷（迁）"
很可能有语源上的关系。

2. 历时的构形关系

从历时角度看构形的传承和演变关系，涉及汉字在文献中的
实际使用，如记词职能的变化等。但这里仅就形体的传承和变异
略述构形的历时演变，特别关注汉字的隶变。隶变是指"汉字在
由篆书向隶书演变过程中所出现的形体和结构方面的变化"[2]。
《说文》主要分析正篆的构形，但汉代通行隶书，因此，段玉裁考
察字形的历时演变，涉及最多的是篆隶之间的变化。这里略举数
例，如：

> 《辵部》："辻，步行也。从辵，土声。"段注："辻隶变
> 作徒。"

按：隶书出于结构平衡和笔画匀称的考虑，割裂"辻"的义
符"辵"，分成彳和止两部分，并将"止"移置于声符"土"之

---

[1] 这类异构字称为局域异构字，参见王宁《汉字构形学导论》，商务印书馆，
　　2015 年，第 165 页。
[2] 语言学名词审定委员会《语言学名词》，商务印书馆，2011 年，第 28 页。

下。从古文字材料来看，辵、彳两个偏旁常通用，辵旁下的"止"位置本来就不固定，或在彳下，或在土下，汉代以后基本固定在"土"下，没有随"彳"一起变为"辶"。[1] 又如：

> 《一部》："丕，大也。从一，不声。"段注："丕与不音同，故古多用不为丕，如不显即丕显之类。……丕，隶书中直引长，故云丕之字'不十'，《汉石经》作'㔻'可证，非与丕殊字也。"

按："丕"字由"不"字中竖加短横画分化而来。[2] 段玉裁不但指出了"丕"和"不"的关系，而且考察了隶书"丕"字的构形，指出中竖的延长。东汉《鲁峻碑》"丕"作"**丕**"，《三国志·吴书·阚泽传》："以字言之，不十为丕，此其数也。"可证段说。又如：

> 《玉部》："璓，石之次玉者。从玉，莠声。"段注："《说文》从莠，隶从秀，犹从芺之多为夭也。"

按："璓"字隶变省简为"琇"，"秀"即"莠"之省声。段玉裁以构件"芺"省简为"夭"作类比，如《示部》："祅，地反物为祅也。从示，芺声。"段注："祅省作祆。经传通作妖。"《水部》："沃，溉灌也。从水，芺声。"段注："隶作沃。"《食部》："䬣，燕食也。从食，芺声。"段注："今字作飫。"《女部》："娭，巧也。从女，芺声。"段注："俗省作妖。"又如：

> 《尾部》："屖，无尾也。从尾，出声。"段注："俗分屖、屈为二字，不知屈乃屖之隶变。"

[1]　参看李学勤主编《字源》，天津古籍出版社，2013年，第114页。

[2]　参看季旭昇《说文新证》，福建人民出版社，2010年，第39页。

按：段玉裁指出"屈"是"屈"的隶变，即"尾"省形为"尸"。事实上秦文字中已有从尸之"屈"，为隶楷所承。[1] 再如：

> 《巳部》："㠯，用也。从反巳。"段注："今字皆作以，由隶变加人于右也。"

按：甲骨文"㠯"字作 ᠙，从人，象提挈之形，省其人形则作 ᠙，盖即小篆字形之所由来。秦文字又增"人"形，为隶楷所承。[2] 故《段注》谓"隶变加人于右"。

再者，段玉裁注意到汉字构形演变的系统性，如：

> 《雨部》"霢"字下注云："陒者，隉之隶变。"

> 《手部》："挋，搄或从卮。"段注："挋，今隶变作扼，犹軶隶变作軛也。"

> 《车部》"軶"字下注云："隶省作軛。《毛诗·韩奕》作厄，《士丧礼》今文作厄，段借字也。"

按：段玉裁指出，"隉""挋""軶"的构件"卮"皆变为"厄"，可相类比。"陒""扼""軛"是楷书字形，盖隶变之后省简而来，如东汉《西狭颂》"隉"字作**陒**，已与"陒"颇为接近。

此外，段玉裁还指出隶变导致的构件混同和同形字现象，如：

> 《𠧪部》"𣂁"字下注云："凡从𣂁者，今隶皆作享，与亯之隶无别。"

按：徐灏《注笺》："亯，篆文𣅷，隶变作亨，又作享，而𣂁亦省变为享，二字相混。然从亯之字绝少，其享之偏旁，如醇、孰、敦之类，皆𣂁字也。"杨树达《释𣂁》："亯字隶变作享，又作

---

[1] 参看季旭昇《说文新证》，福建人民出版社，2010年，第705页。

[2] 参看季旭昇《说文新证》，福建人民出版社，2010年，第1020页。

亨，亨又有许庚切、普庚切两音。……故小篆亯之一字，今实分为享、亨、烹三文，亦兼三字之义。……亯之隶变作享，而羣字之隶变亦作享，故今经传中享字有实当读羣，而今误读为许两切者。"[1] 又如：

> 《水部》："泰，滑也。从収水，大声。"段注："《左传》：'汏辀，及鼓跗，著于丁宁。''汏辀，以贯笠毂。'皆滑之意也。滑则宽裕自如，故引伸为纵泰。如《论语》'泰而不骄'是也。又引伸为泰侈，如《左传》之'汏侈'，《西京赋》之'心奓体泰'是也。汏即泰之隶省、隶变，而与淅米之汏同形。作'汏'者，误字。"

按：《段注》说"泰"隶变省形作"汏"，并不一定可靠。《水部》"汏"字下注云："若《左传》'汏侈''汏辀'字，皆即泰字之假借。"表纵泰、泰侈义的"汏"盖亦"泰"之假借。如《礼记·檀弓上》"汏哉叔氏"，《释文》："汏，本又作大，音泰，自矜大。"不过，此例可以说明段玉裁认识到汉字里有同形字存在。[2]

除了共时同形字之外，《段注》还对历时同形字有所说明，如：

> 《女部》："嬌，顺也。娈，籀文嬌。"段注："……小篆之娈，为今恋字，训慕，籀文之娈，为小篆之嬌，训顺，形同义异，不嫌复见也。"

> 《女部》："娈，慕也。"段注："此篆在籀文为嬌，顺也。

---

[1]　杨树达《积微居小学述林》，中华书局，1983 年，第 73—74 页。

[2]　同形字指"分别为记录不同的词所造而字形偶然相同的一组汉字，也指由于形借、字形演变等原因所形成的字形相同而音义不同的一组汉字"。见语言学名词审定委员会《语言学名词》，商务印书馆，2011 年，第 29 页。

在小篆为今之恋，慕也。凡许书复见之篆，皆不得议删。……变、恋为古今字。”

《水部》：“沇，沇水。出河东垣东王屋山。㕣，古文沇如此。”段注：“盖㕣字在古文则为沇水、沇州，在小篆则训‘山间㕣泥地’。如䜌字，在籀文则训顺，在小篆则训慕，皆同形而古今异义也。古文作㕣，小篆作沇，隶变作兖。此同义而古今异形也。”

按：前面已经提及，《说文叙》云“今叙篆文，合以古籀”，小篆因仍古文、籀文字形的占多数，少数做了省改，也就是说，“小篆是以籀文为依据的”，“是在籀文基础上或稍加简化”，同时，“它和战国时期的六国文字也是一脉相传的”，东方古文也有与秦篆相合者而保留在小篆中的。[1] 这是说字体演变中的形体传承关系。但上述两例则是说古、籀和小篆之间存在一些同形字，即所谓“形同义异”。如“䜌”这个字形在籀文中用来记录表顺从义的“嫋”，而在小篆中则用来记录另一个表思慕义的词，即今之“恋”字。又如“㕣”这个字形在古文中用来记录表沇水、沇州的“沇”，在小篆中则用来记录另一个词，意指山间泥沼地。

三　汉字的使用关系

汉字是记录汉语的第二性符号，汉字在语言发展的推动下演变，并直接参与了汉语的构词。同时，汉字的发展有其自身的规

[1] 参见陆宗达《说文解字通论》，中华书局，2015年，第25—26页。

律。章太炎通过诠释"转注""假借",提出文字发展变化的法则,
所谓"繁省大例",即汉字在增多和节制、增繁和趋简的矛盾中保
持相对的平衡。以下先从职能分化和同源通用两个角度看汉字的
使用关系,再从字用的角度阐说《段注》中颇为多见的"古今字"
和"俗字"。

1. 职能分化和同源通用

　　汉字在词汇发展和词义引申的推动过程中,常常伴随着记词
职能的变化,包括扩展、减缩、转移和兼并等。同时,汉字在源
字的基础上孳乳出新字,源字和分化字、分化字和分化字之间具
有同源关系。由于"汉语词汇在两汉以前主要的繁衍方式是单音
孳乳造词",而"孳生造词的书面化与孳乳造字是同步发展的",
词的分合有相当一部分是依靠汉字来确定的,也就是说,新字的
出现标志着新词已经产生,因此可以说"汉字直接参与了汉语的
构词"。[1]

　　汉字在使用过程中,常会发生记词职能的分化和转移,"职能
分化是指原来用一个字记录的词或义,为了区别,分开用两个或
两个以上的字来记录。用来分化职能的字,就是职能分化
字"[2]。如:

　　　　《仌部》:"仌,冻也。象水冰之形。"段注:"冰,各本作
　　'凝',今正。谓象水初凝之文理也。"

---

[1]　参见王宁《汉字构形学导论》,商务印书馆,2015 年,第 172—173 页。
[2]　王宁主编《汉字学概要》,北京师范大学出版社,2001 年,第 104 页。

《仌部》："冰，水坚也。从水仌。凝，俗冰从疑。"段注：
"《易》象传：'初六履霜，阴始凝也。驯致其道，至坚冰也。'
古本当作'阴始冰也'，'至坚仌也'。《释器》'冰脂也'，孙
本冰作'凝'。按，此可证《诗》'肤如凝脂'本作'冰脂'，
以冰代仌，乃别制凝字，经典凡凝字皆冰之变也。"

按：据《说文》，"仌"和"冰"为二字，从本义来说，分别
为名词和动词，即水凝结成的固体和凝结义。而"冰"和"凝"
则是一字异构。段玉裁指出，后世"以冰代仌"，也就是说，"仌"
字的职能转移到"冰"字，于是用"凝"字承担"冰"字原来的
职能，"冰""凝"二字有了明确的分工。因此，"《说文》小篆的
'冰'与后世的'冰'在职能上不能简单认同"[1]。又如：

《马部》："骦，骊马黄脊。"段注："《鲁颂》：'有骦有
鱼。'《释嘼》曰：'骊马黄脊曰騽。'《尔雅音义》云：'騽，
《说文》作骦。音簟。'是则《尔雅》之騽，即骦之异体。许
于此篆用《尔雅》，不用毛传也。毛传曰：'豪骭曰骦。'此即
骦之异说。《诗音义》引《字林》云：'骦又音覃，豪骭曰骦。'
是则《字林》'豪骭'一义不作騽也。今《说文》乃别有騽篆，
训云'豪骭'，前与《毛诗》不合，后与《字林》不合，此盖
必非许文。许原文或骦下有'一曰豪骭'之文，或骦篆后有
重文作騽之篆，皆不可定。后人乃以两义分配两形耳。"

按："骦""騽"古音均在七部，二者侵缉对转，据段玉裁的
意见，二者本是义符相同而声符不同的异构字，既可用指骊马黄
脊（即黄色脊毛的黑马），又可用指马豪骭（即马膝胫多长毛），

---

[1]　王宁《汉字构形学导论》，商务印书馆，2015 年，第 171 页。

后来二字有了明确的分工，"騲"专指马豪骭，"騾"专指骍马黄脊，即《段注》所谓"以两义分配两形"。

同源通用字是指"具有同源关系的字，即源字和分化字或分化字与分化字，在记词时互相通用"[1]。这种同源通用现象主要发生在新字尚未被完全习用的过渡阶段。这里举两个例子说明，如：

> 《仌部》："冬，四时尽也。从仌，从夃。夃，古文终字。𡭴，古文冬，从日。"段注："冬之为言终也。《考工记》曰：'水有时而凝，有时而释。'故冬从仌。"

> 《糸部》："终，絿丝也。夃，古文终。"段注："《广韵》云：'终，极也，穷也，竟也。'其义皆当作冬。冬者，四时尽也，故其引申之义如此。俗分别冬为四时尽，终为极也、穷也、竟也，乃使冬失其引申之义，终失其本义矣。有夃而后有𡭴、夆，而后有终，此造字之先后也。其音义，则先有终之古文也。"

按：甲骨文中释为"冬"的 𠂤 一般认为是"终"的初文，与《说文》古文终字形近，"战国文字加'日'，强调其为计时之称。秦汉文字加义符'仌'，以强化冬天结冰之意"[2]，同时，战国时分化出加形符"糸"的"终"，见于楚帛书、信阳楚简、郭店楚简、上博简、睡虎地秦简等。"冬""终"同源。[3] 段玉裁指出冬夏之冬和始终之终二义相引申，所谓"俗分别冬为四时尽，终为极也、穷也、竟也"，就是说"冬"和"终"是同源分化，在源

---

[1]　王宁主编《汉字学概要》，北京师范大学出版社，2001年，第107页。

[2]　季旭昇《说文新证》，福建人民出版社，2010年，第845页。

[3]　王力《同源字典》，商务印书馆，1982年，第608页。

字基础上孳乳出新字。金文中多以"冬"表"终"，在马王堆帛书《老子》《周易》等文献中还多见"冬""终"通用的情况。又如：

> 《日部》："景，日光也。"段注："《火部》曰：'光者，明也。'《左传》曰：'光者，远而自他有燿者也。'日月皆外光，而光所在处，物皆有阴。光如镜，故谓之景。《车牵》笺云：'景，明也。'后人名阳曰光，名光中之阴曰影，别制一字，异义异音，斯为过矣。"

按：《日部》："暑，日景也。"段注："即今之影字也。"光照之处为阳，背光之处为阴，光中之阳曰景，光中之阴曰影。"景""影"同源。[1]《诗·邶风·二子乘舟》："二子乘舟，汎汎其景。"《释文》："景，如字，或音影。"孔疏："以其影谓舟影，观其去而见其影。"《周礼·地官·大司徒》："正日景以求地中。"《释文》："景，本或作影。"《颜氏家训·书证》："凡阴景者，因光而生，故即谓为景。……至晋世葛洪作《字苑》，傍始加彡，音於景反。"赵曦明注引段玉裁云："惠定宇说《汉张平子碑》即有影字，不始于葛洪。汉末所有之字，洪亦采集而成，非自造也。"古书中"景"通"影"颇为常见。

2. 古今字和正俗字

古今字和正俗字是从两个不同的角度对汉字使用中的同词异字现象的表述。古今字同时也可以是正俗字，如《谷部》："㣧，

---

[1] 王力《同源字典》，商务印书馆，1982年，第344—345页。

望山谷千千青也[1]。"段注:"千、芊为古今字,俗用芊改千。"段玉裁对古今字和俗字的研究较为广泛而深入,颇有值得借鉴的观点,同时,《段注》指明的古今字和俗字数量众多[2],为后人的研究提供了丰富的材料。

(1)古今字

古今字是经传注释中常见的术语,段玉裁说"凡读经传者,不可不知古今字"[3]。但作为一个概念,古今字一直没有明确的界定,"在文字学和训诂学史上第一个全面而系统地论述古今字问题的,是段玉裁。段氏对古今字的研究,是他对文字学的重要贡献之一"[4]。《段注》对古今字的理论性阐释集中见于下面两条[5]:

《言部》:"谊,人所宜也。"段注:"《周礼·肆师》注:'故书仪为义。郑司农云:义读为仪。古者书仪但为义,今时所谓义为谊。'按,此则谊义古今字。周时作谊,汉时作义,皆今之仁义字也。其威仪字,则周时作义,汉时作仪。……古今无定时,周为古,则汉为今,汉为古,则晋宋为今。随时异用者谓之古今字,非如今人所言古文、籀文为古字,小篆、隶书为今字也。"

《亼部》:"今,是时也。"段注:"今者,对古之偁。古不一其时,今亦不一其时也。云是时者,如言目前。则目前为

---

[1] 各本千千作"狺狺",此据段注改。
[2] 据不完全统计,《段注》直接标明的古今字有二百多组,俗字有近七百条。
[3] 见《言部》"谊"字下注。
[4] 郭在贻《〈说文段注〉与汉文字学研究》,《郭在贻文集》(第一卷),中华书局,2002年,第336页。
[5] 段玉裁在《广雅疏证序》中也说:"古今者,不定之名也。三代为古,则汉为今;汉魏晋为古,则唐宋以下为今。"

今，目前已上皆古。如言赵宋，则赵宋为今，赵宋已上为古。如言魏晋，则魏晋为今，魏晋已上为古。……古今人用字不同，谓之古今字，张揖作《古今字诂》是也。自张揖已后，其为古今字，又不知几更也。"

按：这里主要从字用的角度给古今字下了定义，即"随时异用""古今人用字不同"，也就是不同时代特定词语的用字变异。如正义字周代用"谊"而汉代用"义"，威仪字周代用"义"而汉代用"仪"。所谓"非如今人所言古文、籀文为古字，小篆、隶书为今字"，表明古今字与字体演变不是一回事，如：

《刀部》："劀，籀文剁。从劦各。"段注："各声与罒声同部。……劀者古字，剁者今字；剁者正字，略者假借字。"

按：籀文作"劀"，小篆作"剁"，但段玉裁谓之古今字，并非从字体角度而言，而是说二者为一字异构，记录同一个词。

同时，段玉裁强调古今的相对性，"古"和"今"并不指特定的时代，古今只表时代的先后关系。如：

《糸部》："线，古文綫。"段注："《周礼·缝人》作线，《鲍人》同。注曰：'故书线作综，当为糸旁泉，读为綰。'……《汉·功臣表》：'不绝如线。'晋灼曰：'线今綫缕字。'盖晋时通行綫字，故云尔。许时古线今綫，晋时则为古綫今线，盖文字古今转移无定如此。"

按：据《段注》，"古线今綫"是先秦和汉代用字不同，"古綫今线"则指汉代和晋代用字不同。正是由于"古今无定时"，同时"文字古今转移无定"，因此，对于特定的古今字需要明确其关系形成的时代，如：

《戈部》"或"字下注云："盖或、國（国）在周时为古今字，古文只有或字，既乃复制國字。"

　　《于部》："于，於也。"段注："《释诂》、毛传皆曰：
'于，於也。'凡《诗》《书》用'于'字，凡《论语》用
'於'字。盖于、於二字，在周时为古今字，故《释诂》、毛
传以今字释古字也。"

　　按："或—國"构成古今字关系是在周代，"或"为初文，
"国"为后出字，在使用上有先后。"于—於"也是先秦时期的一
对古今字，段玉裁依据它们在文献中的使用情况，大致推断出二
者时代的先后。

　　从以上举例可以看到，古今字既可以是记录同一个词的异体
字，也可以是本义不同的两个字。不过，异字异义构成古今字的
前提是同音[1]，如：

　　《八部》"余"字下注云："凡言古今字者，主谓同音而古
用彼今用此异字。若《礼经》古文用'余一人'，《礼记》用
'予一人'，余、予本异字异义，非谓予、余本即一字也。"

　　按：郑玄以"余—予"为古今字。"余"和"予"并非同字
异体，而是异字、异义，皆为假借表第一人称代词，所以段玉裁

----

[1]　准确地说是音同或音近，因为须将造字的时地因素考虑在内。有些古今字形成
　　的动因正是语音的历史变化。如《鸟部》："鶚，鸚鶚也。从鸟，母声。"段
　　注："《曲礼》释文：'鸚本或作鸚，母本或作鵡，同音武，诸葛恪茂后反。'
　　按，裴松之引《江表传》曰：'恪呼殿前鸟为白头翁，张昭欲使恪复求白头
　　母，恪亦以鸟名鸚母未有鸚父相难。'此陆氏所谓'茂后反'也。据此，知彼
　　时作母、作鸚，不作鵡。至唐武后时，狄仁杰对云：'鵡者，陛下之姓，起二
　　子则两翼振矣。'其字、其音皆与三国时不同，此古今语言文字变移之证也。
　　《释文》当云'母本或作鸚，古茂后反；今作鵡，音武'乃合。李善注《文
　　选》云：'鵡一作鸚，莫口反。'较明析。大徐用《唐韵》文甫切，亦鵡音
　　非鸚音也。"根据段玉裁的分析，"鸚"和"鵡"是古今字，二者声符不同，
　　反映了形声造字时代的不同。

指出古今字"主谓同音"。由此可见，假借可以是构成古今字的一个原因。又如：

《辵部》："述，循也。"段注："古文多叚借遹为之，如《书》'祗遹乃文考'，《诗》'遹骏有声''遹追来孝'，《释言》、毛传皆曰'遹，述也'，是也。孙炎曰：'遹，古述字。'盖古文多以遹为述，故孙云尔。谓今人用述，古人用遹也。凡言古今字者，视此。"

按："述"和"遹"从历时角度来说是古今字关系，从共时角度来说则是假借关系。《辵部》"遹"字下注云："遹古多假为述字，《释言》云：'遹，述也。'言叚借也。《释诂》云：'遹、遵、率，循。'《释训》云：'不遹，不蹟也。'皆谓遹即述字也。言转注也。不遹者，今《邶风》之'报我不述'也。"[1]《诗·邶风·日月》"报我不述"，《鲁诗》"述"作"遹"。又如：

《贝部》："贝，……古者货贝而宝龟，周而有泉，至秦废贝行钱。"段注："变泉言钱者，周曰泉，秦曰钱，在周、秦为古今字也。《金部》钱下，锴本云：'一曰货也。'《檀弓》注曰：'古者谓钱为泉布。'则知秦汉曰钱，周曰泉也。《周礼·泉府》注云：郑司农云：'故书泉或作钱。'盖周人或用假借字，秦乃以为正字。"

按：《金部》："钱，铫也。古者田器。一曰货也。"段注："玉裁谓，秦汉乃叚借钱为泉，《周礼》《国语》早有钱字，是其来已久，钱行而泉废矣。"可知"钱"本是农具名，秦汉时期假借为表

---

[1] 这里的"转注"，即《说文叙》注所说的"以叚借为转注者"，如："《尔雅》训哉为始，谓哉即才之叚借也。毛传训瑕为远，谓瑕即遐之叚借也。"

货币的"泉",并取得了正字的地位,从而"钱"行"泉"废,因此,先秦之"泉"和秦汉之"钱"构成古今字关系。再如:

《人部》:"但,裼也。"段注:"古但裼字如此,袒则训衣缝解,今之绽裂字也。今之经典,凡但裼字皆改为袒裼矣。《衣部》又曰:'臝者,但也。''裎者,但也。'《释训》、毛传皆曰:'袒裼,肉袒也。'肉袒者,肉外见无衣也。引伸为徒也。凡曰但、曰徒、曰唐,皆一声之转,空也。今人'但'谓为语辞,而戡知其本义,因以袒为其本义之字,古今字之不同类如此。"

按:段玉裁认为"但"由实词虚化,引申为徒、空,演变为语辞,其本义则假借"袒"字表示。对于袒裼即脱衣露出上身义来说,"但"是古字,"袒"是今字。徐灏《注笺》云:"是袒本非衣名,故古作但,因假为语词,而改用袒,又别作襢耳。"他认为"语词之但,假借其音,无所取义,段说非也"。

此外,古字和今字也可能是同源关系,如:

《皿部》:"齍,黍稷器,所以祀者。从皿,𠫔声。"段注:"各本作'黍稷在器以祀者',则与盛义不别。今从《韵会》本。……经文齍字,注三易为'粢',而《小宗伯》'六齍'注云:'齍读为粢。六粢谓六谷,黍、稷、稻、粱、麦、苽。'此则易齍为粢之㥁,谓齍、粢古今字也。考《毛诗·甫田》作'齐',亦作'齍',用古文;《礼记》作'粢盛',用今文。是则齍粢为古今字憭然。《左传》作'粢盛',则用今字之始。"

《禾部》:"齋,稷也。粢,齋或从次作。"段注:"《释艸》曰:'粢,稷也。'《周礼·甸师》'齍盛'注云:'粢者,稷

也。谷者稷为长。'按，经作齍，注作粢，此经用古字，注用
今字之例。……《甫田》作'齐'，亦作'齍'。毛曰：'器
实曰齍。'而《左传》《礼记》皆作'粢盛'，是可证齍、粢
之同字。谷名曰粢，用以祭祀则曰齍，别之者，贵之也。"

按：段玉裁根据文献用字，特别是经文和注文用字的不同，
指出"齍""粢"为古今字。"齍"字见于金文，为鼎或鬲之称，
又为容量单位。《段注》将说解改为"黍稷器，所以祀者"，即盛
谷物的祭器，与金文用例相合。粢本谓稷，又为谷类之总称。
"齍""粢"音同义通，为同源词。邵瑛《说文解字群经正字》
云："其谷为齍，在器为齍。今经典多从齍之或体，而又变从禾为
从米作粢，其字盖始汉隶。"

（2）正俗字

《段注》中出现的"正字"这个术语大多是区别于假借字而言
的，这些"正字"相当于本字，体现形义统一的原则。但也有一
些"正字"与"俗字"相对，如：

《鸟部》"鹓"字下注云："鸢读与专切者，与鹓叠韵，而
又双声。……《仓颉》有鸢字，从鸟，弋声。许无者，谓鹓
为正字，鸢为俗字也。"

《夋部》"受"字下注云："《汉志》作'芰'者，又'受'
之俗字。《韩诗》作'受'是正字。"

《木部》"櫜"字下注云："许不录犒、醹字者，许以櫜为
正字，不取俗字也。"

《疒部》："疥，搔也。"段注："搔……俗作瘙，……
《礼记释文》引《说文》'疥，瘙痒也'，《文选·登徒子好色

赋》注引'疥，瘙也'，皆以俗字改正字耳。"

《希部》"希"字下注云："《释兽》曰：'豨，修豪。'希者正字，豨者俗字，或作肆者，叚借字也。"

《虫部》："蛆，蝇胆也。"段注："蛆者俗字，胆者正字，蛆者古字。"

《说文》所收辑的字体中已有俗字，"汉代通行隶书，亦不废篆体。如《说文》中重文下有注明'俗'或'今文'者，都指汉世的篆文"[1]。黄侃指出："俗体云者，求之古、籀既无其字，校以秦文，更有不合，义无所从，乃名曰俗。……其在汉世，本皆通行。"[2] 据通行的大徐本，《说文》标明的俗字有 15 个，均可看作正篆的异体字。以下是这 15 组正俗字："褎—袖""薵—镃""盬—脓""圅—肣""归—抑""攱—攲""蟊—蚊""肩—肩""冰—凝""瀶—滩""先—簪""艒—舼""歈—噈""居—屁""諯—諯"。俗字和正篆的关系包括改换义符或声符、采用不同构形模式以及形体讹变等。如：

《肉部》："肩，髆也。从肉，象形。肩，俗肩从户。"段注："从门户，于义无取，故为俗字。"

按："肩"字从肉，上象肩形，古文字材料可以为证。由于象形的构件与"户"相近，故"肩"讹变为从户作"肩"，构形理据部分丧失。《段注》指出，因为从户"于义无取"，所以许慎以为俗字。由此可知，形义关系是否统一是段玉裁衡量正俗的一个重要标准。

---

[1] 陆宗达《说文解字通论》，中华书局，2015 年，第 27 页。
[2] 黄侃述，黄焯编《文字声韵训诂笔记》，上海古籍出版社，1983 年，第 76 页。

在《说文》正文所标示的俗字之外，段玉裁还指出了大量的汉代以及后世的俗字。如《臣部》"臣"字下注云："武后坒、恶二字见《战国策》，六朝俗字也。"《糸部》"缇"字下注云："衹字起于唐初，盖六朝俗字。"需要注意的是，《段注》所说的"俗字"或"俗作某"，涵盖的类型较多，所涉的范围较广，所以不能看作有严格界定的术语。比如下面两例：

《戈部》："或，邦也。从口，戈以守其一。一，地也。域，或或从土。"段注："既从口从一矣，又从土，是为后起之俗字。"

《它部》："它，虫也。从虫而长，象冤曲尾形。……蛇，它或从虫。"段注："它篆本以虫篆引长之而已，乃又加虫左旁，是俗字也。"

按：段玉裁谓"域""蛇"为俗字，是相对于《说文》正篆说的，而王筠谓之累增字。从构形来看，则是增加义符的分化形声字，即"或""它"借作虚词后，在本字上累加表义构件，使原来的实义更为突显。又如：

《音部》："竟，乐曲尽为竟。"段注："曲之所止也。引伸之，凡事之所止，土地之所止，皆曰竟。毛传曰：'疆，竟也。'俗别制境字，非。"

按：《说文》无"境"字，《新附》有之。郑珍《说文新附考》："《高朕修周公礼殿碑》《张平子碑》并有境，是汉世字。"席世昌《读说文记》："境，《汉书》俱作竟。竟，尽也，疆土至此竟也。"可知"境"是"竟"的后出分化字。

段玉裁在指明和分析俗字的同时，还表明了对俗字现象的看法和态度，如：

《言部》"雠"字下注云："物价之雠，后人妄易其字作售，读承臭切，竟以改易《毛诗》'贾用不雠'，此恶俗不可从也。"

按：《说文新附》："售，卖去手也。从口，雠省声。《诗》曰：'贾用不售。'"王筠《句读》："售乃雠之俗字。"段玉裁鄙薄俗字，认为"雠"作"售"是后人妄改。

出于尊许的立场，以《说文》所收字为正字，段玉裁对俗字总体上持否定、排斥的态度，因此，《段注》做了大量辨别正俗的工作，而且还试图把许慎说解中的俗字改为正字，如下面三例：

《手部》："扜，指摩也。"段注："摩，各本用'麾'，俗，今正。"

《日部》："暇，閒也。"段注："各本作'闲'，俗字也，今正。"

《革部》："韆，箸亦鞿也。"段注："亦，铉本作掖，非其物也。锴作腋，俗字也。今正。"

但是，段玉裁也认识到许书说解中的俗字无法尽改，不得不承认俗字在现实中的存在和使用，如：

《示部》："禜，……读若春麦为桒之桒。"段注："'为桒'之桒字，从木，各本讹从示，不可解。《广雅》：'桒，春也。楚芮反。'《说文》无桒字，即《臼部》'春去麦皮'曰䆎也。江氏声云：'《说文》解说内，或用方言俗字，篆文则仍不载。'"

《言部》："诺，譍也。"段注："譍者，應（应）之俗字。说解中有此字，或偶尔从俗，或后人妄改，疑不能明也。"

《皿部》："盨，拭器也。"段注："《广韵》《集韵》《类篇》皆作'拭'，许书以饰为拭，不出拭，此作拭者，说解中容不废俗字，抑后人改也。"

《华部》"粪"字下注云："矢，《艸部》作'菌'，云'粪也'。谓粪除之物为粪，谓菌为矢，自许已然矣。……许书说解中多随俗用字。"

从汉字使用的历史来看，"正字和俗字是相辅相成的"，"正俗之间的关系并不是一成不变的"，"就具体的、单个的字来说，其正俗关系也会随着时代的变迁而发生变化"。[1] 段玉裁清楚地认识到在现实的文字使用中"俗行正废"的情况，如：

《言部》"䌛"字下注云："絫、累正俗字，今人概作累，而絫废矣。"

《𨸏部》"队"字下注云："队、坠，正俗字。古书多用队，今则坠行而队废矣。"

对于俗字的通行，段玉裁以为"习非成是，积习难反"[2]，在一定程度上采取承认现实的态度，指出许慎也用俗字，如《说文叙》"以其所知为祕妙"注云："妙，古作'眇'。妙取精细之意，故以目小之义引申假借之。后人别制'妙'文，蔡邕题曹娥碑有'幼妇'之言，知其字汉末有之。许书不录者，晚出之俗字也。而不废此字者，可从者则不废。从女，少声，于古造字之义有合。……凡俗字不若'马头人''人持十'之已甚者，许所不废也。"这是说不废保留构形理据的俗字。

综上，段玉裁对俗字的认识有其局限性，但《段注》所揭示的各类俗字现象为相关研究提供了丰富的材料，其中对俗字成因

---

[1]　参见张涌泉《汉语俗字研究》（增订本），商务印书馆，2010年，第4—5页。
[2]　见《𨸏部》"陸"字下注。

的分析也对后人有借鉴价值和启发意义。

◇扩展阅读

黄天树《说文解字通论》，北京大学出版社，2014 年。

裘锡圭《文字学概要》（修订本），商务印书馆，2013 年。

王宁《汉字构形学导论》，商务印书馆，2015 年。

张涌泉《汉语俗字研究》（增订本），商务印书馆，2010 年。

赵平安《〈说文〉小篆研究》（修订版），上海古籍出版社，2022 年。

◇思考题

1. 试分析《段注》中所说的"同字"包括哪些字际关系？
2. 《几部》："凥，处也。"段注："引申之为凡凥处之字，既又以蹲居之字代凥，别制踞为蹲居字，乃致居行而凥废矣。"请结合古文字材料，考察"居""凥""處（处）""処"四字的关系。

第三讲　段玉裁古音学研究述要

段玉裁是清代重要的古音学家，在古音研究上造诣殊深、创见良多，《六书音均表》是其研究成果的精炼概括和集中反映[1]，该书初刻单行，后附录于《说文解字注》。段玉裁先作该书而后注《说文》，以古音为线索研究文字训诂，将形音义三者紧密联系起来，因此，《段注》充分体现其古音学思想。以声音贯串文字训诂是《段注》的鲜明特色。章太炎曾评价："段氏为《说文注》，与桂馥、王筠并列，量其殊胜，固非二家所逮。何者？凡治小学，非专辨章形体，要于推寻故言，得其经脉，不明音韵，不知一字数义所由生。此段氏所以为桀。"[2] 陆宗达指出："段玉裁于《说文》所收的九千三百五十三文之下逐字注明古韵韵部，可见他对语音的极度重视。"[3] 张舜徽也说："段玉裁注《说文》，必先有《六书音韵表》以为之纲。"[4] 因此，要读懂《说文解字注》，须先读《六书音均表》，至少应对段玉裁的古音学说有总体的了解。关于段玉裁的古音学，前人有不少详细的研究，这里仅述概要，重点是结合《段注》，说明其古音理论及其结论的应用。

———————

[1] 关于《六书音均表》的撰作、成书及其评价，详参鲁国尧《新知：语言学思想家段玉裁及〈六书音均表〉书谱》，《汉语学报》2015 年第 4 期。
[2] 章太炎《国故论衡》，上海古籍出版社，2003 年，第 9 页。
[3] 陆宗达《说文解字通论》，中华书局，2015 年，第 41 页。
[4] 张舜徽《爱晚庐随笔》，华中师范大学出版社，2005 年，第 310 页。

一　古韵分部

清代古音学昌明，尤其是在上古韵部的研究上，考古与审音相辅相成，前修未密、后出转精，成绩可观，堪称鼎盛。顾炎武离析《唐韵》，立古韵十部，江永谓其"考古之功多，审音之功浅"，故在其框架上加以弥缝，幽宵分立、真元分立、侵谈分立，分古韵为十三部，段玉裁进一步将支脂之三分，真文分立，侯部独立，定古韵十七部，古音系框架的思想臻于成熟。王力评价说："清代古韵之学到段玉裁已经登峰造极，后人只在韵部分合之间有所不同，而于韵类的畛域则未能超出段氏的范围。所以段玉裁在古韵学上，应该功居第一。"[1]　《六书音均表》第一个表就是《今韵古分十七部表》，"今韵"指《广韵》二百零六韵，段玉裁以表格的形式分二百零六韵为古韵十七部，现列于下：

弟一部：之咍，止海，志代，职德

弟二部：萧宵肴豪，篠小巧皓，啸笑效号

弟三部：尤幽，有黝，宥幼，屋沃烛觉

弟四部：侯，厚，候

弟五部：鱼虞模，语麌姥，御遇暮，药铎

弟六部：蒸登，拯等，证嶝

弟七部：侵盐添，寝琰忝，沁艳桥，缉叶怗

弟八部：覃谈咸衔严凡，感敢豏槛俨范，勘阚陷鉴酽梵，合盍洽狎业乏

弟九部：东冬钟江，董肿讲，送宋用绛

---

[1]　王力《清代古音学》，《王力全集》第六卷，中华书局，2013 年，第 134 页。

弟十部：阳唐，养荡，漾宕

弟十一部：庚耕清青，梗耿静迥，映诤劲径

弟十二部：真臻先，轸铣，震霰，质栉屑

弟十三部：谆文欣魂痕，准吻隐混很，稕问焮恩恨

弟十四部：元寒桓删山仙，阮旱缓潸产狝，愿翰换谏裥线

弟十五部：脂微齐皆灰，旨尾荠骇贿，至未霁祭泰怪夬队废，术物迄月没曷末黠鎋薛

弟十六部：支佳，纸蟹，寘卦，陌麦昔锡

弟十七部：歌戈麻，哿果马，箇过祃

由上可见，段玉裁的十七部与王力的三十部最明显的不同是，入声不独立。同时，段玉裁主张"异平同入"，即不同的平声（包含上声、去声）古韵部共有相同的入声韵部（多附于阴声[1]），或者说两个或多个平声韵部和一个入声韵部相配，如职德为第一部（之咍）的入声，同时又是第二部（宵豪）和第六部（蒸登）的入声，又如药铎是第五部（鱼模）的入声，同时也是第十部（阳唐）的入声。[2] 其他的不同还有东冬不分、脂微不分等。但整体上说，段玉裁的十七部确立了古韵分部的基本格局，标志着古音学趋于成熟，后来的学者主要是在其基础上进一步增修完密。

段玉裁不但将二百零六韵分为十七部，建立了古音分部的大框架，而且还对《说文》所收之字逐一注明古韵归部[3]：

---

[1] 个别附于阳声，如质部附于真部。

[2] "异平同入"最主要的目的不是为了解决平入相配问题，"而是通过平入相配，以入声为枢纽，安排十七部的次第，以说明'古合韵'以及古今音变"。见黄易青、王宁、曹述敬《传统古音学研究通论》，商务印书馆，2015年，第202页。

[3] 个别字未标明古音第几部，如"智"字。

《一部》"一"字下注云："凡注言一部、二部以至十七部者，谓古韵也。玉裁作《六书音均表》，识古韵凡十七部。自仓颉造字时，至唐虞、三代、秦汉以及许叔重造《说文》，曰某声，曰读若某者，皆条理合一不紊。故既用徐铉切音矣，而又某字志之曰古音第几部。"

段玉裁研究古韵、判断归部的材料首先是《诗经》以及《诗经》以外的上古韵文，《六书音均表》第四、第五个表分别为《诗经韵分十七部表》和《群经韵分十七部表》，将韵脚字悉数加以系联，胪列韵文韵谱。然而入韵字的数量有限，还存在一些未用作押韵的字，需要运用谐声材料来进行归纳韵部的工作。《六书音均表》第二个表是《古十七部谐声表》，全面整理了《说文》声符，并分系于各部，段玉裁说：

> 考周秦有韵之文，某声必在某部，至啧而不可乱。故视其偏旁以何字为声，而知其音在某部，易简而天下之理得也。许叔重作《说文解字》，时未有反语，但云"某声""某声"，即以为韵书可也。自音有变转，同一声而分散于各部各韵。如一"某"声，而"某"在厚韵，"媒""腜"在灰韵；一"每"声，而"悔""晦"在队韵，"敏"在轸韵，"晦""痗"在厚韵之类。参缊不齐，承学多疑之。要其始，则同谐声者必同部也，三百篇及周秦之文备矣。

《今韵古分十七部表》"古谐声说"中也说："一声可谐万字，万字而必同部，同声必同部。"按照"同声必同部"的原则，形声字的古韵归部可以据其声符推断，非形声字（象形、会意、指事）的归部可以据从其得声之字推断。如：

《示部》："祼，灌祭也。从示，果声。"段注："此字从果

为声，古音在十七部。《大宗伯》《玉人》字作果，或作
祼。……祼之音本读如果。……古音有不见于周人有韵之文，
而可意知者，此类是也。"

《宀部》："室，实也。从宀，至声。室屋皆从至，所止
也。"段注："大徐无声字，非也。古至读如质，至声字皆在
十二部。下文又言此字之会意。……室兼形声。"

《又部》："㐅，竦手也。从ナ又。"段注："《五经文字》
其恭反，《九经字样》音邛，《广韵》引《说文》居竦切。以
羍从㐅声求之，古音在三部。"

《勹部》："勹，裹也。象人曲形有所包裹。"段注："以
包、苞、匏字例之，古音在三部。"

按："祼"是形声字，且《周礼》有作"果""祼"者，可据
以知"祼"在十七部。段玉裁认为"室"是形声兼会意字，故可
据至声而归第十二部。"㐅"是会意字，"羍"从㐅声[1]，而从羍
声的"僕（仆）""樸（朴）"等为入韵字，羍声在第三部，故
"㐅"也在第三部。同样的，"勹"是象形字，据从勹声的"包"
以及从包声的"苞""匏"，可推知"勹"在第三部。

不过，谐声字的情况颇为复杂，造字时代离《诗经》时代较
远，谐声的真实性及其表音程度需要加以审核和鉴别。段玉裁提
出"同声必同部"的观点，但同时又有"古谐声偏旁分部互用
说"，"分部互用"即谓谐声偏旁与谐声字不同部，也就是说，谐
声偏旁与《诗经》用韵发生矛盾。[2] 因此，谐声材料需要和其他

---

[1] 《羍部》："羍，从羊从㐅，㐅亦声。"
[2] 参看黄易青《论"谐声"的鉴别及声符的历史音变》，《古汉语研究》2005 年
第 3 期。

材料相参照、相印证。如以韵文佐证谐声：

> 《女部》："佞，巧讇高材也。从女，仁声。"段注："小徐
> 作'仁声'，大徐作'从信省'。按，今音佞乃定切，故徐铉、
> 张次立疑仁非声。考《晋语》：'佞之见佞，果丧其田；诈之
> 见诈，果丧其赂。'古音佞与田韵，则仁声是也。十二部，音
> 转入十一部。"

按："佞"字是会意还是形声，大小徐意见分歧，段玉裁据
《国语·晋语》的入韵字推定"佞"从仁声。又如根据读若考求谐
声韵部：

> 《开部》"开"字下注云："开字古书罕见，《禹贡》：'道
> 岍及岐。'许书无岍字。……用开为声之字，音读多岐。如
> 汧、麂、鴩、研、妍、雁，在先韵，音之近是者也。如并、
> 刑、形、邢、鈃，入清青韵，此转移之远者也。如笄、枅，入
> 齐韵，此转移更远者也。开从二干，古音仍读如干。何以证
> 之？籀文枏读若刊，小篆作枏，然则干、开同音可知。……
> 古音在十四部。"

按：徐铉曰："开但象物平，无音义也。"段玉裁据《说文》
"枏读若刊"，谓"干、开同音"，归于第十四部。不过，所谓"用
开为声之字，音读多岐"，有必要加以区辨，所举例字中有些并非
开声之字，如《从部》："并，相从也。从从，开声。一曰从持二
为并。"[1]徐灏《注笺》："并不得用开为声。"卜辞"并"字从
从从二，与《说文》一曰之说同。又如《说文》"刑""荆"分为
二字，但从古文字材料来看应该是同一个字，目前可靠的材料中

---

[1]　大小徐本皆作"从持二为并"，段玉裁改为"从持二干为并"，不可从。

并未见到有从"开"的"刑"字,"刑"的写法到东汉才出现,《说文》小篆的"刑"字应该是个讹形。[1] 再如"邢"字初文即作井,后加义符。

此外,段玉裁研究古音所利用的材料还包括假借、异文、异体和声训等。如《今韵古分十七部表》"古假借必同部说"云:"假借必取诸同部。故如真文之与蒸侵,寒删之与覃谈,支佳之与之哈,断无有彼此互相假借者。"又,"古转注同部说"云:"训诂之学,古多取诸同部,如'仁者,人也''义者,宜也''礼者,履也''春之为言蠢也''夏之为言假也''子,孳也''丑,纽也''寅,津也''卯,茂也'之类。……刘熙《释名》一书,皆用此意为训诂。"下面以"昏"字古音归部为例:

> 《日部》:"昏,日冥也。从日,氏省。氏者,下也。"段注:"昏字于古音在十三部,不在十二部。昏声之字,䖵亦作蚊,嵍亦作岐,䰍亦作忞。昏古音同文,与真臻韵有敛侈之别。字从氏省为会意,绝非从民声为形声也。盖隶书淆乱,乃有从民作昏者,俗皆遵用。"

> 《玉部》:"珉,石之美者。从玉,民声。"段注:"凡民声字,在十二部。凡昏声字,在十三部。昏不以民为声也。《聘义》注曰:'碈或作玟。'凡文声、昏声同部,瑉、碈字皆玟之或体,不与珉同字,其讹乱久矣。"

按:"昏""文"古音同,昏声、文声作为声符常可互换,段玉裁举了重文、假借、异文等多方面材料。《䖵部》:"䖵,蠹或从昏。……蚊,俗䖵从虫从文。"《山部》"嵍"字下注云:"《禹

---

[1] 参看季旭昇《说文新证》,福建人民出版社,2010年,第367页。

贡》：'岷山道江。'《夏本纪》作'汶山'。《封禅书》曰：'渎山，蜀之汶山也。'……此篆省作崏，隶变作汶，作文，作岐，作崏，俗作愍，作岷。汉蜀郡有汶江道，汉元鼎六年置汶山郡，亦作文山郡，汶、文皆即愍字之叚借也。"《攴部》："敯，冒也。从攴，昏声。"段注："《康诰》：'敯不畏死。'《孟子》作'闵'。《立政》：'其在受德敯。'《心部》作'惞'。昏声、文声同部。"皆其证。

一方面，段玉裁的古音研究利用文字、训诂的材料，另一方面，在得出古音十七部的分合及关系之后，又把结论应用于文字、训诂的研究，即所谓"俾形声相表里，因尚推究，于古形、古音、古义可互求焉"[1]。如下面例子中对声符"氏"与"氐"的辨析：

《示部》："祗，敬也。从示，氏声。"段注："古音凡氐声字在第十五部，凡氏声字在第十六部，此《广韵》祗入五支、祗入六脂所由分也。"

《目部》："眠，视皃也。从目，氏声。"段注："与眂别。眂，古文视，氐声，在十五部。眠，氏声，在十六部。宋元以来，愍有知氏、氐之不可通用者。"

《厂部》："底，柔石也。从厂，氐声。"段注："此字从氐声，俗从氏，误也。古音氏声在十六部，氐声在十五部，不容稍误，唐以来知此者鲜矣。《五经文字》石刻讹作厎，少一画，不可从。"

《糸部》："祗，缇或作祗。"段注："此篆与《衣部》祗裯之祗大别，其义则彼训短衣，其音则氐声在十五部，氏声在十六部也。"

---

[1] 见《一部》"一"字下注。

《土部》："坁，箸也。从土，氐声。"段注："……《开成石经》讹作'坻'，其义迥异。……盖唐初已有误坁者，故《释文》曰：'坁音旨，又音丁礼反。'后一音则已讹为坻。凡字切丁礼者，皆氐声也。今版本《释文》及《左传》及《广韵·四纸》皆作坻，坻行而坁废矣。"

按：正是由于支脂之分立，所以段玉裁能够明晰地区别氏声与氐声，指出相关字形、音注的混淆和讹误。这些例子具体而微地体现了段玉裁"形音义互相求"的研究方法，也从一个角度说明古音对于《说文》研究的重要性。

二　古本音说

明代陈第论证古今音异，廓清了叶音说的谬误，"时有古今，地有南北，字有更革，音有转移"的观点对清代古音学家产生深刻影响。段玉裁对于历时音变有更具体的认识，不仅比较《诗经》音系与《切韵》音系的异同，还关注语音演变的历时性和阶段性。《今韵古分十七部表》"音韵随时代迁移说"云："今人概曰古韵不同今韵而已，唐虞而下，隋唐而上，其中变更正多。概曰古不同今，尚皮傅之说也。音韵之不同，必论其世。约而言之，唐虞夏商周秦汉初为一时，汉武帝后洎汉末为一时，魏晋宋齐梁陈隋为一时。古人之文具在，凡音转、音变、四声，其迁移之时代皆可寻究。"这里将"唐虞而下，隋唐而上"分为三段，与后来的汉语语音史分期基本一致。同时，《段注》对具体字音做了个案考察，寻究语音变化发生的时代，如：

《牛部》："犪，……读若滔。"段注："舀声字，周时在尤幽部，汉时已读入萧豪部，故许云犪读若滔也。"

《瞿部》："瞿，……读若章句之句。"段注："古音句读如钩，别之曰章句之句，知许时章句已不读钩矣。"

《鬲部》："鬹，……读若妫。"段注："妫，汉人已读如规矣。"

《矛部》："矜，矛柄也。从矛，令声。"段注："《毛诗》与天、臻、民、旬、填等字韵，读如邻，古音也。汉韦玄成《戒子孙诗》始韵心，晋张华《女史箴》、潘岳《哀永逝文》始入蒸韵，由是巨巾一反仅见《方言》注、《过秦论》李注、《广韵·十七真》，而他义则皆入蒸韵，今音之大变于古也。"《兄部》："兢，……读若矜。"段注："汉时矜读如今韵矣。"

《车部》"车"字下注云："古音居，在五部。今尺遮切。《释名》曰：'古者曰车，声如居。言行所以居人也。今曰车，车，舍也。行者所处若屋舍也。'韦昭《辩释名》曰：'古惟尺遮切，自汉以来，始有居音。'按，三国时尚有歌无麻，遮字只在鱼歌韵内，非如今音也。"

按：上述例子根据读若、谐声、韵文、文献记载等材料说明"滔""句""妫""矜""车"等字的读音在汉代发生了变化，不同于汉以前。"滔"由幽部转入宵部，"章句"之"句"由侯部转入鱼部，"妫"由歌部转入支部，三者都是汉代音系发生的变化。"矜"和"车"的读音变化较为复杂，不只是音系变化所引起，"矜"涉及字形讹变，"车"还要考虑方音。

在认识历史音变的基础上，段玉裁在理论上提出"古本音说"。《今韵古分十七部表》"古十七部本音说"云：

凡一字而古今异部，以古音为本音，以今音为音转。如尤读怡，牛读疑，丘读欺，必在第一部而不在第三部者，古本音也；今音在十八尤者，音转也。举此可以隅反矣。

以十七部的部类来看，某些字的古音和今音同部，如《白[1]部》“鲁”字下注云：“鲁字古今音皆在五部。”《肉部》“肊”字下注云：“肊臆字古今音皆在职德韵，乙字古今音皆在质栉韵。”但历史音变造成不少字的古音与今音异部，对于这些字来说，“古本音与今音不同”。由上可见，与“本音”对应的是“音转”，即语音的流转，具体指古音在本部而今音流转到其他部，如：

《艸部》：“芎，司马相如说营从弓。”段注：“弓声在六部，古音读如肱，音转入九部，如躳字亦或弓声。”

《足部》“跨”字下注云：“古音在五部，音转入于十七部耳。”

《菐部》：“粪，赋事也。从菐八。八，分之也。八亦声。读若颁。”段注：“八古音如必，平声如宾，在十二部。音转乃入十三部，读如颁者，如颁首之颁也。再转入十四部，读布还切矣。”

《肉部》“臑”字下注云：“古音在四部，铉用那到一切，乃音转，非古本音也。”

按：本音与音转是以古音为标准来看古今音变，把历时的语音流变放在古韵十七部的共时平面来看，即历时音变在共时平面的投影，如弓声字从第六部流变到第九部，“跨”从第五部转入第十七部，“粪”从第十二部流转到第十三、十四部。

[1] 此“白”非训“西方色”之“白”，而是“此亦自字也”之“白”。

　　古今音变除了"古今异部"的情况之外，还有"转而不出其类"[1]的情况，也就是从同一部中的某一韵变为另一韵。段玉裁对此提出"古十七部音变说"：

　　　　音有正、变也。音之敛侈必适中，过敛而音变矣，过侈而音变矣。之者，音之正也；咍者，之之变也。萧、宵者，音之正也；肴、豪者，萧宵之变也。尤侯者，音之正也；屋者，音之变也。……歌、戈者，音之正也；麻者，歌、戈之变也。大略古音多敛，今音多侈。

　　从共时平面来看，"音变"与"音转"的区别就在于，音变一般限于同一部内，而音转则涉及不同的韵部，如：

　　　　《艸部》："蓷，……读若堕坏。"段注："堕，隋声，在十七部，音转许规切，入十六部。凡圭声字在十六部。……《唐韵》胡瓦切，十七部之音变也。"

　　　　《走部》"赶"字下注云："等在之止韵，音变入咍海韵，音转入拯等韵。"《竹部》"等"字下注云："古在一部，止韵，音变入海韵，音转入等韵。"

　　　　《水部》"灑（洒）"字下注云："山豉切[2]，十六部。音变为所蟹切，音转为沙下切。"

　　按："蓷"从十七部入十六部，是谓音转，"胡瓦切"是马韵，麻（马祃）是十七部的变音，故谓音变。之止韵和咍海韵属之部，而拯等韵属蒸部，故"等"从止韵入海韵是音变，由止韵入等韵是音转。"山豉切"是真韵，属支部，"所蟹切"是蟹韵，亦属支

<hr />

[1]　见戴震撰，汤志钧校点《戴震集》，上海古籍出版社，1980年，第84页。
[2]　此为大徐本《说文》反切。

部，"沙下切"是马韵，属歌部，故"灑"从寘韵入蟹韵是音变，由寘韵入马韵是音转。《段注》中提到音变的例子还有：

> 《玉部》："璸，《夏书》玭从虫賓。"段注："古音在十二部。故《唐韵》步因切，其音变为蒲边、扶坚二切。"

> 《日部》"昏"字下注云："呼昆切[1]，魂韵者，文韵之音变。"

> 《日部》"晒"字下注云："所智切[2]，音变则所卖切，十六部。"

按："步因切"是真韵，"蒲边、扶坚二切"是先韵；"所智切"是寘韵，"所卖切"是卦韵。真和先、文和魂、寘和卦都是正音和变音的关系。从历时角度来看，古音一部而今音数韵，段玉裁以音敛的韵为正，音侈的韵为变，由正音分化出变音，从而可以解释古音十七部如何分析为今音二百零六韵。[3]

三　古合韵说

以上所述"古本音"和"音转"等主要是段玉裁在历时音变方面的理论主张。而在共时方面，段玉裁则需要确定各部之间的相邻远近，并解释《诗经》异部相押现象，为此提出"古合韵

---

[1]　此为大徐本《说文》反切。
[2]　此为大徐本《说文》反切。
[3]　钱大昕、黄侃认为古音侈、今音敛，应该更接近事实。参看王宁、黄易青《黄侃先生古本音说中的声韵"相挟而变"理论——兼论古今音变的"条件"》，《陕西师范大学学报（哲学社会科学版）》2003年第4期。段玉裁的具体意见有误，如以之韵为之部的正音，但他的理论探讨对后人有启发意义。

说",来说明相邻、相近韵部的字相互押韵的情况。如果说"古本音"侧重于韵部的分,那么"古合韵"则强调韵部的合,二者辩证统一,所谓"不以本音蔑合韵,不以合韵惑本音"[1],"谓之合而其分乃愈明,有权而经乃不废"[2],从而可以对韵部的分合有全面的认识。《六书音均表》的第一表《今韵古分十七部表》、第二表《古十七部谐声表》论分,第三表《古十七部合用类分表》论合。所谓"合用"即指韵部之间的相通、相合,所谓"类分"是将十七部分为六大类,同一类的各韵部韵尾相同,或者韵尾不同但主元音邻近,可以相互通转:

　　第一部(之)为第一类;

　　第二、三、四、五部(宵幽侯鱼)相近,为第二类;

　　第六、七、八部(蒸侵谈)相近,为第三类;

　　第九、十、十一部(东阳耕)相近,为第四类;

　　第十二、十三、十四部(真文元)相近,为第五类;

　　第十五、十六、十七部(脂支歌)相近,为第六类。

　　由此建立古音系的框架,讨论韵部之间的远近关系。"古合韵次弟近远说"云:"合韵以十七部次弟分为六类,求之同类为近,异类为远。非同类而次弟相附为近,次弟相隔为远。"《诗经韵分十七部表》中每一部韵谱之后列有古本音和古合韵,《群经韵分十七部表》中也用符号将古本音和古合韵标示出来。段玉裁说:"凡与今韵异部者,古本音也;其于古本音龃龉不合者,古合韵也。本音之谨严,如唐宋人守官韵;合韵之通变,如唐宋诗用通韵。"[3]

---

[1] 见《诗经韵分十七部表》。

[2] 段玉裁《答江晋三论韵》,《经韵楼集》,上海古籍出版社,2007年,第126页。

[3] 见《诗经韵分十七部表》。

从而合理地解释了《诗经》里的一些特殊押韵现象。当然，"古合韵"并不仅限于说明古人用韵，《段注》广泛地运用"合韵（或合音）"说明谐声、异体、异读、假借、声训等文字训诂现象中反映的古音相邻近关系，这里略举数例。[1] 如异体字：

《玉部》："瓊（琼），赤玉也[2]。从玉，夐声。璚，瓊或从矞。瓗，瓊或从巂[3]。"段注："矞[4]，声也。矞为夐之入声，《角部》觼或作鐍。此十四部与十五部合音之理。……巂，声也。此十四部与十六部合音之理。《虫部》蠵，亦作蟕。"

《艸部》："芰，蔆也。从艸，支声。茤，杜林说：芰从多。"段注："支声在十六部，多声在十七部，二部合音冣近，古弟十七部中字多转入弟十六部。"

《肉部》："奎，食所遗也。……肺，杨雄说：奎从宋。"段注："肺当在十五部，而与奎同字者，合韵之理也。"

按："瓊"有或体"璚"和"瓗"。"夐"为十四部（即元部），"矞"为十五部入声（王力归质部），"巂"为十六部（即支部）。后两例许慎引通人说。"茤"是"芰"的重文，"支"为支部，"多"为歌部。桂馥《义证》："芰从多者，多，声也。《易》'无祇悔'，九家本'祇'作'多'。襄二十九年《左传》'多见疏也'，服虔本'多'作'祇'。《论语》'多见其不知量也'，疏云：'古人多祇同音。'本书移、杉并从多声。"[5] "肺"是"奎"的

［1］ 详参郭必之《从〈说文解字注〉看段玉裁"合韵"说的运用》，《中国文化研究所学报》第 40 期，香港中文大学出版社，2000 年。

［2］ 段玉裁改"赤"为"亦"。

［3］ "巂"，原误作"瓗"，径改。

［4］ "矞"，原误作"巂"，径改。

［5］ "祇"亦支部。

重文，这里所谓"同字"就是异体字。《宋部》"宋"字下注云："古音当在十五部。《诗》'万亿及秭'，与'醴''妣''礼''皆'韵，可证也。而𦜕，仕声，杨雄作肺，又疑宋在一部。""𦜕""𦞦"为一字异写，从肉，仕声，古音在之部，"肺"从宋声，宋声据《诗经》押韵当在脂部。段玉裁严分支、脂、之三部，认为三者甚少通转，因而又怀疑"宋"在之部。不过，汉代扬雄赋中脂之合韵不乏其例，或可证合音之说。又如异部谐声和假借：

《于部》"虧（亏）"字下注云："古音在十七部，雇在五部，鱼歌合韵也。"

《虍部》"虘"字下注云："虎声当在五部，而虘、戲（戏）转入十六部、十七部，合音之理也。"

《木部》"槎"字下注云："《周礼》有'柞氏'，《周颂》曰：'载芟载柞。'毛云：'除木曰柞。'柞，皆即槎字。异部假借，鱼歌合韵之理也。"

按："虎""虘"为鱼部，"虘"为支部，"戲"为歌部。据《诗经韵分十七部表》，鱼支合韵见于《楚辞·九章·悲回风》，鱼歌合韵见于《离骚》《天问》，段玉裁指出："弟五部之字，汉晋宋人入于弟十七部合用，皆读如歌戈韵之音。"再如读若和异读：

《宀部》："𡪄，……读若《书》曰'药不瞑眩'。"段注："谓读若此瞑也。十一、十二部之合音。"

《㕣部》："㢼，古文西，读若三年导服之导。一曰竹上皮。读若沾。一曰读若誓。"段注："𣓀、窔、㢼读若导服，皆七八部与三部合韵之理。……读沾，又读誓，此七八部与十五部合韵之理。"

《玉部》："珣，一曰玉器。读若宣。"段注："此字义别说也。《周礼》'玉瑞玉器'注曰：'礼神曰器。'《尔雅》：'璧大六寸谓之瑄。'《郊祀志》：'有司奉瑄玉。'《诅楚文》：'敢用吉王[1]瑄璧。'皆即珣字。……谓训器则读若瑄也。……音转入十四部。如《毛诗》'于嗟洵兮'，《韩诗》'洵'作'夐'之比。"

按："宵"读若"瞑"，为真耕合韵，《古十七部合用类分表》"弟十一部与弟十二部同入说"云："弟十一部与弟十二部合用最近。其入音同弟十二部。"[2]"䤸"读若"导"，是幽侵合韵，二部通转之例甚夥。[3]"读沾，又读誓"者，其实是谈月通转，谈部和月部元音相同。当然，第七、八部与第十五部合韵不止谈月通转，《木部》"枼"字下注云："毛传曰：'枼，世也。'枼与世音义俱相通。凡古侵覃与脂微，如立位、盍盖、走中、枼荔、軜内、籋爾、遝隶等，其形声皆枝出。"《目部》："眔，……读若与隶同也。"段注："眔，徒合切，在八部。隶在十五部。云同者，合音也。"皆是其例。"珣"从旬声，古音为十二部，读若瑄盖通"瑄"，第十二、十四部同为第五类。"洵"作"夐"者，同样是真元合韵，《旻部》"夐"字下注云："《韩诗》：'于嗟夐兮。'云远也。《毛诗》作'洵'，异部假借字。"

合韵在解释与古音相关的文字训诂现象中扮演了颇为重要的角色，合韵说在《段注》中运用广泛，但合韵的范围很宽，甚至

---

[1]　"吉王"即"吉玉"。

[2]　段玉裁在"古异平同入说"中强调合韵的枢纽在于异平同入关系。因此，"异平同入"是理解段玉裁古音系框架中十七部的次第远近、各部间相通转关系的关键。由于音理较深，这里不做展开。

[3]　参看施向东《试论上古音幽宵两部与侵缉谈盍四部的通转》，《天津大学学报（社会科学版）》1999年第1期。

有点"茫无界限"[1]，存在滥用的情况，有必要加以鉴别，如：

> 《戈部》："戠，阙。从戈，从音。"段注："考《周易》
> '朋盍簪'，虞翻本簪作'戠'，云：'戠，聚会也。旧读作撍，
> 作宗。'《释文》云：'荀作撍，京作宗。'阴弘道云：张揖
> 《字诂》㣙、撍同字。按，此戠当以音为声，故与晉声、聿声
> 为伍，然《尚书》'厥土赤埴'，古文作'赤戠'，是戠固在
> 古音弟一部也。一部内意亦从音，音未必非声，盖七部与一
> 部合韵之理。"

按：段玉裁据《尚书》异文指出"戠"古音在之部，甚确。
《周礼·考工记·弓人》郑注读"戠"为"脂膏戠败之戠"，《仪
礼·乡射礼》郑注云"臘"字今文或作"膱"，说明戠声和直声相
通，甲骨卜辞中的"戠"或读为"食"，或读为"特"，或读为
"待"。[2] 但《段注》谓"戠"以"音"为声符，恐非。徐灏
《注笺》："段氏合韵之说不可为训。意声、啻声同在之部，意即从
啻声，讹而为音。此戠从音，亦啻之讹也。"从古文字材料来看，
卜辞中"戠"作🔣、🔣，是从戈、从戠的象形初文得声的形声
字[3]，或谓从戈、从辛会意，或加"口"为饰作🔣，又于"口"
中羡加一横，遂讹从"音"。[4] 战国楚文字中或赘加"之"声，
所从之"日"或讹作"田"。[5] 因此，段玉裁以为"戠"从音

---

[1] 见江有诰《寄段茂堂先生原书》，《音学十书》，中华书局，1993 年，第 2 页。
[2] 参见裘锡圭《说甲骨卜辞中"戠"字的一种用法》，《裘锡圭学术文集》（甲
     骨文卷），复旦大学出版社，2012 年，第 160—166 页。
[3] 参看陈剑《殷墟卜辞的分期分类对甲骨文字考释的重要性》，《甲骨金文考释
     论集（繁体版）》，线装书局，2007 年，第 414—427 页。
[4] 黄德宽主编《古文字谱系疏证》，商务印书馆，2007 年，第 116 页。
[5] 参看李学勤主编《字源》，天津古籍出版社，2013 年，第 1110 页。

声，又用侵之合韵解释，似无依据。

四　古四声说

除了古韵十七部之外，段玉裁的古音学说为人所乐道的还有他对上古声调的研究。段玉裁在《六书音均表》第一表的"古四声说"里集中论述了相关观点，并在第四、五表对《诗经》和群经韵脚字的系联和归类中付诸实践。"古四声说"云："古四声不同今韵，犹古本音不同今韵也。考周秦汉初之文，有平、上、入而无去。洎乎魏晋，上、入声多转而为去声，平声多转为仄声，于是乎四声大备，而与古不侔。有古平而今仄者，有古上、入而今去者，细意搜寻，随在可得其条理。"这里明确提出了"古无去声"的观点，从历时的角度说明声调的演变，上古声调只有平声、上声和入声三类，去声由上声和入声逐渐演变而来，这一演变在魏晋时期完成，也就是说，到了魏晋才四声完备。《段注》中的相关材料贯彻和体现了这一主张，如：

《食部》"饭"字下注云："……云食也者，谓食之也，此饭之本义也。引伸之，所食为饭。今人于本义读上声，于引伸之义读去声，古无是分别也。"

《肉部》"胥"字下注云："今音'相'分平去二音，为二义，古不分。《公羊传》曰：'胥命者，相命也。'《穀梁传》曰：'胥之为言犹相也。'毛传于'聿来胥宇''于胥斯原'皆曰：'胥，相也。'此可证相与、相视古同音同义也。"

《见部》"观"字下注云："凡以我谛视物曰观，使人得以谛视我亦曰观，犹之以我见人、使人见我皆曰视，一义之转移，本无二音也。而学者强为分别，乃使《周易》一卦而平去错出支离，殆不可读，不亦固哉。"

《二部》"亟"字下注云："今人'亟'分入声、去声，入之训急也，去之训数也。古无是分别，数亦急也，非有二义。"

按：用不同的声调区别本义和引申义，称为"四声别义"，上面举的四个例子都是通常所说的"去声别义"。如果认为上古无去声，那么自然"古无是分别"。在段玉裁看来，这些涉及去声的"二义二音"是"流俗妄分""无事自扰"[1]。但从构词的角度看，"音变标志着词形分化，因此，虽未造新形，也可成新词"[2]。上述四例其实都是变调构词。同时，在变调构词的基础上，还可能孳乳出新字，如：

《刀部》"辧"字下注云："辧从刀，俗作辨，为辨别字，符蹇切。别作从力之辦（办），为干辦字，蒲苋切。古辧别、干辦无二义，亦无二形二音也。"

《贝部》"贾"字下注云："贾者，凡买卖之偁也。……引伸之，凡卖者之所得，买者之所出，皆曰贾。俗又别其字作價（价），别其音入祃韵，古无是也。"

《県部》"縣"字下注云："古懸（悬）挂字皆如此作。引伸之，则为所系之偁。……秦汉縣（县）系于郡。《释名》曰：'县，县也。县系于郡也。'自专以县为州县字，乃别制从心之悬挂，别其音县去、悬平，古无二形二音也。"

---

[1]　见《田部》"当"字下注。
[2]　王宁《训诂学原理》，中国国际广播出版社，1996年，第52页。

按："辬"和"價"都是《说文》新附字，"悬"是"县"的后出本字，皆较晚才出现，所以认为"古无二形二音"。

清代学者顾炎武、钱大昕、卢文弨等谓四声别义肇自六朝经师，不合于古，段玉裁也持同样的观点，如：

《人部》"伐"字下注云："今人读房越切，此短言也。刘昌宗《周礼·大司马》《大行人》《輈人》皆房废切，此长言也。刘系北音，周颙、沈约韵书皆用南音，去入多强为分别，而不合于古矣。"

《襾部》："覆，𧟸也。从襾，復声。一曰盖也。"段注："芳福切。……此别一义。……古本与上义同一音，南音乃别此义为敷救切。"

《宀部》"宿"字下注云："息逐切[1]，三部。按，去声息救切，此南北音不同，非有异义也。星宿、宿留，非不可读入声。"

按：三例皆为分别去入，所谓"南音"盖指南朝经师所作之音。从今人的观点来看，四声别义中存在六朝经师"强为分别"的情况，但不能否认有些确实是当时的实际音读。周祖谟认为："推其本源，盖远自后汉始，魏晋诸儒，第衍其绪论，推而广之耳，非自创也。"[2]

段玉裁的"古四声说"还用于解释谐声和假借等，如其指出："不明乎古四声，则于古谐声不能通。如李阳冰校《说文》，于'臬'字曰'自非声'，徐铉于'裔'字曰'冏非声'，是也。于古

---

[1] 此为大徐本《说文》反切。
[2] 周祖谟《四声别义释例》，《问学集》，中华书局，1981年，第83页。

假借、转注尤不能通，如'卒于毕郢'之郢，本程字之假借；'颠沛'之沛，本跋字之假借，而学者罕知是也。"又如：

《宀部》"害"字下注云："《诗》《书》多假害为'曷'，……今人分别害去、曷入，古无去入之分也。"

《穴部》："寶（窦），……从穴，賣声。"段注："徒奏切[1]，四部。按，古音去入不分。"

《疒部》："癈，……从疒，發声。"段注："方肺切[2]，十五部。按，廢癈可入，發伐可去，南人作韵书分别，遂若约定俗成矣。古无去入之别。"《广部》："廢（废），……从广，發声。"段注："方肺切[3]，十五部。古可入声。"

《亡部》："匃，气也。"段注："气者，云气也。用其声段借为气求、气与字。俗以气求为入声，以气与为去声。匃训气，亦分二义二音。《西域传》：'气匃亡所得。'此气求之义也，当去声。又曰：'我匃若马。'此气与之义也，当入声。要皆强为分别耳。"

按：以上谐声例中的"窦""裔""癈""廢"，假借例中的"沛""害""匃"，都属于段玉裁的第十五部。"古四声说"云："弟十五部入多转为去声。"自注："至弟十五部，古有入声而无去声，随在可证。……法言定韵之前，无去不可入。至法言定韵以后，而谨守者不知古四声矣。他部皆准此求之。"后来王念孙、江有诰等从中独立出去入韵，即把去声、入声合为一部，也是看出去声主要来源于入声，只是他们认为上古已有去声。

---

[1] 此为大徐本《说文》反切。
[2] 此为大徐本《说文》反切。
[3] 此为大徐本《说文》反切。

此外，段玉裁还对声调发展演变的历程和轨迹做了推测，"古四声说"将四声分为两类："古平、上为一类，去、入为一类。上与平一也，去与入一也。上声备于三百篇，去声备于魏晋。"结合前引"洎乎魏晋，上、入声多转而为去声，平声多转为仄声"和"有古平而今仄者，有古上、入而今去者"可知，段玉裁认为最早只有平声和入声[1]，后来平声转为仄声，《诗经》时代上声发展完成，再后来上声、入声转为去声，魏晋时代四声发展完备。周祖谟在分析大量材料的基础上指出："变换声调……若论其形式则有由平声变为上、去二声者，有由入声变为去声者。其中由平变入，或由入变平者，则绝少。据是可知古者平与入截然为二。……此即魏晋以后去声字所以日益增多之故。昔段玉裁为《六书音均表》，以为古无去声，固未可信；然谓平与上最近，去与入最近，诚得其理。"[2]

以"古本音说""古四声说"为理论依据，建立起"音韵随时代迁移"的观念，承认"古本音与今音不同""古四声不同今韵"，在此基础上段玉裁提出"古音韵至谐说"，谓"古人用韵精严，无出韵之句"，"平仄通押、去入通押之说未为审"。这主要针对的是"韵缓说""叶音说"等前人观点。至于上古声纽方面，段玉裁提出"古之双声非今三十六字母之声"[3]。《段注》中有不少材料

---

［1］《木部》："杕，……从木，大声。"段注："颜黄门云：《诗》河北本皆为夷狄之狄，读亦如字，此大误也。按，近人有谓古无入声，兴于江左者，据黄门此条，则河北非无入声也。"孔广森主张古无入声，段玉裁在这里用《颜氏家训·书证》的例子反驳其观点。

［2］周祖谟《四声别义释例》，《问学集》，中华书局，1981年，第112页。

［3］段玉裁《答江晋三论韵》，《经韵楼集》，上海古籍出版社，2007年，第127页。

可以反映他的相关认识[1]，但由于未做专门论述和理论阐释，而且他所言双声又有不少错误，所以段玉裁对古声类的研究一般较少被提及，这里也就不再具体展开。

◎扩展阅读

黄易青、王宁、曹述敬《传统古音学研究通论》，商务印书馆，2015 年。

李开、顾涛《汉语古音学史》，上海古籍出版社，2015 年。

王力《清代古音学》，《王力全集》第六卷，中华书局，2013 年。

王力《汉语音韵学》，《王力全集》第十卷，中华书局，2014 年。

◎思考题

请用段玉裁的古音学说解释以下诸例：

(1)《言部》"諟"，大徐本注音为承旨切，段注："按，旨当作纸，十六部。"

(2)《言部》"譌"，大徐本注音为吕之切，段注："按，《广韵》之作支，为是。古音在十七部。"

(3)《竹部》"第"，大徐本注音为阻史切，段注："按，史当作'死'，十五部。"

(4)《竹部》"箅"，大徐本注音为并弭切，段注："十六部。按，《考工记》注：'郑司农云：绠读为关东言饼之饼，谓轮箅也。玄谓轮虽箅，爪牙必正也。'箅，刘昌宗薄历反，李轨方四反[2]。箅谓偏僻，汉人语也，与算字绝异。江氏慎修改为甑算字，亦千虑之一失也。果是从畁，则不得反以薄历矣。"

---

[1]　关于《段注》中反映的段玉裁对古声类的认识，可参朱承平《段玉裁的古声类观》，《中南民族学院学报（社会科学版）》1986 年第 3 期。

[2]　据《经典释文》，"方四反"是"方匹反"之误。

第四讲 《说文段注》与训诂原理概说

《说文》是一部文字学著作，同时也是一部训诂专书，"六艺群书之诂，皆训其意"[1]，"开创了以字形为统摄、形音义综合研究的训诂方法"[2]。"中国传统的'小学'是以研究意义为中心的。形和音（文字、音韵）都只是工具，意义是研究的出发点，又是研究的落脚点"[3]，段玉裁注《说文》，以形证义、因声求义，着力最深、用功最勤的是在训诂方面，特别是对文献词义和引申规律的揭示。不过，传统训诂的目的是为了解释古代文献，包含的内容是非常广泛的，而且具有较强的经验性和实践性，"理论的论述零零散散，大量原理性的东西往往淹没在材料之中"[4]。同时，训诂术语的使用并未形成严格的规范，一些训释用语的使用场景多样，较难做单一、明确的界说。以下举《段注》中的材料对相关概念术语和训诂原理做概要的说明。

[1] 见许冲《上〈说文解字〉表》。
[2] 许嘉璐主编《传统语言学辞典》，河北教育出版社，1990年，第392页。
[3] 见王宁《纪念我的老师陆宗达先生》，原载《语文建设》1993年10期，后作为《训诂与训诂学》代序。黄侃曾说："训诂学为小学之终结。文字、声韵为训诂之资粮，训诂学为文字、声韵之蕲向。"见黄侃述，黄焯编《文字声韵训诂笔记》，上海古籍出版社，1983年，第181页。
[4] 王宁《训诂学原理》，中国国际广播出版社，1996年，第20页。

一　字与词

　　词是音和义的结合体，是语言的最小的独立运用的单位；字是记录语言的符号，是书写的单位，"它自身的形式只有形，而音与义则是从它记录的词中接受来的"[1]。古代经典的词汇以单音为主，汉字与汉语词汇的单位基本切合，因此，"古代训诂学对注释材料的理解是以笼统的字为唯一单位的"[2]。但这并不意味着古代训诂学家对字和词的关系没有正确的认识，或者说"字本位"的原则就是混淆字和词。事实上，清代学者对字和词有明确的划分，对语言和文字的关系有理性的认知，这在《段注》中有充分的体现。如：

　　《土部》"坤"字下注云："或问伏羲画八卦，即有乾、坤、震、巽等名与不？曰：有之。伏羲三奇谓之乾，三耦谓之坤，而未有乾字、坤字，传至于仓颉，乃后有其字。坤、巽特造之，乾、震、坎、离、艮、兑，以音义相同之字为之。故文字之始作也，有义而后有音，有音而后有形，音必先乎形。名之曰乾坤者，伏羲也。字之者，仓颉也。画卦者，造字之先声也。"

　　《司部》"词"字下注云："有义而后有声，有声而后有形，造字之本也。形在而声在焉，形声在而义在焉，六艺之学也。"

　　《说文叙》"分别部居，不相杂厕也"注云："许君以为音

［1］　王宁《训诂学原理》，中国国际广播出版社，1996年，第28页。
［2］　王宁《训诂学原理》，中国国际广播出版社，1996年，第205页。

生于义，义箸于形。圣人之造字，有义以有音，有音以有形，学者之识字，必审形以知音，审音以知义。"

按：这是说先有语言，后有文字，先有"坤"的音和义，然后才为这个词造字。文字以语言为基础，是语言的载体。段玉裁在《广雅疏证序》中也说："圣人之制字，有义而后有音，有音而后有形；学者之考字，因形以得其音，因音以得其义。"认为字的形音义处在不同的层面，同时又相互依存。

字和词的对应关系，即字形和音义之间的关系，是错综复杂的。由于引申、假借等造成的一词多形现象和一形多音义现象相当普遍。[1]《段注》中很大一部分内容是探讨引申和假借，其实就是处理字与词的复杂关系，或者说字形跟音义的错综关系。而且段玉裁在形音义三个层面中还加入了历时的维度，即所谓"有古形，有今形，有古音，有今音，有古义，有今义"[2]，由此关注字词对应关系的历时变化。如下例是文字的分化：

> 《彳部》："徯，待也。蹊，徯或从足。"段注："《左传》：'牵牛以蹊人之田。'《孟子》：'山径之蹊。'《月令》：'塞徯径。'凡始行之以待后行之径曰蹊，引伸之义也。今人画为二字，音则徯上、蹊平，误矣。"

按："徯"和"蹊"是声符相同而义符不同的异构字，属于一词多形现象。段玉裁认为"徯"由等待义引申为小路义，《孟子》"山径之蹊"的"蹊"、《月令》"塞徯径"的"徯"皆是。《左传》"蹊人之田"的"蹊"是践踏，即由名词用作动词。今人将

---

[1]　参看裘锡圭《文字学概要》（修订本），商务印书馆，2013 年，第 242—251 页。

[2]　见段玉裁《广雅疏证序》。

"徯""蹊"视作两个词，对二字的职能做了分工，"蹊"专表
"徯"的引申义，而且还用不同的声调加以区别[1]。于是字形跟
音义的关系发生重组，也就是通过异体字的分工实现多义字的分化，
使原来由一个字承担的职务，由两个字来分担。不过，在段玉裁看
来，"徯""蹊"划为二字是强加分别。又如下例是文字的合并：

> 《口部》："嚶，鸟鸣也。"段注："按，《诗》：'鸟鸣嚶
> 嚶，出自幽谷。'本不言何鸟，昔人因嚶嚶似离黄之声，出谷
> 迁乔，亦似离黄出蛰土而登树，故就嚶改鹦，为仓庚之名。
> 唐试士以'鹦出谷'命题，本《毛诗》也。古者仓庚名离黄，
> 名𪃿黄，名楚雀，名黄栗留、黄鹂留，不名黄鹦，亦无鹦字
> 也。惟高诱注《吕览》曰：'含桃，鹦桃，鹦鸟所含。'陆玑
> 《诗疏》云：'黄鹂留，齐州人谓之黄鹦。'鹦字始见，要因其
> 声制字耳。……《诗》'交交桑扈，有莺其羽'，毛公云：'莺
> 然有文章也。'莺绝非鹦。唐人耕韵莺注'鸟羽文也'，鹦注
> '黄鹦也'，一韵中可并用。旧本唐诗黄鹦字皆如此。元明以
> 后，浅人乃谓古无鹦字，尽改为莺，而莺失其本义，而昔人
> 因嚶制鹦之理晦矣。《玉篇》：'莺，鸟有文。鹦，黄鸟也。'
> 分别亦是。……至《集韵》《类篇》乃皆合莺、鹦为一字，斯
> 谓不识字。"

按：《鸟部》："莺，鸟也。"《诗》曰："有莺其羽。"段玉裁
改为"鸟有文章儿"，注云："自浅人谓莺即鹦字，改《说文》为
'鸟也'，而与下引《诗》不贯，于形声会意亦不合，不可以不辨

---

[1] 如《宋本玉篇·彳部》："徯，胡启切，待也。"又《足部》："蹊，遐鸡切，径
也。"又如《尔雅·释诂下》"徯，待也"，《释文》："徯，胡礼反。"《诗·大雅·
绵》毛传"兮，成蹊也"，《释文》："蹊，音兮。"此即《段注》所谓"徯上、蹊平"。

也。"段玉裁对"莺""鸎"两个字形与其音义的关系做了历时考察:"鸎"字始见于东汉三国,是因鸟鸣之声而制的字,本义指黄莺鸟;"莺"见于《诗经》,本义是鸟羽有文彩貌。二字在《玉篇》、唐代韵书中有明确的区分,但元明以后"莺"失其本义,而"鸎"并入"莺"。

汉字是记录汉语的第二性符号[1],同时,汉字对汉语的发展、应用也有影响,"汉字直接参与了汉语词的孳生过程,汉字是诸多词汇现象的见证,甚至是汉语词汇现象的来源"[2]。《段注》中提到一个有趣的例子:

> 《瓜部》:"瓞,小瓜也。"段注:"《尔雅》《毛诗》传皆作'瓞',交声、勺声同在二部也。《隋书》'瓞矟'[3],今之金瓜椎也。宋人字作'㩵矟',遂为牛形,因字讹而附会有如此者,见《文昌杂录》。"

按:"㩵矟"是古时仪仗用的兵器,又称"㩵槊",多刻有㩵牛形,以示威武。宋程大昌《演繁露·㩵槊》:"予案《尔雅》:'㩵牛,犚牛也。'此兽抵触百兽,无敢当者。故金吾仗刻㩵牛于槊首,以碧油囊笼之。"庞元英《文昌杂录》:"㩵矟,棒也。以黄金涂末,执之以扈跸。……㩵矟末刻牛,以黄金饰之。《隋书》大业元年,三品已上给飚槊。……《玉篇》亦作蒲交反。""飚槊"又作"瓟槊",段玉裁误记为"瓞矟"。"瓟"和"㩵"同音。宋祁《宋景文公笔记》:"宣献宋公著《卤簿记》,至㩵槊,不能得其始,遍问诸儒,无知者。予后十余年,方得其义,云江左有瓟槊,

---

[1]　参看王宁《汉字构形学导论》,商务印书馆,2015 年,第 43 页。
[2]　王宁《汉字六论》,中国大百科全书出版社,2017 年,第 89—90 页。
[3]　《隋书·炀帝纪上》作"瓟槊"。

以首大如瓟，故云。"据此，"瓟斝"指作为仪节的首如瓜形的击杖。宋人将字写作"犦槊"之后，便被理解为刻犦牛于槊首的兵器。

二 义和训

词义训释就是用训释词来表述被训释词的词义内容。但被训词的意义（义）和训释词（训）之间并非简单的等同关系，"义是词的客观内容，训是训诂家对这种内容所做的表述"[1]，"训释词与被训释词之间可以发生各种关系，同训未必同义"[2]。先举《说文》中的一组同训词为例，初步说明义和训的不同：

《履部》："屦，履也。"段注："履本训践，后以为屦名，古今语异耳。许以今释古，故云古之屦即今之履也。"[3]

《示部》："礼，履也。"段注："履，足所依也。引伸之，凡所依皆曰履，此假借之法。屦，履也。礼，履也。履同而义不同。"

按："屦"和"礼"同训"履"，但同训并不同义，一为本义，一为引申义。"屦，履也"的"履"指足所依，是屦名，即今之鞋。"礼，履也"的"履"则指所依，谓礼为言行所依循者。徐灏《注笺》："礼之言履，谓履而行之也。""屦，履也"是义训，而"礼，履也"是声训。"礼""履"同音，以履训礼或以礼训

---

[1] 王宁《训诂学原理》，中国国际广播出版社，1996年，第38页。
[2] 王宁《训诂学原理》，中国国际广播出版社，1996年，第39页。
[3] 《履部》："履，足所依也。"段注："引伸之训践，如'君子所履'是也。"这里以鞋为"履"的本义，为名词，引申为践，做动词。似与"屦"下所云相反。

履，在汉代较为常见。《尔雅·释言》："履，礼也。"郝懿行《义疏》："履训礼者，《祭义》云：'礼者，履此者也。'《仲尼燕居》云：'言而履之，礼也。'《坊记》云：'履无咎言。'皆以'履'为'礼'也。"《易·序卦》："受之以履。"韩康伯注："履者，礼也，礼所以适用也。"《诗·商颂·长发》："率履不越。"毛传："履，礼也。"郑笺："使其民循礼不得踰越。"

再以训释术语"犹"为例，进一步说明义和训的关系。"犹"是一个运用得比较宽泛的训释用语，相当于现代汉语的"等于说"，通常用来指出被训释词和训释词在词义上的某种联系，还可以指出文字通假的情况。[1]《段注》对"犹"的作用有较详细的论述：

> 《言部》："雠，犹譍也。"段注："《心部》曰：'应，当也。'雠者，以言对之。《诗》云'无言不雠'是也。引伸之，为物价之雠。《诗》'贾用不雠'，高祖饮酒'雠数倍'是也。又引伸之，为雠怨。《诗》'不我能慉，反以我为雠'，《周礼》'父之雠''兄弟之雠'是也。《人部》曰：'仇，雠也。'仇雠本皆兼善恶言之，后乃专谓怨为雠矣。凡汉人作注云'犹'者，皆义隔而通之，如《公》《穀》皆云：'孙犹孙也。'谓此子孙字，同孙遁之孙。《郑风》传：'漂犹吹也。'谓漂本训浮，因吹而浮，故同首章之吹。凡郑君、高诱等每言'犹'者，皆同此。许造《说文》，不比注经传，故径说字义，不言'犹'，惟玤字下云：'珏犹齐也。'此因珏之本义'极巧视之'，于玤从珏义隔，故通之曰'犹齐'。此以应释雠

———————
[1]　参看方一新《训诂学概论》，江苏凤凰教育出版社，2008年，第183页。

甚明，不当曰'犹应'，盖浅人但知雠为怨词，以为不切，故加之耳。然则尔字下云'丽尔犹靡丽也'，此犹亦可删与？曰：此则通古今之语，示人：丽尔古语，靡丽今语。《魏风》传'纠纠犹缭缭''掺掺犹纤纤'之例也。"

由上可见，段玉裁将"犹"的作用归纳为两类：一类是"义隔而通之""本异义而通之"，即"训释词与被训释词在贮存状态中并无同义、近义关系，但在具体语言环境中由于某一方面的联系而彼此相通"；另一类是"以今语释古语""通古今之语"，"即用后代通俗的词语解释因时代变迁而变得难懂的前代词语"。[1] 因此可以说，"犹"是在义和训不匹配的情况下起沟通作用的训释术语。同时，段玉裁指出，"犹"多用于经传注释，而《说文》"径说字义"，很少用"犹"。

下面对上引注语中的观点和举例加以阐说。其一，在段玉裁看来，"雠，犹应也"其实并不属于"义隔而通"的情况，"雠"和"应"应该是同义关系。"雠"从雔，《雔部》："雔，双鸟也。"段注："按，《释诂》：'仇、雠、敌、妃、知、仪，匹也。'此雠字作雔，则义尤切近。若应也、当也、酬物价也、怨也、寇也，此等义则当作雠。"徐灏《注笺》："双鸟为雔，即述匹。本义引申为凡相当之偶。雠敌、雠答、雠校，皆此义也。贸易物与价相当，故亦谓之雠，俗作售。"由此可知"雠"是相当或相对，如《史记·封禅书》："五利妄言见其师，其方尽，多不雠。"《索隐》引郑德云："相应为雠，谓其言语不相应，无验也。"此谓言语与实际不相应，即不相符合。《汉书·窦婴传》："于是上使御史簿责婴所言

---

[1]　参见王宁主编《训诂学》（第2版），高等教育出版社，2017年，第57—58页。

灌夫颇不雠。"晋灼曰："雠，当也。"亦是其证。《心部》："应，
当也。"段注："当，田相值也。引伸为凡相对之偶。凡言语应对
之字即用此。"[1]《汉书·王莽传上》"亡言不雠"，颜师古注：
"雠，对也。"可见"雠"和"应"同义，所以段玉裁说"此以应
释雠甚明，不当曰'犹应'"。但是，"雠"的对答、匹配义后来
不再常用，"雠"更为人熟知的是仇怨、仇恨以及仇敌义[2]，也
就是说词义由兼好恶的中性而偏于恶的一面[3]。因此，从后来常
用义的角度看，"以应释雠"便不切合，所以段玉裁推测"雠，犹
讎也"的"犹"是后人所加，并非原有。

其二，《段注》举了经传注释用"犹"的两个例子，前一个例
子其实有不同的解释。《穀梁传·庄公元年》："孙之为言犹孙也，
讳奔也。"《公羊传·庄公元年》："孙者何？孙犹孙也。内讳奔谓
之孙。"何休注："孙，犹遁也。"徐彦疏："解云：'凡言孙者，孙
遁自去之辞。'今此言孙，与《尚书·序》云'将孙于位，让于虞
舜'义同，故言孙犹孙也，犹彼文也。而注云'孙，犹遁也'者，
欲解彼此之孙，皆为孙遁自去之义，故曰遁也。"陈立《公羊义
疏》："何义盖以上'孙'为谦逊，下'孙'为遁孙，故云犹也。
旧疏谓'欲解彼此之孙，皆为孙遁自去之义'，恐非。"[4]结合注
疏和义疏的说法，则第一个"孙"是指逊位、辞让，第二个"孙"

[1]《言部》："讎，以言对也。"段玉裁认为"大徐《言部》增讐字，非也"。
[2]《人部》："仇，雠也。"段注："雠犹应也。《左传》曰：'嘉偶曰妃，怨偶曰
仇。'按，仇与逑古通用。《辵部》'怨匹曰逑'，即怨偶曰仇也。仇为怨匹，
亦为嘉偶，如乱之为治，苦之为快也。《周南》'君子好逑'，与'公侯好仇'
义同。""仇"本来既可指嘉偶，也可指怨偶，但后来偏指怨偶。"雠"与之同。
[3]《攴部》："敌，仇也。"段注："仇，雠也。《左传》曰：'怨耦曰仇。'仇者，
兼好恶之词。相等为敌，因之相角为敌。"
[4]陈立撰，刘尚慈点校《公羊义疏》，中华书局，2017年，第623页。

是指逊遁、逃亡。前者是谦退，主动而体面，后者是逃遁，被迫而狼狈，二者褒贬迥异，故用"犹"表明避讳之意。但段玉裁认为上"孙"为子孙字，则与下"孙（逊）"同字不同词，存在义隔的情况，所以须用"犹"通之。第二个例子相对明晰，《诗·郑风·萚兮》："萚兮萚兮，风其漂女。"毛传："漂，犹吹也。""漂"并无吹义，但因吹而漂，漂可以说是吹的结果。[1] 由此可见义和训的关系复杂而多样。

其三，段玉裁还举了《说文》在说解构意中用"犹"的例子。《珡部》："窀，窒也。从珡从收，窒宀中。珡犹齐也。"段注："说从珡之意。凡汉人训诂，本异义而通之曰犹，珡从四工，同心同力之状，窒不必极巧，故曰'犹齐'。注经者多言犹，许书言犹者三见耳。"徐灏《注笺》："窀者，充满之意，故从四工之珡，乃取其用工之多，而非取其用工之巧，故曰珡犹齐也。齐者，众工合力以作之也。"[2] 这里补充一个类似的例子，《八部》："公，平分也。从八厶。八犹背也。《韩非》曰：'背厶为公。'"段注："郑注《尧典》'分北三苗'云：'北犹别也。'证以韦昭《吴语》注云'北，古之背字'，然则许、郑之语正互相发明。分别之，乃相僤背，其义相因相足。故许不云'八，背也'，而云'犹背'；郑不云'北，别也'，而云'犹别'。凡古训故之言犹者视此。"《说

---

[1] 类似的例子如《左传·襄公十九年》："是谓蹶其本，必不有其宗。"杜注："蹶，犹拔也。"《昭公二十三年》："推而蹶之。"杜注："蹶，仆也。"孔疏："蹶者，倒也。树倒则必拔根，故云蹶犹拔也。"即拔是蹶产生的结果。

[2] 不过，陆宗达认为："段氏每以汉代人注经体例，来注解《说文解字》的体例，但对许书来说并不完全适合。因许慎就字释义，并不拘守上下文。即如此处'犹齐也'，齐与珡并非'义隔而通之'，实则珡字具有两个不同的义项：一训'极巧视之'，一训'齐'。"见陆宗达《说文解字通论》，中华书局，2015年，第133—134页。

文》八训别，即分别，北训乖，即乖背，分别义和舛背义相因相足，分别就是二人背向而行，不过，分别侧重于两者之间产生距离，舛背则侧重于两者之间朝向相反，因此，这里"犹"表示训释词和被训释词意义相因，同时有各自的语义侧重。[1]

三 意与义

通常所说字或词的意义，仔细加以分析，可以有不同的类型和层级，区别出多种意义单位。例如，《说文》的字义说解可以区分为造意和实义；汉语的早期词义内部可以区分出词的表层使用意义和词的深层词源意义。古人在训诂实践中对此已有一定程度的认识，虽然尚不能在概念上做出明确的区分，但在"意"和"义"这两个术语的使用上有所反映。

1. 造意与实义

造意与实义既有区别，又有关联，前者是指"字的造字意图"，后者则是"由造意中反映出的词义"，"造意是以实义为依据的，但有时它仅是实义的具体化、形象化，而并非实义本身，造

---

[1] 此外，还有两处。其一，《贝部》："赘，以物质钱。从敖、贝。敖者，犹放；贝，当复取之也。"段注："敖，出游也。放，逐也。敖与放义不同而可通，故曰犹。"《放部》："敖，出游也。从出从放。"段注："从放，取放浪之意。"其二，《自部》："官，吏事君也。从宀自，自犹众也。此与师同意。"段注："自不训众，而可联之训众。以宀覆之，则治众之意也。"不过，徐灏《注笺》云："……则官为官舍益明矣。从宀在自上，象其高于阛阓也。因之在官之人谓之官。许以官吏事君为本义，非也。其谓自犹众也，亦失之。"

意只能说字，实义才真正在语言中被使用过"[1]。从《段注》中的相关表述来看，段玉裁已经认识到造意与实义的区别，如：

> 《隹部》："隻（只），鸟一枚也。从又持隹。持一隹曰隻，持二隹曰雙（双）。"段注："雙下曰：'隹二枚也。'隹、鸟统言不别耳。……造字之意，隻与雙皆谓在手者，既乃泛谓耳。"

按：所谓"造字之意"显然就是造意，"隻""雙"从又，故"皆谓在手者"；"既乃泛谓"是说由"持一隹""持二隹"的造意经过概括而成为实义。又如：

> 《叩部》："哭，哀声也。从叩，从狱省声。"段注："凡造字之本意有不可得者，如秃之从禾；用字之本义亦有不可知者，如家之从豕、哭之从犬。愚以为家入《豕部》、从豕宀，哭入《犬部》、从犬叩，皆会意而移以言人。"

> 《又部》："叜，老也。从又从灾，阙。"段注："此有义有音，则阙者谓'从又灾'之意不传也。"

按：所谓"造字之本意"与"用字之本义"正相当于造意与实义。"有义有音"的"义"是实义，"从又灾之意"的"意"即造意。

《说文》系统分析了汉字的造意，把造意作为联结字形和字义、沟通本字与本义的桥梁，从而达到形义的密合。因此，通过分析字形可以探求字义，如《北部》："北，乖也。从二人相背。"段注："乖者，戾也。此于其形得其义也。"又如《亣部》："臭，大白也。"段注："全书之例，于形得义之字不可胜计。臭以白大会意，则训之曰大白也，犹下文大在一上，则为立耳。"段玉裁基于许书形义统一的原则，对许慎的字义说解做了进一步的阐释，

---

[1] 王宁《训诂学原理》，中国国际广播出版社，1996年，第43页。

明确本义和字形之间的关联，包括说明表义构件所表示的构意。例如，以下五字皆从殳，但同一个构件"殳"在这五个字中体现的构意各不相同：

《艸部》："芟，刈艸也。从艸殳。"段注："此会意。殳取杀意也。"

《言部》："设，施陈也。从言殳。殳，使人也。"段注："会意。言殳者，以言使人也。凡设施，必使人为之。……殳者，可运旋之物，故使人取意于殳。般字下曰：'殳，所以旋也。'"

《殳部》："毂，相杂错也。从殳，肴声。"段注："（从殳）取搅之之意。"

《殳部》："毅，妄怒也。一曰：毅，有决也。从殳，豙声。"段注："（从殳）取用武之意。"

《殳部》："役，戍也。从殳彳。"段注："殳，所以守也，故其字从殳。……彳，取巡行之意。……（古文役从人）与戍从人持戈同意。"

同一个构件体现同一个造字意图，在《说文》中称作"同意"，这种"同意"的条例有 30 余处。[1] 段玉裁对"同意"的含义有明确的说明，如《羊部》"芈"字下注云："凡言某与某同意者，皆谓其制字之意同也。"又如《工部》"工"字下注云："凡言某与某同意者，皆谓字形之意有相似者。"[2] 一方面，《段注》对《说文》原有的一部分"同意"条目做了进一步阐释，说

---

［1］ 参看王宁《汉字构形学导论》，商务印书馆，2015 年，第 62 页。

［2］《糸部》："彝，宗庙常器也。从糸。糸，綦也。収持之。米，器中实也。从互，象形。此与爵相似。"段注："各本作'互声'，非也。今依《韵会》正。互者，豕之头，锐而上见也。爵从鬯又而象雀之形，彝从糸米廾而象画鸟兽之形，其意一也。……相似，犹同意也。"

明其理据，如《日部》："昔，干肉也。从残肉，日以晞之。与俎同意。"段注："俎，从半肉且荐之；昔，从残肉日晞之。其作字之怡同也，故曰同意。"另一方面，《段注》揭示和增补了更多的"同意"之例，如《火部》："光，明也。从火在儿上，光明意也。"段注："说会意。目在儿上则为见，气在儿上则为欠，口在儿上则为兄，皆同意。"《土部》："坴，以土增大道上。"段注："此与茨同意，以艸次于屋上曰茨，以土次于道上曰坴。"《田部》："留，止也。"段注："田，所止也。犹坐从土也。"

2. 词源意义与词汇意义

划清词汇意义与词源意义的本质区别，对于汉语同源词的研究具有重要意义。"词汇意义指的是语言的词的概括意义，它是词汇学的研究对象。词源意义指的是同源词在滋生过程中由词根（或称语根）带给同族词或由源词直接带给派生词的构词理据，它是词源学的研究对象。"[1] 虽然段玉裁尚未能对这两种意义做科学的、严格的区分，但不能说他完全没有意识到二者的不同。通常说，判定同源词的主要标准是音近义同或音近义通，其中所谓的"义同"，准确地说，应该是词义特征或词源意义相同，所谓的"义通"是指词义特征相近、相通。段玉裁在探讨和系联同源词的时候，发掘和揭示了相当一部分同源词的词源意义，同时关注和阐发了同源词的义通关系，而且很可能在一定程度上意识到词汇

---

[1] 王宁、黄易青《词源意义与词汇意义论析》，《北京师范大学学报（人文社会科学版）》2002 年第 4 期。

意义与词源意义的区别，只是由于时代的局限，缺乏能够准确表达意义及其关系的术语。

在涉及声符示源的表述中，对于同声符字的共同意义特征，《段注》多用"意"来标示[1]，如：

《艸部》"蘁"字下注云："凡字从畾声者，皆有鬱积之意。"

《言部》"诐"字下注云："凡从皮之字皆有分析之意。"

《粪部》"粪"字下注云："凡从非之字皆有分背之意。"

《夕部》"夗"字下注云："凡夗声、宛声字，皆取委曲意。"

《马部》"甬"字下注云："凡从甬声之字皆兴起之意。"

《儿部》"兀"字下注云："凡从兀声之字多取孤高之意。"

《土部》"埠"字下注云："此与《会部》鳝、《衣部》裨音义皆同。凡从曾之字，皆取加高之意。《会部》曰：'曾者，益也。'是其意也。凡从卑之字，皆取自卑加高之意。"

按：这里的"意"和前面提到的"造字之意"的"意"既有联系，又有区别。从表面上看，它们都和字形构件有关，关联字形和词义两个层面。但从本质来看，造字之意是构形中体现的意义，即汉字形体所携带的可供分析的意义信息，而声符示源之"意"是同声符字的词源意义或者说意义特征。

从《段注》中可以看到，段玉裁在一定范围内对"义"与"意"的使用有所区分，特别是当二者共现时，它们的所指不同，

---

[1]　当然也有例外，如《口部》"圆"字下注云："凡从云之字皆有回转之义。"

如《七部》"真"字下注云:"凡稹、镇、瞋、謓、膩、填、窴、阗、嗔、滇、鬒、瑱、魗、慎字,皆以真为声,多取充实之意。其颠、槙字以顶为义者,亦充实上升之意也。"这里"意"与"义"分用明显,"以顶为义"的"义"指词汇意义,而"充实之意""充实上升之意"的"意"则指词源意义。又如以下诸例中的"意"亦指词源意义:

《米部》"糙"字下注云:"谓谷之小者也。取挈敛之意。"

《鬯部》"爵"字下注云:"《韩诗》说曰:'爵,尽也,足也。'《白虎通》说爵禄曰:'爵者,尽也。所以尽人材。'古爵音同焦。醮、灂字皆取尽意。"

《酉部》:"醮,歠酒尽也。"段注:"《曲礼》注曰:'尽爵曰醮。'按,《欠部》:'歠,酒尽也。'与此音义同。……《水部》曰:'灂,尽也。'谓水也。"

《欠部》:"歠,尽酒也。"段注:"此与《酉部》醮音义皆同。"

《水部》:"灂,尽也。"段注:"焦者,火所伤,义近尽,故训尽则以焦会意。"

按:"歠"从糙声,"糙""灂"皆从焦声,焦声、爵声相通。段玉裁所谓"取挈敛之意""取尽意""训尽则以焦会意",就是声符"焦""爵"提示的词源意义。[1] 而"谷之小者""酒尽""水尽"等则是词汇意义。

同一声符所提示的词源意义可能具有多向性和层次性,也就

---

[1] "挈敛"和"尽"有义通关系。《心部》"慽"字下注云:"《方言》曰:'慽、革,老也。'此又因挈敛之义而引伸之也。"衰老也是尽。

是说，同一声符可以表示不同的词源意义，而且声符表示的词源意义可能发生变化。[1] 段玉裁所说的"取意"就是从声符表示的词源意义或意义特征中，选择一个方面，或选取一个角度。如《见部》："覞，小见也。"段注："如滇之为小雨，皆于冥取意。《释言》曰：'冥，幼也。'"从冥声之字有昏暗、迷茫、蒙覆、幼小、时间晚等词义特征，"覞""滇"取小意。又如《冄部》："冄，毛冄冄也。"段注："冄冄者，柔弱下垂之皃。《须部》之髯，取下垂意。《女部》之姌，取弱意。""冄"的词源意义是柔弱下垂，从冄声之"髯"取下垂意，"姌"取弱意，各取其中一个方面。

四　义相足和义相成

词义有不同的类型和层级，同时，词义之间也有多方面的关联，如共时的同义和反义关系。段玉裁重视沟通意义之间、训释之间的横向联系，《段注》中常见的表述方式包括"义相同""义相反""义相近""义相似""义相因""义相足""义相成""义相通""义相应""义相引申"等。这里以"义相足"和"义相成"为例做具体说明，前者侧重于沟通不同的训释，后者侧重于沟通词的不同义项。

---

[1] 参看陈晓强《形声字声符示源功能研究》，上海古籍出版社，2021 年，第 85—88 页。

1. 二义相足

"互相足"这一训释用语较早见于郑玄的注释。《周礼·天官·笾人》:"羞笾之实,糗饵、粉餈。"郑注:"饵言糗,餈言粉,互相足。"孔疏:"此本一物,饵言糗,谓熬之亦粉之,餈言粉,捣之亦糗之。凡言互者,据两物相互。今一物之上自相互,直是理不足明,故言互相足。"[1]同时,"相足"是《说文》"给"的训释词,段玉裁注云:"相足者,彼不足此足之也。"《段注》中所见的"互相足"包括《说文》系统内部字词释义的相足,也涉及《说文》与其他训诂专书释义及随文注释的相足。

一方面,段玉裁用"互相足"说明许慎的训释体例,关联《说文》内部意义密切相关的字词,指出它们的训释之间的相互补足关系。这里从三个角度举例说明。其一,在述及"统言(或浑言)""析言"之时,《段注》云"互相足",此谓以析言补足统言。如:

> 《骨部》:"髀,股外也。"段注:"股外曰髀,髀上曰髋。《肉部》曰:'股,髀也。'浑言之。此曰:'髀,股外也。'析言之。其义相足。《大部》曰:'奎,两髀之间也。'"

---

[1] 郑玄注释中又有"互相备"一语,与"互相足"类似。《仪礼·乡射礼》:"反命于主人,主人曰:'请彻俎。'宾许。司正降自西阶,阶前命弟子俟彻俎。"郑注:"上言'请坐于宾',此言'主人曰',互相备耳。"孔疏:"凡辞,皆司正请于主人,主人有命,司正乃传告宾。今上文云司正'请坐于宾',直见司正传主人辞,不见'主人曰请坐于宾'之辞,此经直见'主人曰请彻俎',不见司正传主人以告宾,是互相备也。不言'互文'而云'互相备'者,凡言互文者,各举一事,一事自周,是互文。此据一边礼,一边礼不备,文相续乃备,故云互相备。若云'糗饵粉餈',郑注云'饵言糗,餈言粉,互相足'之类也。"

《肉部》："股，髀也。"段注："《骨部》曰：'髀，股外也。'言股则统髀，故曰髀也。"

按：段玉裁认为"股"是大腿（自胯至膝盖）的通称，而"髀"则专指大腿外侧。《篆隶万象名义》亦作"股外也"。慧琳《一切经音义》卷七十二"髋髀"注引《韵诠》："髀即股也，内曰股，外曰髀。"《诗·小雅·车攻》"徒御不惊"，毛传："射左髀。"陆德明《释文》："髀谓股外。"　"髀"字徐灏《注笺》："《公羊·桓四年传》注：'自左脾射之，达于右䯏。'《释文》云：'脾，股外也。'此以脾为髀。自外射之，故曰股外也。"[1] 据此，"股""髀"析言有别。段玉裁认为，以"髀"训"股"，是为统言，而"髀"训"股外"则以析言补足统言。又如：

《水部》："沤，久渍也。"段注："言久渍者，略别于渍也。上统言，此析言，互相足也。"

《水部》："渍，沤也。"段注："谓浸渍也。"

按：《周礼·考工记·㡛氏》"沤其丝七日"，郑注："沤，渐也。"《诗·陈风·东门之池》"可以沤麻"，孔疏："沤是渐渍之名。"因此，以"沤"训"渍"是统言，"沤"训"久渍"则是析言，可以补足上文"渍，沤也"之训。再如：

《瓦部》："甑，甗也。"段注："按，甑所以炊烝米为饭者，其底七穿，故必以箅蔽甑底，而加米于上，而馈之，而馏之。"

---

[1] 徐灏认为"股""髀"互训，二者无别，皆为统称。《注笺》云："自两胯以下通谓之股，亦谓之髀。……若《说文》本训则但当曰'股也'。《蜀志·先主传》注引《九州岛春秋》曰：'今不复骑，髀里生肉。'然则髀不专言外可知。《大部》：'奎，两髀之间也。'髀为两股通名，故曰之间，非由外对内为间也。而段引以明股外之俦，昧其义矣。"

《瓦部》："甗，甑也。一穿。"[1] 段注："《陶人》：'为甗，实二鬴，厚半寸，唇寸。'郑司农云：'甗，无底甑。'无底，即所谓一穿。盖甑七穿而小，甗一穿而大。一穿而大，则无底矣。甑下曰'甗也'，浑言之。此曰'甑也。一穿'，析言之。浑言见甗亦呼甑，析言见甑非止一穿，参差互见，使文义相足。此许训诂之一例也。"

按："甗"和"甑"都是炊饪之器，二者析言有别。"甗"上部是透底的甑，下部是鬲，中置一有孔的箅，即所谓"一穿而大"，"甑"则底部有多个小孔，即所谓"七穿而小"。二者浑言则同，如《左传·成公二年》："齐侯使宾媚人赂以纪甗、玉磬与地。"杜注："甗，玉甑，皆灭纪所得。"孔疏："郑玄注《考工记》云：'甗，无底甑。'《方言》云：'甑，自关而东谓之甗。'知甗是甑也。"

其二，对于《说文》中的互训词及同训词，《段注》云"互相足"，说明二者相互参见，有助于词义的理解。如：

《木部》："枓，勺也。"段注："勺下曰：'所以挹取也。'与此义相足。"

按：段玉裁指出《说文》"勺"的训释可以补足"枓，勺也"之训。《勺部》："勺，枓也。所以挹取也。"段注："《考工记》：'勺一升。'注曰：'勺，尊斗也。'斗同枓，谓挹以注于尊之枓也。"又如：

《攴部》："敬，肃也。"段注："《肃部》曰：'肃者，持

---

[1] 各本作"一曰穿也"，此据段注改。徐灏《注笺》："段订是也。《少牢馈食礼》郑注亦曰：'甗如甑，一孔。'"

事振敬也。'与此为转注。《心部》曰：'忠，敬也。''戁，敬
也。''憼，敬也。''恭，肃也。''媣，不敬也。'义皆相足。"

按：此谓"肃""忠""戁""憼""媣"皆以"敬"为训释
词，"恭"又训"肃"，故此七字为同训或互训关系，"敬，肃也"
之训可以补足其余五字之训。《心部》："忠，敬也。"段注："敬
者，肃也。未有尽心而不敬者。此与慎训谨同义。"又："戁，敬
也。"段注："敬者，肃也。《商颂》：'不戁不竦。'传曰：'戁，
恐；竦，惧也。'敬则必恐惧，故传说其引申之义。"又："憼，敬
也。"段注："敬之在心者也。"又："恭，肃也。"段注："肃者，
持事振敬也。《尚书》曰：'恭作肃。'此以肃释恭者，析言则分
别，浑言则互明也。《论语》每'恭''敬'析言，如'居处恭，
执事敬''貌思恭，事思敬'皆是。"

其三，对于《说文》中其他具有同义或反义关系、需要相互
参见的训释，《段注》也用"互相足"加以沟通。如：

《木部》："枢，户枢也。"段注："户所以转动开闭之枢机
也。《释宫》曰：'枢谓之椳。'"

《木部》："椳，门枢谓之椳。"段注："见《释宫》。谓枢
所栖谓之椳也。椳犹渊也，宛中为枢所居也。……与上文户
枢义互相足。其文，则以户与门区别之，实则户与门制同。"

按："椳"字徐灏《注笺》："枢谓之椳，盖削木为半弧形，宛
中以居门轴也。"朱骏声《通训定声》："门枢臼也。渊中以居枢。"
《尔雅·释宫》："枢谓之椳。"郭璞注："门户扉枢。"邢昺疏：
"枢者，门扉开阖之所由也。一名椳。"郝懿行《义疏》："《淮
南·原道篇》注：'枢，本也。'《御览》一百八十四引孙炎曰：
'门户扇枢，开可依蔽为椳也。'然则椳之言偎，偎蔓亦依隐之

义。"《易·系辞上》"言行，君子之枢机"，《释文》："枢，门臼。"据此，"椳"取义于依隐，指承托门轴的门臼。"枢"本指门户转轴，亦可指承轴之臼。门枢和户枢之制相同，因此，"枢"也可以训"门枢"，"椳"也可以训"户枢"。

另一方面，段玉裁用"互相足"沟通同一个词在《说文》或其他训诂专书以及随文注释中的释义，指出同词异训之间的相互补足关系。下面分类举例加以说明。

其一，沟通《说文》和毛传、《说文》和郑注的同词异训。如：《女部》："嫡，顺也。"段注："《邶风》传曰：'娈，好皃。'《齐风》传曰：'婉娈，少好皃。'义与许互相足。"[1] 又如《人部》："儦，行皃。"段注："《齐风·载驱》曰：'行人儦儦。'传曰：'儦儦，众皃。'许曰行皃者，义得互相足也。《广雅》亦曰：'儦儦，行也。'《玉篇》曰：'儦儦，盛皃也。'"再如：

> 《言部》："谆，告晓之孰也。"段注："《大雅》'谆谆'，郑注《中庸》引作'忳忳'，云：'忳忳，恳诚皃也。'[2] 按，其中恳诚，其外乃告晓之孰，义相足也。"

按：以"孰"训"谆"，是为声训。《史记·司马相如列传》"不必谆谆"，裴骃《集解》引徐广曰："告之丁宁。"《汉书·司马相如传下》"不必谆谆"，颜师古注："谆谆，告喻之熟也。"《孟子·万章上》"谆谆然命之乎"，朱熹《集注》："谆谆，详语之貌。"《后汉书·卓茂传》："劳心谆谆，视人如子，举善而教，口无恶言。"李贤注："谆谆，忠谨之貌也。""忠谨"和"诚恳"

[1] 马瑞辰云："顺与美正相成，故《说文》又曰：'覸，好视也。'"见马瑞辰撰，陈金生点校《毛诗传笺通释》，中华书局，1989年，第307页。
[2] 《诗·大雅·抑》"诲尔谆谆"，王先谦《三家义集疏》："齐'谆'作'忳'。"

相近。玄应《一切经音义》卷十六：“谆谆，诚恳皃也。《诗》云‘诲尔谆谆’是也。”诚恳是内在的心理状态，告晓之孰是外在的言行表现，所以说二者“义相足”。

其二，沟通《说文》和《尔雅》、《说文》和《玉篇》《广韵》的同词异训。如《页部》：“颐，谨庄皃。”段注：“庄者，壮盛字之假借也。《释诂》曰：‘颐，静也。’义相足。”又如《糸部》：“绺，纬十缕为绺。”段注：“此亦兼布帛言之也。故《篇》《韵》曰：‘纬十丝曰绺。’文互相足也。许言缕不言丝者，言缕可以包丝，言丝不可以包缕也。”

其三，以《说文》本义沟通《方言》中的同词异义。如：

《訁部》：“讟，痛怨也。《春秋传》曰：‘民无怨讟。’”段注：“《方言》：‘讟，谤也。’‘讟，痛也。’二义相足。”

按：《方言》卷十三“讟，痛也”，郭璞注：“谤讟怨痛也。”《汉书·五行志上》“怨讟动于民”，颜师古注：“讟，痛怨之言也。”《资治通鉴·魏纪十五》“而谣讟方兴”，胡三省注：“讟，怨谤也。”可知“谤”义和“痛”义之间的关联是因怨痛而诽谤，即心有怨恨，故口有怨言。

其四，沟通毛传和《韩诗》、毛传和郑笺的同词异训。如《日部》：“晛，日见也。”段注：“《毛诗》：‘见晛曰消。’毛云：‘晛，日气也。’《韩诗》：‘曣晛聿消。’韩云：‘曣晛，日出也。’二解义相足，日出必有温气也。”又如：

《手部》：“捄，引埾也。”段注：“《大雅》：‘捄之陾陾。’传曰：‘捄，虆也。陾陾，众也。’笺云：‘捄，捊也。度，投也。筑墙者捊聚壤土，盛之以虆，而投诸版中。’此引聚之正义。笺与传互相足。”

　　按：《诗·大雅·绵》孔疏："《说文》云：'捄，盛土于器也。'捄字从手，谓以手取土。虆者，盛土之器。言捄虆者，谓捄土于虆也。……（笺）以传文略，故足成之。……以捄为抒，言抒取壤土，盛之以虆。仍存虆字，与传不异也。"陈奂《传疏》："传释'捄'为'虆'者，《淮南子·说山篇》：'虆成城。'高注云：'虆，土笼也。始一虆，以上于城。'此与传'虆'字之训正合。又《修务篇》及《孟子·滕文公篇》字皆作'蔂'。刘熙《孟子》注云：'蔂，盛土笼也。'……郑、许皆申毛训。"[1] 马瑞辰《传笺通释》："《说文》：'捄，盛土于梩中也。'虆、梩同类，与毛传合。传训捄为虆者，亦谓盛于虆中耳。《说文》又云：'一曰抒也。'与笺义合。取之然后盛之，传、笺义本相成。"[2] 可知，"捄"义为盛土于器、铲土入笼，毛传训"虆"，即盛土的笼子，郑笺训"抒"，即抒取、引聚。毛从工具角度立训，郑从动作角度立训，二者相互补足。

2. 二义相成

　　"相成"的意思是相互补充。《段注》中的"义相成"和"义相足"类似，不过，"义相足"的"义"似可理解为"训"，谓不同角度的训释之间的相互补足，而"义相成"则多指同一个词两个义项之间的关系，二者往往是同一个事象的不同方面或不同角度。下面举六个例子做具体阐述。如：

────────────

[1]　陈奂撰，滕志贤整理《诗毛氏传疏》，凤凰出版社，2018年，第808页。
[2]　马瑞辰撰，陈金生点校《毛诗传笺通释》，中华书局，1989年，第820页。

《竹部》："籤，验也。一曰锐也，贯也。"段注："验，当作'譣'，占譣然不也。小徐曰：'籤出其处为验也。'……锐、贯二义相成，与占譣意相足。"

按：此例的两个义项词性不同。"锐"是锐利，"贯"是刺、插，亦即贯穿，前者是形容词，后者是动词。王筠《句读》："今人削竹令尖谓之籤，贯即以此穿之也。"又如：

《言部》："謐，静语也。"段注："今文《尚书》：'维刑之谧哉。'《周颂》：'誐以谧我。'《释诂》曰：'谧，静也。'按，《周颂》谧亦作'溢'，亦作'恤'。《尧典》谧亦作'恤'。《释诂》：'溢，慎也。''溢、慎、谧，静也。'恤与谧同部，溢盖恤之讹体。慎静二义相成。"

按：此例中的二义表示事物特征的不同侧面。谨慎和安静可以看作同一性格特征的两个侧面。《尔雅·释诂上》："慎，静也。"郝懿行《义疏》："慎者，……《说文》云：'谨也。'上文云：'诚也。''诚、谨'俱安静之意。'慎'犹'顺'也，凡恭慎而柔顺者，其人必沈静。'"《释诂下》："毖、神、溢，慎也。"《义疏》："'诚、静'与'谨慎'义近。……'慎'兼'诚、静'之训。……静、慎二义通。"因二义相成，故"慎""静"连言，如《礼记·儒行》："儒有上不臣天子，下不事诸侯，慎静而尚宽。"又如：

《言部》："谦，敬也。"段注："敬，肃也。谦与敬义相成。"

按：此例中的二义施用的对象不同。"谦"是对自己的要求，"敬"是对他人的态度。《易·谦》"谦：亨，君子有终"，郑注："谦者，自贬损以下人。"孔疏："屈躬下物，先人后己。"《系辞上》："谦也者，致恭以存其位者也。"自谦所以敬人，故二者可以看作"相成"的关系。[1] 又如：

> 《禾部》"秀"字下注云："凡禾黍之实皆有华，华瓣收即为稃而成实，不比华落而成实者，故谓之荣可，如'黍稷方华'是也，谓之不荣亦可，'实发实秀'是也。《论语》曰'苗而不秀''秀而不实'，秀则已实矣，又云实者，此实即《生民》之坚好也。秀与采义相成，采下曰：'禾成秀也。'采自其㒸言之，秀自其挺言之，而非实不谓之秀，非秀不谓之采。《夏小正》：'秀然后为萑苇。'《周礼》注：'荼，茅秀也。'皆谓其采而实。"

按：此例中的二义体现命名的不同角度。"采"字下注云："采与秀古互训，如《月令》注'黍秀舒散'，即谓黍采也。"[2] 段玉裁认为"秀与采义相成"，是从二者的命名由来的角度说的。"采自其㒸言之"，实际上指出了"采"的词源。章太炎认为："（㒸）变易为朵，树木㒸朵朵也。……对转寒则为采，禾垂貌。旁转队则为采，禾成秀也。"[3] 据此，则"采"盖由稻穗下垂而命名。"秀自其挺言之"，是说"秀"有拔、出之义。"挺"《说文》训"拔"，《广雅·释诂一》："挺、秀，出也。"《文选·左思〈蜀

---

[1] 杨树达认为："敬，《说文》训肃，主从心言之。谦字从言，义不相副，此许君泛训，非隐义也。愚以兼声声类诸字求之，谦盖谓言之不自足者也。知者，兼声之字多含薄小不足之义。"见杨树达《积微居小学述林》，中华书局，1983年，第10页。

[2] "秀"含抽穗之义，故与"采（穗）"互训，《诗·王风·黍离》"彼稷之穗"，毛传："穗，秀也。"《大雅·生民》"实发实秀"，朱熹《集传》："秀，始穟也。"马瑞辰《传笺通释》："秀，谓成穗。"徐灏《注笺》："采下云'禾成秀也'，则秀当云'禾采也'。"

[3] 上海人民出版社编，蒋礼鸿、殷孟伦、殷焕先点校《章太炎全集：新方言·岭外三州语·文始·小学答问·说文部首均语·新出三体石经考》，上海人民出版社，2014年，第190页。

都赋〉》"秀出中天"，李善注："秀，犹拔擢也。"在睡虎地秦简中，"秀"从禾从引，会禾苗引出花的意思。[1] 据此，则"秀"盖由稻谷抽穗而命名[2]，侧重于"初挺出于苗"的状态，而"采"则侧重于"屈而下垂"的状态。又如：

> 《戈部》："戢，藏兵也。"段注："《周颂·时迈》曰：'载戢干戈，载櫜弓矢。'传曰：'戢，聚也。櫜，韬也。'聚与藏义相成，聚而藏之也。戢与辑音同，辑者，车舆也，可聚诸物，故毛训戢为聚。《周南》传亦云：'揖揖，会聚也。'《周语》：'夫兵戢而时动，动则威，观则玩，玩则无震。'戢与观正相对，故许易毛曰藏，以其字从戈，故曰'藏兵'。"

按：此例中的二义分别表达前后相因的动作。"戢""辑""揖""缉"同源，词源义是聚集。段玉裁说明了许慎以"藏兵"训"戢"的依据，并指出"聚"和"藏"的关系，所谓"聚而藏之"，即二者是前后相因的动作行为，"聚"侧重指将分散的物品收敛聚集，"藏"侧重指把已收的物品妥善保管。《毛诗异文笺》卷一："《谷风》'我有旨蓄'，笺云：'蓄聚美菜。'聚与藏是一义。"《吕氏春秋·孟冬纪》高诱注云"万物聚藏"，"聚""藏"连言。《尔雅·释诂下》："戢，聚也。"邢昺疏："戢者，藏聚也。"郝懿行《义疏》："'藏'亦敛，故《诗·鸳鸯》《白华》笺

---

[1] 季旭昇认为："时代较早的石鼓文、战国楚文字从'弓'，应该是'引'省。"参见季旭昇《说文新证》，福建人民出版社，2010年，第591页。《论语·子罕》："苗而不秀者有矣夫！秀而不实者有矣夫！"朱熹《集注》："谷之始生曰苗，吐华曰秀，成谷曰实。"《大戴礼记·少闲》："苟本正，则华英必得其节以秀乎矣。"孔广森补注："吐葩曰秀。"可证"秀"的构意。

[2] 《禾部》："稺，禾举出苗也。"段注："何休曰：'生曰苗，秀曰禾。'禾采初挺出于苗，是曰稺，既成则屈而下垂矣。"

并云：'戬，敛也。''敛'亦聚，故《桑扈》《时迈》传并云：
'戬，聚也。'"《左传·宣公十二年》"载戢干戈"，孔疏："戢训
为敛聚、敛藏之义，故为藏也。"[1] 再如：

> 《车部》："载，乘也。"段注："乘者，覆也。上覆之，则
> 下载之，故其义相成。引申之，谓所载之物曰载，……引申
> 为凡载物之偁。"

按：此例中的二义体现物体之间的相对位置关系。《诗·大
雅·绵》"缩版以载"，朱熹《集传》："载，上下相承也。""载是
主动者居其下，乘是登而居其上"[2]，两个个体处于上下位置关
系，二者相承藉，自上而下和自下而上对立统一。

五　古义与今义

段玉裁对许慎的《说文》与吕忱的《字林》有一个比较，指
出"许意在存古，吕意在宜今也"[3]。许慎作《说文》的根本目
的是从古文学派的观点出发来发扬五经之道，因此，"凡许之书，
所以存古形古音古义也"[4]。词义往往随着社会的发展而发生变
化，段玉裁基于历史发展的观点，不仅善于发明古义，而且关注
古义与今义的区别，揭示词义的"古今之变"，即"古义、今义之

---

[1] 《广雅·释宫》"府，舍也"，王念孙《疏证》："《说文》：'府，文书臧也。'
郑注《论语》云：'臧财货曰府。'卷三云：'府，聚也。'""府"有聚集义，
又有储藏义，正如"戢"可训敛聚，亦可训藏。

[2] 黄易青《上古汉语意义系统中的对立统一关系——兼论意义内涵的量化分析方
法》，《北京师范大学学报（社会科学版）》2003 年第 5 期。

[3] 见《土部》"墼"字下注。

[4] 见《人部》"備"字下注。

不同"。如"案"本指食案,即进食用的短足木盘,段玉裁云:
"后世谓所凭之几为案,古今之变也。"就是说"案"后来指几
桌。[1] 又如《疒部》:"痂,疥也。"段注:"痂本谓疥,后人乃
谓疮所蜕鳞为痂,此古义、今义之不同也。"又如《人部》:"仕,
学也。"段注:"训仕为入官,此今义也。古义宦训仕[2],仕训
学。"再如《人部》:"僵,偃也。"段注:"按,僵谓仰倒。……
今人语言乃谓不动不歹为僵。"

古与今的时代范围是相对而言的,"古今无定时,周为古则汉
为今,汉为古则晋宋为今"[3]。简单地说,在某一时期常用,而
后来不再常用甚至消亡的意义就是古义。相比于古义,出现较晚
的就是今义。至于古义和今义出现的具体时代并不固定。下面所
举的"曾""在"的古义和今义都见于先秦:

> 《八部》:"曾,词之舒也。"段注:"盖曾字古训乃,子登
> 切,后世用为曾经之义,读才登切,此今义、今音,非古义、
> 古音也。至如曾祖、曾孙,取增益层累之意,则曾层皆可
> 读矣。"

按:"曾"在先秦主要用作语气副词,即段注所谓"古训乃"。
王引之举例颇详,《经传释词》卷八:"曾,乃也,则也。……
《诗·河广》曰:'曾不容刀。''曾不崇朝。'……《论语·八佾》
曰:'曾谓泰山不如林放乎?'……皆是也。"又:"曾是,乃是也,
则是也。《诗·正月》曰:'曾是不意。'"[4] 可见,语气副词

---

[1] 参看王力《汉语史稿》,中华书局,2013年,第491页。
[2] 宦,原误作"宦",径改。
[3] 见《言部》"谊"字下注。
[4] 王引之撰,李花蕾校点《经传释词》,上海古籍出版社,2016年,第176—
177页。

"曾"至少在西周末年和春秋时期就有用例。《段注》所谓"后世用为曾经之义",则是时间副词"曾",从文献用例来看,始见于战国时期。《经传释词》卷八:"曾,犹'尝'也。闵元年《公羊传》曰:'庄公存之时,乐曾淫于宫中。'(《释文》:'曾,才能反。')"此外,战国后期文献中还有"未曾"和"未之曾",但用例都很少,如《墨子·亲士》:"缓贤忘士,而能以其国存者,未曾有也。"《吕氏春秋·顺民》:"失民心而立功名者,未之曾有也。"[1] 汉代以后,时间副词"曾"的用例才增多。[2] "曾"的两个副词义的出现时代有先后,所以段玉裁视为古今义。《论语·为政》:"曾是以为孝乎?"皇侃《义疏》:"曾,犹尝也。……谁尝谓此为孝乎,言非孝也。"《释文》:"曾,音增。马云'则',皇侃云'尝也'。"邢昺疏:"曾,犹则也。……汝则谓是以为孝乎,言此未孝也。必须承顺父母颜色,乃为孝也。"王引之已指出"皇说非是",可见皇侃已不能分别"曾"的古义和今义,所以误以今义释古义。又如:

> 《土部》:"在,存也。"段注:"存,恤问也。《释诂》:'徂、在,存也。在、存,察也。'按,《虞夏书》'在'训察,谓'在'与'伺'音同,即存问之义也。在之义,古训为存问,今义但训为存亡之存。"

按:段玉裁认为"在"的古义是审察和存问,如《尚书·尧典》:"在璇玑玉衡,以齐七政。"伪孔传:"在,察也。"《左传·

---

[1] 先秦文献中"未(之)尝有"较为多见,"未(之)曾有"则仅此两例。

[2] 如《史记·孟尝君列传》:"孟尝君曾待客夜食,有一人蔽火光。"《刘敬叔孙通列传》:"孝惠帝曾春出游离宫。"《袁盎晁错列传》:"梁王以此怨盎,曾使人刺盎。"

襄公二十六年》："吾子独不在寡人。"杜注："在，存问之。"但是，表存在的"在"也很早就有，如《大盂鼎》："在于御事。"《易·乾》："见龙在田。"《论语·学而》："父在，观其志。"因此，此例所谓古义是指后代罕见甚至消亡的意义，今义则指后代一直沿用的意义。

下面所举的"粪"，古义见于先秦，今义始于东汉，是典型的"周为古则汉为今"的例子：

> 《華部》："粪，弃除也。从収推華粪采也。官溥说：似米而非米者，矢字。"段注："按，弃亦'粪'之误，亦复举字之未删者。粪方是除，非弃也。与《土部》'垚'音义皆略同。……《曲礼》曰：'凡为长者粪之礼。'《少仪》曰：'泛埽曰埽，埽席前曰拚。'《老子》曰：'天下有道，却走马以粪。'谓用走马佗弃粪除之物也。《左传》：'小人粪除先人之敝庐。'许意垚用帚，故曰埽除；粪用華，故但曰除。古谓除秽曰粪，今人直谓秽曰粪。此古义、今义之别也。凡粪田多用所除之秽为之，故曰粪。……矢，《艸部》作'菌'，云'粪也'。谓粪除之物为粪，谓菌为矢，自许已然矣。"

按：根据段玉裁的观点，"粪"本作动词，在先秦文献中主要表示除（污秽、杂草等）。段玉裁指出，许慎的时代，"粪"已经用作名词，指粪除之物。从文献用例来看，"粪"表屎、大便义大概在东汉以后，如赵晔《吴越春秋·勾践入臣外传》："今者臣窃尝大王之粪，其恶味苦且楚酸。"[1] 北魏贾思勰《齐民要术·耕田》："其美与蚕矢熟粪同。"

---

[1]《吴越春秋》可能经过晋代杨方、皇甫遵的刊削和编定。

古义和今义一般来说反映字义的历史发展，如《贝部》："賸，物相增加也。"段注："以物相益曰賸，字之本义也。今义训为赘疣，与古义小异，而实古义之引伸也。"不过，在发展过程中，字形和字音可能随之发生变化，由此出现古义古音古形与今义今音今形的区别，乃至孳乳分化为两个不同的词，如：

> 《人部》："愉，愉也。"段注："《小雅·鹿鸣》曰：'视民不愉。'……毛传曰：'愉，愉也。'按，《释言》：'愉，偷也。'偷者，愉之俗字。今人曰偷薄、曰偷盗，皆从人作偷，他侯切，而愉字训为愉悦，羊朱切。此今义今音今形，非古义古音古形也。古无从人之偷。愉训薄，音他侯切，愉愉者，和气之薄发于色也。盗者，浇薄之至也，偷盗字古只作愉也。凡古字之末流鍼析，类如是矣。……《唐风》'他人是愉'传曰：'愉，乐也。'笺云：'愉读曰偷，犹取也。'此同字而各举一义释之。……然可见汉末已有从人之偷，许不之取。"[1]

> 《心部》曰："愉，薄也。"段注："此'薄也'，当作'薄乐也'，转写夺乐字，谓浅薄之乐也。引申之，凡薄皆云愉。……《周礼》：'以俗教安，则民不愉。'郑注：'愉谓朝不谋夕。'此引申之义也。浅人分别之，别制'偷'字从人，训为偷薄，训为苟且，训为偷盗，绝非古字，许书所无。然自《山有枢》郑笺云'愉读曰偷。偷，取也'，则不可谓其字不古矣。"

按：依据上述分析，"偷"是"愉"的俗字，同时"愉"和

---

[1]　不过，徐灏《注笺》云："偷薄、偷盗之字作偷，见于经传子史者不可枚举，未必一一皆后人所改。……古音虞侯二部相转，故偷或假借愉字为之。段氏好新异，故为颠倒其说耳。"

"偷"也是古今字的关系，薄是古义，偷盗是今义，古今义之间具有引申关系，后来"愉""偷"分化为两个词，音义皆有别。[1]段玉裁认为从人之"偷"始见于汉末，不过，从出土材料来看，"偷"的字形已见于居延汉简，约为西汉中晚期。"愉（偷）"在先秦可表苟且义，偷盗义则始见于《淮南子》，如《道应》："楚将子发好求技道之士，楚有善为偷者往见。"而且用例较少，东汉以后才多起来。尽管字形出现的时代以及词义的发展演变还需要做更细致的考察，但段玉裁指明"愉""偷"为古今字，其古义与今义不同，颇具参考价值。

另外，需要注意的是，《段注》所述的古今义，有一部分其实并不是词义的古今演变，而是古今用字的不同。也就是说，古义和今义并无引申关系，二者分属不同的词，由于假借等原因，而共用一个字形，被误认为一词。如《土部》："堨，壁间隙也。"段注："隙者，壁际也。壁际者，壁之衅也，亦曰堨。此古义也，今义堰也。读同雍遏，后人所用俗字也。"今义训堰者当为"遏"或"阏"。[2] 又如《酉部》："醋，醉饱也。"段注："后人用泼醋字，谓酒未沛也。与古义绝殊。"又如：

> 《人部》："僃，慎也。"段注："《心部》曰'慎者，谨也'，《言部》曰'谨者，慎也'，得僃而三字同训。或疑'僃'训'慎'未尽其义，不知《用部》曰'葡，具也'，此今之'僃'字，'僃'行而'葡'废矣。'葡'废而'僃'训

---

［1］ 王力指出"偷、愉"实同一词，即为同源词。参见王力《同源字典》，商务印书馆，1982年，第189页。

［2］ 参看章太炎讲授，朱希祖、钱玄同、周树人记录，陆宗达、章念驰顾问，王宁主持整理《章太炎说文解字授课笔记（缩印本）》，中华书局，2010年，第564—565页。

具，憨知其古训慎者，今义行而古义废矣。"

按：段玉裁认为"慎"是"備"的古义，至于今义表示具备，其本字当为"葡"。因此，表面上看慎和具是古今义的关系，其实是表具备义的"备"古今用字行废而造成的。不过，从甲骨、金文来看，"葡"字象矢在箙中之形，其本义是木制盛矢器，假借为"备具"义。[1] 再如：

《木部》："橃，海中大船。"段注："《广韵》橃下曰：'木橃，《说文》云：海中大船。'谓《说文》所说者古义，今义则同筏也。凡《广韵》注，以今义列于前，《说文》与今义不同者列于后，独得训诂之理，盖六朝之旧也。即如此篆。《玉篇》注云：'海中大船也。泭也。'是为古义、今义杂糅。汉人注经，固云大者曰筏，小者曰桴。是汉人自用筏字，后人以橃代筏，非汉人意也。"

按：段玉裁认为"橃"的古义是海中大船，今义指渡水用的竹木排，但后者的本字当为"筏"。王筠《句读》："《广雅》：'橃，舟也。'盖与此同。至于王注《楚词》曰'楚人曰柎，秦人曰橃'、《方言》'簰谓之筏'、马注《论语》'大者曰栰，小者曰桴'，三文同义，皆编竹木之筏，非舟也。"观点和段玉裁相同。

六　说字和说经

段玉裁揭示《说文》引经条例，指出"凡引经传，有证字义

---

[1] 参看季旭昇《说文新证》，福建人民出版社，2010年，第259页。

者，有证字形者，有证字音者"[1]，《说文叙》注云："许书内多举诸经以为证，以为明谕厥谊之助。"《段注》中引经传证字义的例子更是俯拾即是，如《示部》："福，备也。"段注："《祭统》曰：'贤者之祭也，必受其福，非世所谓福也。福者，备也。备者，百顺之名也。无所不顺者之谓备。'按，福、备古音皆在第一部，叠韵也。""福"训"备"正出自《礼记·祭统》。《示部》："祟，门内祭先祖所旁皇也。"段注："《郊特牲》曰：'索祭祝于祊，不知神之所在。于彼乎，于此乎，或诸远人乎？祭于祊，尚曰求诸远者与？'此旁皇之说也。"此引《礼记·郊特牲》释"旁皇"之义。由此可见，经传文献为字义提供了具体语境。

黄侃指出："经学为小学之根据，故汉人多以经学解释小学。段玉裁以经证字，以字证经，为百世不易之法。"[2] 段玉裁认为："许盖因经义以推造字之意，因造字之意以推经义，无不合也。"[3] 段氏弟子陈焕[4] 为《说文解字注》作跋云："焕闻诸先生曰：昔东原师之言，仆之学不外以字考经，以经考字。余之注《说文解字》也，盖窃取此二语而已。经与字未有不相合者，经与字有不相谋者，则转注叚借为之枢也。""字义"和"经义"互证是戴、段师弟二人共同遵循的治学方法。同时，段玉裁又多次提到"说字"与"说经"的区别，如：

《目部》："睘，目惊视也。"段注："《唐风》毛传曰：'睘睘，无所依也。'许不从毛者，许说字非说经也。制字之

---

[1]　见《艸部》"藨"字下注。
[2]　黄侃述，黄焯编《文字声韵训诂笔记》，上海古籍出版社，1983 年，第 23 页。
[3]　见《久部》"久"字下注。
[4]　陈焕，一作陈奂，著有《诗毛氏传疏》。

本义则尔，于从目知之。"

按："睘"字从目，许慎依形义统一的体例，训"睘"为"目惊视"[1]。毛传则据《杕杜》诗的语境，"独行睘睘，岂无他人"，训"睘睘"为"无所依"。桂馥《义证》引陈启源曰："无依之人多傍徨惊顾，传与《说文》语虽异，义实相通矣。"王筠《句读》亦谓"无所依"是"引伸之义"[2]。又如：

《皿部》："盛，黍稷器，所以祀者。"段注："毛曰：'器实曰盛，在器曰盛。'郑注《周礼》，盛或专训稷，或训黍稷稻粱；盛则皆训在器。是则盛之与盛别者，盛谓谷也，盛谓在器也。许则云器曰盛，实之则曰盛，似与毛、郑异。盖许主说字，其字从皿，故谓其器可盛黍稷曰盛。要之，盛可盛黍稷，而因谓其所盛黍稷曰盛。凡文字故训，引伸每多如是，说经与说字不相妨也。"

按：许慎说字，据形索义，本义是与字形相贴切的字义；毛、郑解经，随文而释，文献所用常常是词的引申义。"盛"由器引申为器实，是一种基于相关性的引申，容器与容器所盛内容之间的邻接关系，是典型的转喻。[3]又如：

《髟部》："鬈，发好也。"段注："《齐风·卢令》曰：'其人美且鬈。'传曰：'鬈，好皃。'传不言发者，传用其引

---

[1] 《素问·诊要经终论》："少阳终者，耳聋，百节皆纵，目睘绝系。"王冰注："睘，谓直视如惊貌。"

[2] 不过，马瑞辰指出，《诗·唐风·杕杜》"睘睘"的正字应为"趄"，《说文·走部》："趄，独行也。读若茕。""睘"则为"趄"之同音假借。参见马瑞辰撰，陈金生点校《毛诗传笺通释》，中华书局，1989年，第348—349页。

[3] 不过，徐灏《注笺》曰："许云：'齐，禾麦吐穗上平也。'齐即古粢字。此最先之义。黍稷谓之齐，因其盛于器而名其器曰盛耳。段说似误倒。"

伸之义，许用其本义也。本义谓发好，引伸为凡好之偁。凡
说字必用其本义，凡说经必因文求义，则于字或取本义，或
取引伸、假借，有不可得而必者矣。故许于毛传，有直用其
文者，凡毛、许说同是也。有相近而不同者，如毛曰'鬈，
好皃'，许曰'发好皃'；毛曰'飞而下曰颉'，许曰'直项
也'是也。此引伸之说也。有全违者，如毛曰'匪，文章
皃'，许曰'器似竹匧'；毛曰'干，涧也'，许曰'犯也'
是也。此假借之说也。经传有假借，字书无假借。"

按：许慎说字，必释本义。毛传解经，或释引申义，或释假
借义。《卢令》"其人美且鬈'，郑笺："鬈读当为权。权，勇壮
也。"[1] 与毛传不同。孔疏："笺以诸言且者，皆辞兼二事，若鬈
是好貌，则与美是一也。'且仁''且偲'，既美而复有仁才，则
'且鬈'不得为好貌，故易之。《巧言》云：'无拳无勇。'其文相
连，是鬈为勇壮也。"郑玄于"鬈"字取其假借义。《页部》：
"颉，直项也。"段注："直项者，颉之本义。若《邶风》'燕燕于
飞，颉之颃之'，传曰：'飞而下曰颉，飞而上曰颃。'此其引伸之
义。直项为颉颃，故引伸之直下直上曰颉颃。"毛传于"颉"字取
其引申义。再如：

《匕部》："艮，很也。"段注："很者，不听从也，一曰行
难也，一曰盭也。《易传》曰：'艮，止也。'止可兼很三义，
许不依孔子训止者，止，下基也，足也，孔子取其引伸之义。
许说字之书，嫌云止则义不明审，故易之。此字书与说经有

---

[1] 马瑞辰认为"權（权）"是攉字之讹，攉是拳字异体，即"拳勇"之意。参
见马瑞辰撰，陈金生点校《毛诗传笺通释》，中华书局，1989 年，第 308—
309 页。

不同，实无二义也。"

按：段玉裁指出，许慎选择"艮"的训释词是考虑到《说文》内部的系统性。字书要体现字词条目之间的联系和互补，如后代辞书采用"参见"沟通相关词目，《说文》虽然没有明确标示，但通过词训系联，可以揭示其隐含的词义系统。段玉裁解释了许慎不依孔子训"艮"为"止"的原因：一方面，"止"的本义下基和"艮"的词义不能系联；另一方面，虽然"止"的引申义较多，可以涵括"很"的诸义，但"止"作为训释词，其义不如"很"的词义较为单一明确。

综合上述引例和论述可知，段玉裁所谓"说字"与"说经"的区别主要在于：其一，"说字"解释的是本义，"说经"则因文求义，或取本义，或取引申、假借；其二，"说字"解释的是储存义，"说经"解释的则是使用义[1]；其三，"说字"要考虑字词条目之间的内在联系，"说经"则要关注具体文句和上下文语境。黄侃在此基础上推阐，进一步论述"说字之训诂与解文之训诂不同"："小学家之训诂与经学家之训诂不同。盖小学家之说字，往往将一切义包括无遗。而经学家之解文，则只能取字义中的一部分。……是知小学之训诂贵圆，而经学之训诂贵专。"[2] 关于小学训诂贵圆与经学训诂贵专，下面再举四个例子说明，如：

> 《言部》："诗，志也。"段注："《毛诗序》曰：'诗者，志之所之也。在心为志，发言为诗。'按，许不云'志之所之'，径云'志也'者，《序》析言之，许浑言之也。所以多

---

[1] 关于储存义和使用义，参看王宁《训诂学原理》，中国国际广播出版社，1996年，第37—38页。

[2] 黄侃述，黄焯编《文字声韵训诂笔记》，上海古籍出版社，1983年，第219页。

浑言之者，欲使人因属以求别也。"

按：《毛诗序》孔颖达疏："诗者，人志意之所之适也；虽有所适，犹未发口，蕴藏在心，谓之为志，发见于言，乃名为诗。"《释名·释典艺》："诗，之也，志之所之也。"《诗·序》"莫近于诗"，孔疏："诗者，志之所歌。"陆德明《经典释文序录》："诗者，所以言志，吟咏性情，以讽其上者也。"朱熹《诗集传序》："诗者，人心之感物而形于言之余也。"由此可见，"诗"并不等于"志"，而是"志"的表达，或者说是表达志意的语言形式。"诗"训"志"其实是声训[1]，也就是说，许慎认为"志"和"诗"具有同源关系，段玉裁所谓"浑言之者，欲使人因属以求别也"，可以理解为，"志"是"诗"的词源意义，而不是词汇意义，把握了词源意义这个"属"，即"诗"的词义来源，就不难理解经传中众多个别的训释。又如：

《米部》："糗，熬米麦也。"段注："《周礼》：'羞笾之实，糗饵粉餈。'郑司农云：'糗，熬大豆与米也。粉，豆屑也。'玄谓：'糗者，捣粉熬大豆，为饵餈之黏著以坋之耳。'……熬者，干煎也。干煎者，麷也。麷米豆，舂为粉，以坋饵餈之上，故曰糗饵粉餈。郑云'捣粉'之，许但云'熬'，不云'捣粉'者，郑释经，故释粉字之义，许解字，则糗但为熬米麦，必待臬之而后成粉也。《柴誓》'峙乃糗粮'，某氏云：'糗糒之粮。'《孟子》曰：'舜之饭糗茹草。'赵云：'糗饭，干糒也。'《左传》：'为稻醴粱糗。'《广韵》曰：'糗，干饭屑也。'此皆谓熬谷未粉者也。"

---

[1] 徐灏《注笺》："诗训为志，与天颠也、君尊也、臣牵也同例，段氏偶忘之矣。"

　　按：王筠《句读》："糗有捣粉者，亦有不捣者，许君但浑言之。""糗"的本义是炒熟的米、麦等干粮，也可以捣成粉做进一步加工，所以《米部》以"糒"紧接"糗"："糒，舂糗也。"段注："米麦已熬，乃舂之而筛之成勃，郑所谓捣粉也，而后可以施诸饵餈。"程瑶田《九谷考》云："糗之为言气也，米麦火干之，乃有香气，故谓之糗。《说文》熬米麦之训，最为得解，无论捣与未捣也。"《周礼·天官·笾人》"糗饵粉餈"，贾公彦疏："饵言糗，谓熬之亦粉之。"在此具体语境中，"糗"为熬谷捣成粉者。又如：

　　　　《马部》："骙，马行威仪也。"段注："马行上当有'骙骙'二字。《诗》三言'四牡骙骙'，《采薇》传曰：'强也。'《桑柔》传曰：'不息也。'《烝民》传曰：'犹彭彭也。'各随文解之，许隐栝之云：'马行威仪皃。'于叠韵取义也。"

　　按：《诗·小雅·采薇》："驾彼四牡，四牡骙骙。君子所依，小人所腓。"毛传："骙骙，强也。腓，辟也。"陈奂《传疏》："强者，马强盛也。《六月》'四牡骙骙'无传，义同也[1]。"马强盛，故能为君子所凭靠，又能为兵士提供庇护。《诗·大雅·桑柔》："四牡骙骙，旟旐有翩。"毛传："骙骙，不息也。……翩翩，在路不息也。""骙骙"和"有翩"相对应，"有翩"即翩翩，指旌旗翻飞貌，故训"骙骙"为（马行）不息。《诗·大雅·烝民》："四牡彭彭，八鸾锵锵。……四牡骙骙，八鸾喈喈。"毛传："骙骙，犹彭彭也。喈喈，犹锵锵也。""骙骙"和"喈喈"相对应，"喈喈"为鸾铃之声，以上文"锵锵"为训，则"骙骙"亦以上文"彭彭"为训，"彭彭"盖状马行之声。综上，毛传为经学

───────────────

[1]　孔疏云："戎车所驾之四牡又骙骙然强盛。"

训诂，"随文立解"，是对词的使用义的表述，具有针对性，只能用在被训的语句中，即所谓"贵专"。《说文》训释的是概括义，具有广义性和通用性，即所谓"贵圆"。[1] 再如：

> 《羽部》："翔，飞声也。"段注："《诗释文》引《说文》：'羽声也。'《字林》：'飞声也。'此俗以《字林》改《说文》之证。毛传云：'翙翙，众多也。'此谓凤飞群鸟从以万数，毛比傅下文'多吉士''多吉人'为说。许说其字义，故不同也。"

按："羽声"是"翙"的本义，与其字形相贴切，而毛传所谓"众多"则是根据特定语境所做的经学训诂。[2]《诗·大雅·卷阿》"凤皇于飞，翙翙其羽"，孔疏："'翙翙'与'其羽'连文，则是羽声也。言众多者，以凤鸟多，故羽声大。"陈奂《传疏》云："'翙翙'本为凤皇之羽，凤皇飞则其羽必众多，又不专指凤皇矣。"虽指明"羽声"和"众多"的关联，但未说明毛传何以训"众多"，唯段玉裁点明"毛比傅下文'多吉士''多吉人'为说"，知其以鸟之众多比兴吉士、吉人之众多。

从上述例子来看，所谓"说字"是训诂专书对于字词的解释，"说经"则可以理解为随文注释。随文注释"一般只解释被训对象在文句中的具体含义，解释的内容依附于原文而存在"[3]，"训诂专书是在随文释义训诂的基础上形成的"，"将训释从语境中剥离

---

[1] 《广雅·释训》："骙骙，盛也。"承培元《说文引经证例》云："（骙骙）皆有强意。"见丁福保编纂《说文解字诂林》，中华书局，1988年，第9611页。而许慎训为"马行威仪"，则以"威"为"骙"的声训，且"威"可涵括强盛、壮健。

[2] 徐灏《注笺》："《玉篇》亦云：'翙翙，羽声众皃。'作羽声是也。"《玉篇》的训释是将《说文》和毛传糅合在一起。

[3] 王宁主编《训诂学》（第2版），高等教育出版社，2010年，第42页。

出来"，成为具有普遍性的词义。[1]

◇扩展阅读

方一新《训诂学概论》，江苏凤凰教育出版社，2008 年。
黄侃述，黄焯编《文字声韵训诂笔记》，上海古籍出版社，1983 年。
陆宗达《说文解字通论》，中华书局，2015 年。
王宁《训诂学原理》，中国国际广播出版社，1996 年。

◇思考题

1. 《段注》中除了"义相足""义相成"，还有"义相因""义相通"，它们
   之间又有什么异同？
2. 《目部》："瞻，临视也。"段注："《释诂》、毛传皆曰：'瞻，视也。'许
   别之云'临视'。今人谓仰视曰瞻，此古今义不同也。"段玉裁说"瞻"
   的古今义不同，是否符合事实？请查阅《说文解字诂林》，谈谈你的
   看法。

---

[1]　参见王宁主编《训诂学》（第 2 版），高等教育出版社，2010 年，第 93 页。

第五讲 《说文段注》与词义引申研究

引申是词义运动的基本形式[1]，传统训诂学对引申问题早有关注，历代训诂学家在解释古代文献语言的过程中对相关现象多有探讨，积累了不少成果，但大多散见于随文注释的训诂材料中。南唐徐锴作《说文系传》，以本义为基础揭示词的引申义，研究引申的方向、层次和结果，启发了后来的研究者。宋代戴侗的《六书故》也大量地分析词义引申，而且讨论引申的理据。明末清初，黄生、顾炎武等对词义引申也有深入的观察和精辟的阐述。段玉裁在总结前代学者相关成果和分析大量实际语言材料的基础上，大规模地研究汉语词义引申[2]，并总结和探讨了其中的规律，在理论和实践上将引申研究推向新的高度，以至于后来引申成为训诂学中关于词义的最主要的研究内容。[3]《段注》中有相当丰富的引申研究的材料，大多切合汉语实际，从这些具体材料中可以归纳出一系列古汉语词义引申的规律。[4] 本讲举例说明引申的类

---

[1]　参看陆宗达、王宁《训诂方法论》，中华书局，2018 年，第 129 页。

[2]　周祖谟指出，《段注》中说明字义引申的有七百八十余条。见周祖谟《论段氏说文解字注》，《问学集》，中华书局，1981 年，第 867 页。据宋永培统计，《段注》中分析到词义引申的字词多达 1163 条，占《说文》所收字词条的八分之一多。见宋永培《对〈说文段注〉有关"引申的系统性"论述的整理研究》，《古籍整理研究学刊》1996 年第 2 期。

[3]　黄侃在对训诂的定义中说，"训者，顺也，即引申之谓"，可见"在他的训诂学里，引申已经成为关于词义的最主要的研究内容了"。参见陆宗达、王宁《训诂方法论》，中华书局，2018 年，第 129 页。

[4]　参看苏宝荣《汉语词义演变规律新探》，《词汇学与辞书学研究》，商务印书馆，2008 年，第 140—156 页。

型，并从认知的角度解释引申的机制，同时指出段玉裁引申研究中的不足，包括误以假借为引申，混淆引申义和假借义，以及引申理据分析不尽合理等。此外，《段注》揭示了不少词的核心义。核心义分析与引申研究虽然关系密切，但属于词义研究的两种不同模式，因此将这部分内容作为本讲的附录。

一 词义引申的类型

词义引申是"由一个义项延伸出另一个与之有关的新义项"，引申规律是指"互相延伸的甲乙两项彼此相关的规律"。[1] 前代训诂家基于古代文献和语言材料，揭示和阐发了义项之间各种各样的相关性，只是未做专门的系统论述。段玉裁对词义引申的现象和规律尤为关注，分析了数以千计的引申实例，指明引申所产生的结果，其中包括通常所说的词义扩大、缩小和转移等。[2] 如《牛部》："牲，牛完全也。"段注："引伸为凡畜之偁。"《骨部》："骸，胫骨也。"段注："引伸为凡人骨之偁。"这是词义的扩大。又如《人部》："俟，送也。"段注："俟，今之媵字。……送为媵之本义，以姪娣送女，乃其一耑耳。……今义则一耑行而全者废矣。"《火部》："灸，灼也。"段注："今以艾灼体曰灸，是其一耑也。"这是词义的缩小。再如《艸部》："蕈，木耳也。"段注："今人谓光滑者木耳，皱者蕈，许意谓蕈为木耳。"《水部》："浑，溷

---

[1] 参见陆宗达、王宁《训诂方法论》，中华书局，2018年，第134页。

[2] 词义的扩大、缩小和转移是就引申所产生的结果而言的。参看蒋绍愚《古汉语词汇纲要》，商务印书馆，2005年，第74页。

流声也。"段注："郦善长谓二水合流为浑涛，今人谓水浊为浑。"
这是词义的转移。段玉裁还较为系统地梳理了多义词的引申义列。
如《人部》："倍，反也。"段注："此倍之本义。……引伸之为倍
文之倍。……不面其文而读之也。又引伸之为加倍之倍，以反者
覆也，覆之则有二面，故二之曰倍。"又如《糸部》："绝，断丝
也。"段注："断之则为二，是曰绝。引申之，凡横越之曰绝，如
绝河而渡是也。又绝则穷，故引申为极，如言绝美、绝妙是也。"
《段注》可以说是词义引申研究的资料宝库，以下参照古汉语词义
引申规律的类型归纳[1]，对其中的相关材料做分类举例和简要
说明。

1. 时空的引申

时间和空间是运动物体的存在形式，二者之间存在密切的关
联，"表示时间、频率、速度的意义，常常与表示空间、密度的意
义相关"[2]，其中速度是单位时间内的空间距离，频率是单位时
间内的动作次数，密度是单位空间中物质的多少。反映时空相关
性的词义引申很常见，如：

　　《辵部》："迟，迟迟，起也。"段注："《公羊传》：'今若
　　是迟而与季子国。'何云：'迟，起也。仓卒意。'按，《孟
　　子》：'乍见孺子将入于井。'乍者，仓卒意，即迟之叚借也。
　　引伸训为迫迟，即今之窄字也。"

[1]　参见陆宗达、王宁《训诂方法论》，中华书局，2018 年，第 135—149 页；王
　　　宁《训诂学原理》，中国国际广播出版社，1996 年，第 55—58 页。
[2]　王宁《训诂学原理》，中国国际广播出版社，1996 年，第 55—56 页。

按：《楚辞·王逸〈九思·伤时〉》"迫中国兮迮陋"，《三国志·蜀书·张飞传》"山道迮狭"，"迮"皆迫迮义。仓卒是时间上的短暂，迫迮是空间上的狭窄，这是时间和空间之间的引申关系。类似的如《心部》："急，褊也。"段注："褊者，衣小也。故凡窄陿谓之褊。"空间上的窄陿和时间上的急迫相关。又如：

《羽部》："翜，捷也。"段注："《释诂》曰：'际、接、翜，捷也。'郭云：'捷谓相接续也。'按，翜、捷皆谓敏疾，敏疾则际接无痕，其义相成也。"

按："际接无痕"就是没有间隔，单位时间内的空间距离小就是速度快，二者"义相成"，就是说两个义项分别表示同一事项的不同方面或角度。又如：

《人部》："俄，顷也。"段注："《玉篇》曰：'俄顷，须臾也。'《广韵》曰：'俄顷，速也。'此今义也。寻今义之所由，以俄、顷皆偏侧之意，小有偏侧，为时几何？故因谓倏忽为俄顷。许说其本义以晐今义，凡读许书当心知其意矣。《匕部》曰：'顷，头不正也。'《小雅·宾之初筵》笺云：'俄，倾皃。'《广雅》：'俄，衺也。'皆本义也。若《公羊传》曰：'俄而可以为其有矣。'何云：'俄者谓须臾之间、制得之顷也。'[1] 此今义也。有假'蛾'为俄者，如《汉书》：'始为少使，蛾而大幸。'如淳曰：'蛾，无几之顷也。'单言之，或曰俄，或曰顷，累言之曰俄顷。"

按："俄""顷"在空间范畴中皆为倾斜义，引申指短时间，

---

[1] 陈立指出："制，闽本、监本、毛本同。宋本'制'作'创'。……创者，始也。……始得之顷，犹言乍得之顷也。"见陈立撰，刘尚慈点校《公羊义疏》，中华书局，2017年，第403页。

即片刻、不久。徐灏《注笺》："俄顷之义谓一倾侧之间，因之谓倏忽为俄顷，与瞬息同意。"可作补说。[1] 又如：

> 《门部》："闲，隙也。"段注："隙者，壁际也。引申之，凡有两边、有中者，皆谓之隙。隙谓之闲，闲者，门开则中为际，凡罅缝皆曰闲，其为有两有中一也。……闲者，稍暇也，故曰闲暇。今人分别其音为户闲切，或以'闲'代之。"

按："闲"由空间上的缝隙、间隔引申为时间上的闲暇，是典型的由空间义引申为时间义。《门部》："闲，阑也。"段注："引申为防闲。古多借为清闲字，又借为娴习字。"可知以"闲"代"闲"是假借。又如：

> 《二部》："恒，常也。"段注："常，当作'长'。古长久字只作长，浅人稍稍分别，乃或借下帬之常为之，故至《集韵》乃有'一曰久也'之训。……时之长，与尺寸之长，非有二义。"

按：《长部》："长，久远也。"段注："久者，不暂也。远者，不近也。""久"即"时之长"，"远"即"尺寸之长"，二者在段玉裁看来"非有二义"。再如：

> 《马部》："骤，马疾步也。"段注："今字骤为暴疾之词，古则为屡然之词。……《左传》言骤，《诗》《书》言屡，《论语》言屡，亦言亟，其意一也。亟之本义敏疾也，读去吏切为数数然，数数然即是敏疾。骤之用同此矣。数之本义计

---

[1] 不过，承培元认为，"俄顷"的不久义并非直接由本义引申而来，《说文引经证例》云："又用俄顷为不久意。案：古云不待俄顷，犹不待日昃也。后止言俄顷即为不久，后又单言俄、单言顷，亦为不久之义，失古义矣。"见丁福保编纂《说文解字诂林》，中华书局，1988 年，第 8159 页。

也，读所角切为数数然，乃又引伸为凡迫促之意。好学者必
心知其意，于此可见也。"

按："暴疾""敏疾""迫促"即速度快，"屡然"即频率高，
"数数然"既有迫促义，又有屡次义。段玉裁用"亟""数"和
"骤"比较互证，揭示出速度和频率之间的相通关系。

2. 因果的引申

因果关系是客观世界普遍联系的表现形式之一，"作为原因的
事物与作为结果的事物意义往往相通"[1]，也就是说，本义和引
申义之间存在因果关系。如：

　　《刀部》："剥，裂也。"段注："《衣部》曰：'裂，缯余
　　也。'谓殄破也。……孔子《易传》曰：'致饰，然后通则尽
　　矣，故受之以《剥》。剥者，剥也。物不可以终尽，剥穷上反
　　下，故受之以《复》也。'按，此是剥训尽，裂则将尽矣。"
　　按：所谓"裂则将尽"，可以认为"裂"是因，"尽"是果。
《易·剥》："剥：不利有攸往。"《释文》引马云："剥，落也。"
孔疏："'剥'者，剥落也。今阴长变刚，刚阳剥落，故称'剥'
也。"剥落之时，阳刚被削剥殆尽，阴气盛长。"剥者，剥也"，谓
剥是剥落穷尽的意思。所以段玉裁说"剥训尽"。又如：

　　《甘部》："猒，饱也。足也。"段注："按，饱足则人意倦
　　矣，故引伸为猒倦、猒憎。《释诂》曰'豫、射，厌也'是也。"
　　按："饱足"是因，"意倦"是果。《周礼·地官·大司徒》

---

[1]　王宁《训诂学原理》，中国国际广播出版社，1996年，第56页。

"凡万民之不服教"贾公彦疏："猷有二种，有嫌猷，有猷饫之猷。"《尔雅·释诂上》："豫、射，厌也。"郝懿行《义疏》："《诗·还》释文：'厌，止也。'《后汉书》注：'厌，倦也。'倦止与饫足义亦相成。……安乐与倦怠义又相近。盖因饫足生安乐，又因安乐生厌倦，始于欢豫，终于倦怠，故'厌'训'安'，又训'倦'，与'豫'训'安'训'乐'又训'厌'，其义正同矣。"又如：

> 《水部》："浇，渍也。"段注："凡醲者，浇之则薄，故其引伸之义为薄。《汉书·循吏传》：'浇淳散朴。'"

按："醲"是厚酒，"浇之而薄"谓因兑水而酒味变薄。《汉书》颜师古注："以水浇之，其味漓薄。"《酉部》："醇，不浇酒也。"段注："凡酒沃之以水则薄，不杂以水则曰醇，故厚薄曰醇浇。"再如：

> 《巾部》："饰，馭也。"段注："《又部》曰：'馭，饰也。'二篆为转注。饰、拭古今字，许有饰无拭。……凡物去其尘垢，即所以增其光采，故馭者，饰之本义。而凡踵事增华，皆谓之饰，则其引伸之义也。"

> 《又部》："馭，饰也。"段注："古者拂拭字只用饰，以巾去其尘，故二字皆从巾。去尘而得光明，故引伸为文饰之义。"

按："饰"本义是刷拭，《周礼·地官·封人》："凡祭祀，饰其牛牲。"郑注："饰，谓刷治洁清之也。"《释名·释言语》："饰，拭也。物秽者，拭其上使明。由他物而后明，犹加文于质上也。"通过刷拭除去的尘垢，则物体表面现出光彩，前者是因，后者是果，"饰"由刷拭而有修饰、装饰义，是由因向果的引申。[1]

---

[1]　参看董莲池《段玉裁评传》，南京大学出版社，2006年，第331页。

3. 动静的引申

这里所谓的"动静"是借用古代学者对动字与静字的区别，动字相当于今天所说的动词及活用为动词的各类词，静字包括今天所说的名词、形容词、数量词等。动字的意义和静字的意义可以相引申，"由于词汇意义与语法意义之间存在着虽不完全但却近似整齐的对当关系，因此，这种引申在语法上引起了古汉语动静词互用的规则"[1]，也就是说动静的引申往往造成词类的转换，这里举动词和名词之间的相互转换以及从形容词转换为动词为例。

（1）动词——名词

本义指某种动作，而引申义指动作涉及的事物，包括动作的对象、动作使用的工具以及制成的物品等，如：

《食部》："食，亼米也[2]。"段注："亼，集也，集众米而成食也。引伸之，人用供口腹亦谓之食，此其相生之名义也。下文云：'饭，食也。'此食字引伸之义也。人食之曰饭，因之所食曰饭；犹之亼米曰食，因之用供口腹曰食也。"

按：这里所谓"相生之名义"，是指动静相因的引申关系，具体来说就是由动词引申为名词。《食部》："饭，食也。"段注："云食也者，谓食之也。此饭之本义也。引伸之，所食为饭。"又如：

《手部》："捶，以杖击也。"段注："《内则》注曰：'捶，捣之也。'引申之，杖得名捶。犹小击之曰扑，因而击之之物得曰扑也。"

---

[1]　陆宗达、王宁《训诂方法论》，中华书局，2018年，第137页。
[2]　大徐本作"一米也"。

按："捶"和"扑"本为动词，引申用作名词。如《左传·文公十八年》："二人浴于池，歜以扑抶职。"杜注："扑，捶也。""捶"同"箠"，指驾车击马的竹鞭。又如《汉书·刑法志》："薄刑用鞭扑。"颜注："扑，杖也。"又如：

> 《爨部》："爨，齐谓炊爨。"段注："《火部》曰：'炊，爨也。'然则二字互相训。《孟子》赵注曰：'爨，炊也。''齐谓炊爨'者，齐人谓炊曰爨。……《特牲》《少牢礼》注皆曰：'爨，灶也。'此因爨必于灶，故谓灶为爨。《礼器》'燔柴于爨'同。《楚茨》传曰：'爨，饔爨、廪爨也。'此谓灶。又曰：'踖踖，爨灶有容也。'此谓炊。"

按："爨"本作动词，为炊义，即烧火做饭，引申之，则用以烧火做饭的设备也称爨，即炉灶。又如：

> 《又部》："又，手指相错也。"段注："谓手指与物相错也。凡布指错物间而取之曰叉，因之凡岐头皆曰叉。是以首笄曰叉，今字作钗。"

按：据此，"叉"本为动词，指手指相交错。引申指歧头的器具或兵器，如《文选·潘岳〈西征赋〉》："垂饵出入，挺叉来往。"李善注："叉，取鱼叉也。"表示首饰的"钗"即"叉"的分化字，《释名·释首饰》："钗，叉也，象叉之形，因名之也。爵钗，钗头施爵也。"再如：

> 《皮部》："皮，剥取兽革者谓之皮。"段注："皮，披。披，析也，见《木部》。因之所取谓之皮矣。引伸凡物之表皆曰皮，凡去物之表亦皆曰皮。《战国策》言'皮面抉眼'，王褒《僮约》言'落桑皮棷'，《释名》言'皮瓠以为蓄'皆是。"

按：剥取兽革叫皮，剥下来的兽革也叫皮。段玉裁以"披"

训"皮",谓"皮"本指剥取这一动作,引申而指所取的物体。谢彦华《说文闻载》:"据字形从又,说曰剥取,是本当曰剥,所剥之革曰皮,为引申义。"

（2）名词—动词

与上述例子相反的情况是,本义指某物（较为多见的是某种工具）,而引申义指使用这种工具进行的动作行为,如:

> 《木部》:"梳,所以理发也。"段注:"所以二字,今补。器曰梳,用之理发因亦曰梳。凡字之体用同称如此。"

按:所谓"体用同称",即名动不分,这里"体"指理发的工具,"用"指使用工具进行的动作。黄侃《与人论治小学书》云:"古者,名词与动词,动静相因,所从言之异耳。段君注《说文》,每加'所以'字,乃别名词于动、静词,其实可不必也。"[1] 又如:

> 《木部》:"椎,所以击也。"段注:"所以二字,今补。器曰椎,用之亦曰椎。"

按:"椎"本义指捶击的工具,如《庄子·外物》:"儒以金椎控其颐。"《墨子·备城门》:"长椎,柄长六尺,头长尺。"引申指用椎敲打,如《战国策·齐策六》:"君王后引椎椎破之。"名词"椎"后作"槌",动词"椎"亦作"搥"。又如:

> 《木部》:"樘,柱也[2]。"段注:"盖樘本柱名,如《灵光》'枝樘杈枒而斜据',枝樘与层栌、曲枅、芝栭为俪,然则训为柱无疑也。樘可借为牚距,犹柱可借为支柱,而支柱遂正释樘。"

---

[1] 黄侃著,黄延祖重辑《黄侃国学文集》,中华书局,2006年,第167页。
[2] 大徐本作"衺柱也"。

　　按：《木部》："柱，楹也。"段注："柱引伸为支柱、柱塞，不计纵横也。""橕"和"柱"都由名词引申为动词。又如：

　　　　《巾部》："巾，佩巾也。"段注："以巾拭物曰巾，如以帨拭手曰帨。"

　　按：这也是由名词引申为动词。《巾部》："帅，佩巾也。帨，帅或从兑声。"段注："《乡饮酒礼》《乡射礼》《燕礼》《大射仪》《公食大夫礼》《有司彻》皆言'帨手'，注：'帨，拭也。'帨手者于帨，帨，佩巾。"又如：

　　　　《手部》："拑，胁持也。"段注："谓胁制而持之也。凡胁之为制，犹膺之为当也。"

　　按：《肉部》："膺，匈也。"段注："《鲁颂》：'戎狄是膺。'《释诂》、毛传曰：'膺，当也。'此引伸之义。凡当事以膺，任事以肩。"又如：

　　　　《句部》："钩，曲钩也。"段注："钩字依《韵会》补。曲物曰钩，因之以钩取物亦曰钩。"

　　按："钩"本为名词，引申作动词，表钩取、钩住之义，如《左传·襄公二十三年》："或以戟钩之，断肘而死。"《荀子·强国》"劲魏钩吾右"，杨倞注："钩，谓如钩取物也。"《庄子·天运》"一君无所钩用"，陆德明《释文》："钩，取也。"又如：

　　　　《革部》："鞭，殴也。"段注："殴，各本作'驱'，浅人改也，今正。殴上仍当有'所以'二字。《尚书》：'鞭作官刑。'《周礼·条狼氏》：'掌执鞭而趋辟。凡誓，执鞭以趋于前，且命之。'……《左传》：'诛屦于徒人费，弗得，鞭之见血。'又：'公怒，鞭师曹三百。'皆谓鞭所以殴人之物，以之殴人亦曰鞭。"

　　按：据段注，则"鞭"的本义是鞭子，为名词，引申指以鞭殴人，即鞭打，作动词。王筠《句读》："驱当作殴。《尚书》'鞭作官刑'，则鞭以挟罪人。"再如：

> 《糸部》："绊，马䋻也。"段注："《马部》䋻下曰：'马绊也。'与此为转注。《小雅》：'絷之维之。'传曰：'絷，绊；维，系也。'《周颂》曰：'言授之絷，以絷其马。'笺云：'絷，绊也。'按，絷谓绳，用此绳亦谓之絷，此凡字之大例，《有客》其冣明者也。引申为凡止之偁。"

按："绊"本义是拴缚马足的绳索，引申用作动词，指用绳子把马足系住。《诗·周颂·有客》"絷"即"䋻"，前一个"絷"为名词，指缰绳，后一个"絷"为动词，指拘系马足。

（3）形容词—动词

形容词用作动词，从语法的角度看，就是一种使动用法，而从词义引申的角度看，则本义指某种性质或状态，引申义指使之具有这种性质或状态。如：

> 《木部》："槀，木枯也。"段注："凡润其枯槀曰槀，如慰其劳苦曰劳，以膏润物曰膏。"

按：《左传·僖公二十六年》："公使展喜犒师。"服虔注："以师枯槁，故馈之饮食。"《淮南子·氾论》高诱注："牛羊曰犒，共其枯槁也。"《法言·修身》："如刲羊刺豕，罢宾犒师，恶在犁不犁也。"汪荣宝注："罢、犒同意。罢者，劳其疲劳，犒者，劳其枯槁，皆慰恤之称。"章太炎云："罢宾者，亦谓共其劳也。而与犒师并言，则犒谓共其劳审矣。"[1] 又如：

---

[1] 上海人民出版社编，姜义华点校《章太炎全集：春秋左传读·春秋左传读叙录·驳箴膏肓评》，上海人民出版社，2014年，第269页。

《子部》："孤，无父也。"段注："《孟子》曰：'幼而无父曰孤。'引申之，凡单独皆曰孤。孤则不相酬应，故背恩者曰孤负。孤则人轻贱之，故郑注《仪礼》曰：'不以己尊孤人也。'"

按："孤"由无父引申为孤立、单独，多用为形容词，如《论语·里仁》："德不孤，必有邻。""单独"是与他人分离的状态，可以是主动远离他人，即段注所谓"孤则不相酬应"，所以"孤"有远义。《史记·游侠列传》："今拘学或抱咫尺之义，久孤于世。"[1] 可理解为远离于世。《汉书·终军传》："臣年少材下，孤于外官。"颜注："孤，远也。"主动远离即有背弃之义，因此，"孤""负"同义连用，如《三国志·蜀书·先主传》："常恐殒没，孤负国恩。"又，"孤""负"对文同义，如旧题汉李陵《答苏武书》："陵虽孤恩，汉亦负德。"[2]《后汉书·张俊传》："臣孤恩负义，自陷重刑。""孤"单用之例如《后汉书·皇后纪上·明德马皇后》："臣叔援孤恩不报。"又《朱儁传》："国家西迁，必孤天下之望。"皆可理解为违背、背弃。[3]"孤"用作使动，指使之孤单无助，亦有使之远离之义，略相当于"弃"[4]，在心理上说就是轻贱，所以段玉裁说"孤则人轻贱之"。《仪礼·乡射

---

[1] 中井积德曰："孤于世，于时无偶也。"张文虎曰："此谓拘守志节，独行踽踽，不见知于世也。"见司马迁撰，泷川资言考证，杨海峥整理《史记会注考证》，上海古籍出版社，2015年，第4166页。
[2]《文选》李善注："言陵无功以报汉为孤恩，汉戮陵母为负德。"
[3] 徐灏《注笺》："孤负言其孤行而背人，因以为负恩之偶，承习既久，遂省言之，但曰孤耳。""孤负"连言确实早于单用的"孤"，但将"孤负"理解为"孤行而背人"，似可商。
[4]《国语·吴语》："天王亲趋玉趾，以心孤句践，而又宥赦之。"韦昭注："孤，弃也。"不过，俞樾认为"韦解非也"，"孤之言顾也"。参见徐元诰《国语集解》，中华书局，2002年，第538页。

礼》：“辩，卒受者兴，以旅在下者于西阶上。”郑注：“不使执觯者酢，以其将旅酬，不以己尊孤人也。”胡培翚《正义》引盛世佐云：“堂上皆坐饮，故使执觯者酢在下者，于西阶上立饮，若使坐者自若而饮者特升，是以己之尊孤人也。”这里的“孤”意谓不与亲切为礼。[1]

4. 施受的引申

古汉语中表示物体转移的动词有不少存在施受同词的现象。所谓“施受同词”是指，“发出动作与接受动作往往用同词表示，动作的发出者与动作的接受者也往往互相关联”。[2] 这是施受引申的结果，也是早期语词未分化的表现，如：

《㐭部》：“稟，赐谷也。从㐭禾。”段注：“凡赐谷曰稟，受赐亦曰稟。引伸之，凡上所赋、下所受，皆曰稟。《左传》言‘稟命则不威’是也。”

按：“稟”在秦简中用例较多，正如段玉裁所言，可以指“上所赋”，即发放、给予，又可以指“下所受”，即领受、承受。如睡虎地秦墓竹简《秦律·仓律》：“程禾、黍□□□□以书言年，别其数，以稟人。”“稟人”谓发放给人。《金布律》“以律稟衣”，是发放衣服。《秦律杂抄》“稟卒兵”，是说给军卒兵器。《田律》：“乘马服牛稟，过二月弗稟、弗致者，皆止，勿稟、致。稟大田而毋（无）恒籍者，以其致到日稟之，勿深致。”“稟大田”是说向

---

[1] 参看桥本秀美《基于文献学的经学史研究》，《儒家典籍与思想研究》第 1 辑，北京大学出版社，2009 年。

[2] 参见陆宗达、王宁《训诂方法论》，中华书局，2018 年，第 139 页。

大田领取牛马的饲料，“大田”指田官之长，即发放饲料的官吏。《司空》：“官长及吏以公车牛稟其月食及公牛乘马之稟，可殴(也)。”是说领取每月的口粮和官车牛马的饲料。又如：

《贝部》：“赋，敛也。”段注：“《周礼·大宰》：‘以九赋敛财贿。’敛之曰赋，班之亦曰赋。经传中凡言以物班布与人曰赋。”

按：徐锴《系传》：“赋者，分也。分取之分也。”[1]《尔雅·释言》：“赋，量也。”郝懿行《义疏》：“‘赋’兼取予，其义则皆为量也，故《鲁语》云：‘赋里以入而量其有无。’然则赋敛、赋税即为量入，赋布、赋予即为量出。”“赋”有敛取、征收义，如《左传·襄公二十五年》：“赋车、籍马，赋车兵、徒兵、甲楯之数。”童书业指出：“古之军赋取之于‘民’者，有车、马、兵、甲等。”[2]《昭公五年》：“韩赋七邑，皆成县也。”杨伯峻注：“韩氏收七邑之赋。”《昭公二十九年》：“遂赋晋国一鼓铁，以铸刑鼎。”同时，“赋”又有授予、给予义，如《国语·晋语四》：“公属百官，赋职任功。”韦昭注：“赋，授也。授职事，任有功。”《庄子·齐物论》：“狙公赋芧，曰：‘朝三而暮四。’”成玄英疏：“赋，付与也。”《汉书·哀帝纪》“皆以赋贫民”，颜师古注：“赋，给与也。”又《翼奉传》“赋医药”，颜注：“赋，谓分给之。”《韩非子·外储说右上》：“于是反国发廪粟以赋众贫，散府余财以赐孤寡。”“赋”和“赐”对文。《吕氏春秋·分职》：“乃发太府之货予众，出高库之兵以赋民。”“予”和“赋”对文。

---

[1] 黄侃云：“赋由分来，近糞。”见黄侃《黄侃手批说文解字》，上海古籍出版社，1987年，第402页。

[2] 童书业遗著《春秋左传研究》，上海人民出版社，1980年，第195页。

5. 反正的引申

传统训诂学中有所谓"反训"，最早是郭璞在《尔雅注》里提出来的。《尔雅·释诂下》："治、肆、古，故也。肆、故，今也。"郭璞注："肆既为故，又为今。今亦为故，故亦为今。此义相反而兼通者。"《释诂下》："徂、在，存也。"郭注："以徂为存，犹以乱为治，以曩为向，以故为今，此皆诂训义有反复旁通，美恶不嫌同名。"反义共词现象确实存在，"反义共词最主要的条件是两义虽然反向，但一定得相因"，"所谓反义，只能是反向引申的结果，在意义上，虽反向而不能绝然矛盾。在逻辑上绝对对立的意义不可能共词"，"反向除去施与受外，只是动与静、先后两端、不同侧面、相依因果……它们属反向，但不互相排斥"[1]。过去所说的反训很多是反正的引申造成的。如：

《网部》："置，赦也。"段注："置之本义为贳遣，转之为建立，所谓变则通也。《周礼》'废置以驭其吏'，与废对文。"

《手部》："措，置也。"段注："置者，赦也。立之为置，舍之亦为置。措之义亦如是。"

《人部》："舍，市居曰舍。"段注："舍可止，引伸之为凡止之偁。《释诂》曰：'废、税、赦，舍也。'凡止于是曰舍，止而不为亦曰舍，其义异而同也。犹置之而不用曰废，置而用之亦曰废也。《论语》'不舍昼夜'，谓不放过昼夜也。不放过昼夜，即是不停止于某一昼一夜。"

《广部》："废，屋顿也。"段注："凡钝置皆曰废。……古

---

[1] 王宁《训诂学原理》，中国国际广播出版社，1996 年，第 124 页。

谓存之为置，弃之为废，亦谓存之为废，弃之为置。……废
之为置，如徂之为存，苦之为快，乱之为治，去之为藏。"

按:《段注》对"置""措""舍""废"这四个词的引申做了
类比，从中可以归纳出引申的规律，现列表如下:

置	建立（立之/存之）	贳遣（舍之/弃之）
措	立之	舍之
舍	止于是（停止于）	止而不为（放过）
废	置而用之（存之）	置之而不用（弃之）

以"置"为例，"'置'有'搁置'和'弃置'两义，'搁
置'引申为'设立'。……这是因为'置'的词义特点是把一个东
西换一个地方。这个行为必定分两段:先由甲处取掉再安放在乙
处。'弃置'来自前一过程，'设置'来自后一过程"[1]。又如:

《人部》:"偭，乡也。"段注:"乡，今人所用之向字
也。……偭训乡，亦训背，此穷则变、变则通之理，如废、置，
徂、存，苦、快之例。……许言乡不言背者，述其本义也。"

《面部》:"面，颜前也。"段注:"……与背为反对之偶。
引伸之为相乡之偶，又引伸之为相背之偶，《易》穷则变、变
则通也。凡言面缚者，谓反背而缚之。偭从面。"

按:空间具有相对性，方向是相对于参照物而言的，"偭有
向、背二义者，以物向人则背己，向己则背人故也"[2]。再如:

《乙部》:"亂（乱），不治也。从乙㿰，乙治之也。"段

[1] 王宁《训诂学原理》，中国国际广播出版社，1996年，第123页。
[2] 舒新城等主编《辞海》，中华书局，1936年，第257页。

注："乱本训不治，不治则欲其治，故其字从乙。乙以治之，谓诎者达之也。转注之法，乃训乱为治。如武王曰'予有乱十人'是也。《叉部》：'𤔔，不治也。幺子相乱，叉治之也。'文法正同。"

按：《叩部》"𢟏"字下注云："凡言乱而治在焉，《易》'穷则变'也。""𤔔"的古文字字形像上下两手在整理架子上散乱的丝，会治乱丝之意。[1] 就其初始而言，是混乱无序；就其过程和结果而言，则是治理。

6. 状所的引申

以上五类都可以归为理性的引申，即词义的相关性合乎逻辑和理性。状所的引申则有所不同，反映的是事物之间外在的相联或相似。《荀子·正名》："物有同状而异所者，有异状而同所者。""状"指物体的性状，"所"是处所，可以理解为事物的本体。状所引申是"基于具体事物的物状关系而无法与逻辑相符合的引申"[2]，包括同状的引申、同所的引申以及通感的引申。[3] 以下主要举同状引申的例子。如：

《鱼部》："鮨，鱼䏽酱也。"段注："䏽者，豕肉酱也。引申为鱼肉酱，则偏鱼䏽可矣。《公食大夫礼》'牛鮨'注曰：'《内则》鮨为脍。'然则脍用鮨。谓此经之醢牛鮨，即《内

---

[1] 参看季旭昇《说文新证》，福建人民出版社，2010年，第333—334页。另参杨树达《积微居小学述林》，中华书局，1983年，第88—89页。
[2] 王宁《训诂学原理》，中国国际广播出版社，1996年，第57页。
[3] 参看王宁《训诂学原理》，中国国际广播出版社，1996年，第57—58页。

则》之醢牛脍也。聂而切之为脍，更细切之则成酱为鮨矣。鮨者，脍之冣细者也。牛得名鮨，犹鱼得名䏣也。”

按：“䏣”由豕肉酱引申指鱼肉酱，“鮨”由鱼酱引申指细切的肉，都是由某一物体引申指与该物有相似特征的另一物体。又如：

《艸部》：“菹，酢菜也。”段注：“《周礼》七菹：韭、菁、茆、葵、芹、䓘、筍也。郑曰：‘凡醯酱所和，细切为齏，全物若牒为菹。《少仪》：麋鹿为菹。则菹之称，菜肉通。’玉裁谓，齏、菹皆本菜称，用为肉称也。”

按：《韭部》：“𩐁，墜也。齏，𩐁或从弅。”段注：“王氏念孙曰：‘𩐁者，细碎之名。《庄子》言𩐁粉是也。’按，《艸部》曰：‘菹，酢菜也。’酢菜之细切者曰𩐁。”《肉部》：“牒，薄切肉也。”由此可知，“齏”“菹”本指菜，后又可指肉，是基于“细切”“薄切”这一相似的特征。又如：

《食部》：“馁，饥也。一曰：鱼败曰馁。”段注：“《论语》：‘鱼馁而肉败。’《释器》曰：‘肉谓之败，鱼谓之馁。’按，鱼烂自中，亦饥义之引伸也。”

按：徐灏《注笺》：“戴氏侗曰：‘馁，不足中歉也。鱼败则肉不充，故谓之馁。’按，《孟子》云‘无是，馁也’，即中歉之意。”《尔雅·释器》：“肉谓之败，鱼谓之馁。”郝懿行《义疏》：“败者，坏也。馁者，《说文》云：‘鱼败曰馁。’《论语》皇疏：‘馁谓鱼臭坏也，鱼败而馁馁然也，肉败者，肉臭坏也。’又引李巡云：‘肉败久则臭，鱼馁肉烂。’按，郭亦云‘肉烂’，盖皆‘内烂’，字形之误。《公羊》僖十九年《传》‘鱼烂而亡也’，何休注：‘鱼烂从内发。’是此注所本，惟邢疏作‘内烂’，不误。”段玉裁所谓“鱼烂自中”，即‘内烂’之意。内烂则肉不充，即戴侗所谓"中歉",故与"饥"同状。再如：

《米部》："𡥃，𡦢𡥃也。"段注："《春秋》：'有星孛入于北斗。'《穀梁》曰：'孛之为言犹茀也。'茀者，多艸，凡物盛则易乱，故星孛为𡦢𡥃引伸之义。"

按：朱骏声《通训定声》："孛之状光芒四射如草木枝叶旁出，彗之状光长如帚。"《释名·释天》："孛星，星旁气孛孛然也。"王先谦《疏证补》引苏舆曰："《开元占经》引齐颖云：'孛，芒短，其光四出，蓬蓬孛孛也。彗见其光，芒长，寒如埽彗。'又引董仲舒云：'孛星，彗星之属也。芒遍指曰彗，芒气四出曰孛。'"可知彗星出现时光芒四射和草木茂盛同状。

二 词义引申的机制

语言反映思维，语义的规律和思维的规律在某种程度上是相吻合的。语言层面的引申现象背后反映的是人的认知方式和机制，语言内部的引申规律对应的是人对客观事物的认知规律。同时，语言具有社会属性，随社会的发展而变化，词义的产生和发展在一定程度上受历史文化的影响。因此，我们主要从认知方式和文化心理的角度分析引申的机制。

1. 隐喻机制

认知语言学将隐喻视作一种思维方式、认知模式。隐喻是从一个认知域映射到另一个认知域的过程和结果，而且往往是由具体到抽象。隐喻的特点是本体和喻体之间具有相似性，通过认知对不同事物的联想，建立事物之间的相互关联，从而利用一种概念表达另一种概念。如：

> 《辵部》："过，度也。"段注："引伸为有过之过。《释言》：'郵，过也。'谓郵亭是人所过，愆郵是人之过，皆是。"

> 《辵部》："逷，过也。"段注："本义。此为经过之过，《心部》愆、寒、䇦，为有过之过。然其义相引伸也，故《汉书·刘辅传》云：'元首无失道之逷。'"

> 《邑部》："郵（邮），竟上行书舍。"段注："《释言》：'郵，过也。'按，经过与过失古不分平去，故经过曰郵，过失亦曰郵，为尤、訧之假借字。"

按："过"作为位移动词表示物体经过参照点，即超过某个位置。由具体的运动范畴隐喻投射到抽象的心理范畴，"过"指超过某个标准的限度。在标准限度之内是正确、适宜，在标准限度之外就是不正、不宜，所以"过"引申指过失、过错。[1]《尔雅·释诂下》："逸、䇦，过也。"郝懿行《义疏》："过者，……因度越之义又为失，因失之义又为误也，谬也，皆展转相生，《尔雅》此义，则主于谬失也。"不过，《尔雅·释言》："郵，过也。"《义疏》："郵者，古本作'尤'。……然'郵'固借声，'尤'字亦非正体，依文，'尤'当作'訧'。"据此，则"郵"并非由经过引申为过失，表过失的"郵"是"訧"的假借。又如：

> 《㝲部》："孛，㝒字也。人色也，故从子。《论语》曰：

'色孛如也。'" 段注："《乡党篇》文。今作'勃',此证人色之说也。艸木之盛,如人色盛,故从孛作孛,而艸木与人色皆用此字。"

按:《论语·乡党》"色勃如也",刘宝楠《正义》曰:"人色奔者,盛也,谓夫子盛气貌也。《广雅·释训》:'勃勃,盛也。'勃、孛义同。"据段注,则此以草木茂盛比喻人色之盛。

2. 转喻机制

如果说隐喻涉及相似原则,那么转喻涉及邻接原则和突显原则。转喻是在相接近或相关联的事物中,用一个突显的事物替代另一个事物,也就是部分和整体、容器和内容等之间的替代关系。如:

《穴部》:"窻,穿也。"段注:"《仓颉篇》曰:'窻,小空也。'《西京赋》曰:'交绮豁以疏窻。'……善曰:'《仓颉篇》云:窻,小窗。'……按,《大雅》:'及尔同寮。'《左传》曰:'同官为寮。'毛传曰:'寮,官也。'笺云:'与汝同官,俱为卿士。'盖同官者同居一域,如俗云同学一处为同窗也。"

按:"窻"指小窗,故段玉裁谓"同寮(后作僚)"和"同窗"的引申途径是一致的。前人已有类似的说法,《正字通·宀部》:"窻,杨慎曰:'古人谓同官为寮,亦指斋署同窗为义。'"[1] 从转喻的角度看,由窗到人体现的是相接近或相关联的事物之间的替代关系。又如:

---

[1] 但关于"同僚"的由来另有一说,《尔雅·释诂上》:"寮,官也。"郝懿行《义疏》:"寮、僚同。……《正义》引服虔云:'僚,劳也,共劳事也。'然则'同僚'谓同劳也,'同劳'谓同官也。"

《牛部》："牢，闲也。养牛马圈也。"段注："《充人》注曰：'牢，闲也。必有闲者，防禽兽触啮。'牲系于牢，故牲谓之牢。如《柴誓》呼牛马为牿，《礼》呼牲为牵也。"

按：《牛部》："牿，牛马牢也。"《尚书·费誓》："杜乃擭，敜乃穽，无敢伤牿。牿之伤，汝则有常刑。"伪孔传："无敢令伤所以牿牢之牛马，牛马之伤，汝则有残人畜之常刑。"《周礼·天官·宰夫》："凡朝觐会同宾客，以牢礼之法掌其牢礼、委积、膳献、饮食、宾赐之飧牵，与其陈数。"郑注："三牲牛羊豕具为一牢。"又引郑司农曰："牵牲，牢可牵而行者。"《左传·僖公三十三年》："唯是脯资饩牵竭矣。"杜注："牵，谓牛、羊、豕。"孔疏："牛、羊、豕可牵行。""牢""牿"由关牲畜的栏圈引申指牲畜，体现的是相接近的事物之间的替代关系。而"牵"由动作引申指动作的对象，本质上也属于转喻的机制。再如：

《皿部》："盛，黍稷在器中以祀者也。"段注："盛者，实于器中之名也，故亦呼器为盛。如《左传》'旨酒一盛'，《丧大记》'食粥于盛'是也。"

《皿部》："齍，黍稷器，所以祀者。"段注："各本作'黍稷在器以祀者'，则与盛义不别，今从《韵会》本。……要之，齍可盛黍稷，而因谓其所盛黍稷曰齍。凡文字故训，引伸每多如是。"

按：段玉裁认为，"盛"的本义指置放在器皿中的黍稷，引申指器皿，而"齍"的本义则是盛黍稷之祭器，引申指器中所盛的黍稷。二者的引申方向正好相反，但都反映转喻的机制。不过，关于"齍"的本义及其引申，存在不同的观点。如王筠《句读》："合黍稷于器，而后有齍之名，非黍稷名齍，亦非盛黍稷之器名齍也。《诗·甫田》'以我齐明',毛传:'器实曰齐。'《释文》:'齐,本又作齍。'案,此即许君所据之本。"又如徐灏《注笺》:"许云:'齐,禾麦吐穗上平也。'齐即古粢字,此最先之义。黍稷谓之齐,因其盛于器,而名其器曰齍耳。段说似误倒。"

3. 对立统一

在上古汉语意义系统中,存在意义之间既相互对立又相互依存、相互转化的关系,如反正的引申就体现了本义和引申义的对立统一。这种意义关系的形成有多种原因:一方面,客观事物内部或事物之间本身就有既互相依存又互相对立的关系;另一方面,观察的立足点不同,对事物之间的相互关系就会有不同的认识。[1] 如:

> 《玉部》:"琬,圭有琬者。"段注:"此当作'圭首宛宛者',转写讹脱也。琬、宛叠韵。先郑云:'琬,圭无锋芒,故以治德结好。'后郑云:'琬犹圆也,王使之瑞节也。'戴先生曰:'凡圭剡上寸半,直剡之,倨句中矩。琬圭穹隆而起,宛然上见。'玉裁谓,圜剡之,故曰'圭首宛宛者',与'丘上有丘为宛丘'同义。《尔雅》又云:'宛中,宛丘。'此与毛传'四方高中央下曰宛丘',《释名》'丘宛宛如偃器'正同,谓窊其中宛宛然也。二义相反,俱得云宛。《尔雅》兼采异说,郭说'宛中'失之。"

---

[1] 参看黄易青《上古汉语意义系统中的对立统一关系——兼论意义内涵的量化分析方法》,《北京师范大学学报(社会科学版)》2003 年第 5 期。

按："琬"是一种上端浑圆而无棱角的圭，郑玄所谓"琬犹圜也"，戴震所谓"穹隆而起，宛然上见"，段玉裁所谓"圜剡之"。"宛丘"的形状则有两种描述，《诗·陈风·宛丘》："子之汤兮，宛丘之上兮。"毛传："四方高，中央下，曰宛丘。"孔疏："《释丘》云：'宛中，宛丘。'言其中央宛宛然，是为四方高，中央下也。郭璞曰：'宛丘，谓中央隆峻，状如负一丘矣。'为丘之宛中，中央高峻，与此传正反。案《尔雅》上文备说丘形有左高、右高、前高、后高，若此宛丘中央隆峻，言中央高矣，何以变言宛中？明毛传是也，故李巡、孙炎皆云'中央下'，取此传为说。"《尔雅·释丘》："丘上有丘为宛丘。"郝懿行《义疏》："今按：宛，郭音'蕴'，谓蕴聚隆高也。"《释名·释丘》："中央下曰宛丘。有丘宛宛如偃器也。"按毛传的说法，宛丘是中央凹陷呈碗状；而按郭璞的观点，则宛丘是覆碗形，即"宛"谓隆起。段玉裁认为，"四方高，中央下""宛其中"与"中央高""中央隆峻"，虽然形状相反，但只是方向朝上朝下之别，二者对立统一，故"俱得云宛"。又如：

> 《辵部》："通，达也。"段注："按，达之训行不相遇也，通正相反。经传中通、达同训者，正乱亦训治、徂亦训存之理。"

按：陆宗达指出，"'通'是'有塞阻'，即有'对立、耦遇'的双方；'达'是'无塞阻'，即没有'对立、耦遇'的双方。这是'相反'。'通'是'推而行之'的动作；'达'是'迅疾畅利'之状态。一动一静，也是'相反'。'通'是排除塞阻之方式；'达'是由除阻而引出的'畅通已至'之结局。这是'相成'。"[1] 再如：

---

[1]　陆宗达《陆宗达语言学论文集》，北京师范大学出版社，1996年，第553—554页。

《示部》：“祧，袝、祧，祖也。”段注：“袝谓新庙，祧谓毁庙，皆祖也。《说文》并袝字连引之，故次之以袝。”

《示部》：“袝，后死者合食于先祖。”

《示部》：“祖，始庙也。”段注：“始兼两义：新庙为始，远庙亦为始。故袝祧皆曰祖也。”

按：所谓“始兼两义”，可以这样理解：从将来的某个时间点回看现在，则现在就是“始”，“新庙”就是现在刚刚建立的；从现在逆着时间回溯，则过去某个时间点为“始”，“远庙”就是过去所建立的。由于观察点所处的位置可以不同，因此，新庙和远庙都可以称祖，皆为始庙。换言之，时间上的“始”具有相对性，取决于参照点的选择。

4. 文化心理

词义的引申在某些情况下受社会文化因素的影响。这类引申具有较强的民族特性，不同的语言之间差异较大，一般不能用带有普遍性的认知机制做出解释，而必须从本民族的文化心理出发加以阐述。如：

《犬部》：“颣（类），种类相似，唯犬为甚。”段注：“引伸叚借为凡相似之偁。《释诂》、毛传皆曰：‘类，善也。’释类为善，犹释不肖为不善也。”

按：《礼记·杂记下》：“某之子不肖，不敢辟诛。”郑注：“肖，似也。不似，言不如人。”《史记·五帝本纪》：“尧知子丹朱之不肖，不足授天下。”司马贞《索隐》引郑玄曰：“言不如父也。”在古人的文化心理中，子不似父，是为不善，故不肖原指子不像其父那样贤能，引申指不孝或不材。《汉书·武帝纪》：“代郡将军敖、雁门将军广，所任不肖，校尉又背义妄行，弃军而北。"
颜师古注："肖，似也。不肖者，言无所象类，谓不材之人也。"
又如：

> 《玉部》："瑞，以玉为信也。"段注："《典瑞》：'掌玉瑞
> 玉器之藏。'注云：'人执以见曰瑞，礼神曰器。'又云：'瑞，
> 节信也。'《说文》卪下云：'瑞信也。'是瑞、卪二字为转注。
> ……引伸为祥瑞者，亦谓感召若符节也。"

按：徐锴《系传》："瑞训信也。……谓天以人君有德符，将
锡之历年，锡之五福，先出此，以与之为信。人君无德，天虽
锡之，非所以为瑞信。……天亦因人之行，随其宜以与之为符信，
且以警之，岂有虚哉?""瑞"的本义是符信，古人把各种少见的
现象，如空中现五色云，地下出土钟鼎，发现奇异的禽兽或植物
等，说成是上天嘉奖人君的凭据。杜预《春秋左氏传·序》："麟
凤五灵，王者之嘉瑞也。"《论衡·指瑞》："传舍人不吉之瑞。"
"嘉瑞"是吉兆，"不吉之瑞"是凶兆。[1] 此即《段注》所说的
"引申为祥瑞者，亦谓感召若符节也"。这当然也是一种隐喻，但
它建立在文化心理的基础之上。再如：

> 《辵部》："逊，遁也。"段注："按，六经有孙无逊，……
> 《春秋》'夫人孙于齐''公孙于齐'，《诗》'公孙硕肤'，
> 《尚书·序》'将孙于位'，皆逡循迁延之意。故《穀梁》云：
> '孙之为言犹孙也。'《公羊》云：'孙犹孙也。'何休云：'孙
> 犹遁也。'郑笺云：'孙之言孙遁也。'《释言》云：'孙，遁
> 也。'《释名》曰：'孙，逊也。逊遁在后生也。'古就孙义引

---

[1] 参看王凤阳《古辞辨》（增订本），中华书局，2011年，第972页。

伸，卑下如儿孙，非别有逊字也。"

按：《至部》："孨，忿戾也。从至，至而复孙。孙，遁也。"段注："'孙，遁也'，此子孙字引申之义。孙之于王父，自觉其微小，故逡巡遁避之词取诸此。至而复逡巡者，忿戾之意也。""王父"即祖父。《释名·释亲属》："孙，逊也。逊遁在后生也[1]。"王先谦《疏证补》引王启源曰："逊遁，犹逡巡也。"王筠《句读》："是知逊遁仍是逡遁，非逃遁也。"据此，则"孙"由子孙引申为恭顺、退让，这与儒家的孝道思想有关。

三 引申实例的商榷

段玉裁所分析的引申实例也不无可商之处，前人多有辨析和指正。下面分两方面举例说明。一个方面是引申与假借之间未做严格的界分，引申义和假借义有相混淆的情况；另一方面是一部分引申理据的解释不够合理，甚至有点穿凿附会。这些是我们利用《段注》的引申研究材料所应注意的问题。

1. 混淆引申和假借

段玉裁的弟子江沅在《说文解字注后叙》中说："许书之要，在明文字之本义而已。先生发明许书之要，在善推许书每字之本义而已矣。经史百家字多假借，许书以说解名，不得不专言本义

---

[1] 毕沅《疏证》："生字疑衍。"

者也。本义明而后余义明，引申之义亦明，假借之义亦明。形以经之，声以纬之。凡引古以证者，于本义，于余义，于引申，于假借，于形，于声，如指所之，罔不就理。"《说文》专讲本字本义，《段注》在疏证、阐发本义的基础上，进一步探讨引申义和假借义。引申是指"词义从一点出发，沿着本义的特点所决定的方向，按照各民族的习惯，不断产生相关的新义或派生同源的新词，从而构成有系统的义列"[1]。引申义是由本义推演出来的意义，跟本义有直接或间接的关联。假借是"借用同音或音近的字来表示一个词"[2]。假借义是一个字因音同音近被假借而产生的意义，被借字的意义跟假借义没有联系。换言之，"语义引申是一种语言现象，借字表音则是用文字记录语言的一种方法，二者有本质的不同"[3]。引申与假借应该区分开来，但段玉裁有时把引申义说成假借义，有时又把假借义说成引申义，有时还"引申""假借"连言，术语的使用较为混乱，概念的界限模糊不清。

（1）误以引申为假借

引申和假借相混淆的源头在许慎的假借释例，《说文叙》云："假借者，本无其字，依声托事。令长是也。"许慎所举的假借例字"令""长"，其实是语义引申，而不是借字表音。受此影响，古人往往混同语义引申和借字表音，把引申包括在假借里。如段玉裁注云："托者，寄也，谓依傍同声而寄于此。则凡事物之无字者，皆得有所寄而有字。如汉人谓县令曰令长，县万户以上为令，

---

［1］ 王宁《训诂学原理》，中国国际广播出版社，1996 年，第 54 页。

［2］ 裘锡圭《文字学概要》（修订本），商务印书馆，2013 年，第 174 页。

［3］ 裘锡圭《文字学概要》（修订本），商务印书馆，2013 年，第 107 页；另参蒋绍愚《说"引申假借"》，《国学研究》第 26 卷，北京大学出版社，2010 年。

减万户为长。令之本义，发号也。长之本义，久远也。县令、县长本无字，而由发号、久远之义引申展转而为之，是谓假借。"又如《说文》中的"西""朋""来""子""乌""韦"等，从今天的观点来看，都属于造字的假借，即本无其字的假借，但许慎在说解字义时，将假借义和本义牵扯上关系。段玉裁在"来"字下注中谓"引伸之义行而本义废"，而"韦"字下注则谓"假借专行而本义废"，同时又说许慎对这六个字的字义说解"发明假借之法"，"皆言假借之恉"。

从今天的术语界定来看，《段注》中提到的"假借"外延较广，所指较泛，包括本无其字的假借、本有其字的假借、同源通用以及词义引申等。[1] 如：

《田部》："畿，天子千里地，以逮近言之[2]，则言畿。"段注："许言以逮近言之则曰畿者，谓畿冣近天子，故称畿。畿与近合音冣切。古惟王畿偁畿，甸服外无偁畿者。至周，而侯、甸、男、采、卫、蛮、夷、镇、藩皆曰畿，直以其递相傅近转移叚借名之，非古也。"

《内部》："禽，走兽总名。"段注："《释鸟》曰：'二足而羽谓之禽，四足而毛谓之兽。'许不同者，其字从厹，厹为兽迹，鸟迹不云厹也。然则仓颉造字之本意，谓四足而走者明矣。以名毛属者名羽属，此乃偁谓之转移叚借。及其久也，遂为羽属之定名矣。"

按，"畿"本指王畿，即天子直接管辖之地，后来也指王畿之

---

[1] 《巾部》"帅"字下注云："六书惟同音叚借之用冣广。"据此可知，在段玉裁看来，假借不限于同音假借。
[2] 大徐本作"以远近言之"，段玉裁依小徐本改。

外的九畿，这可以看作词义的扩大。[1] "禽"由走兽总名而转指
鸟类[2]，这可以看作词义的转移。二者属于词义发展演变的两种
现象，但段玉裁均归为假借。[3]

《段注》中有四十余处"引申假借"连言，其中既包括有意义
关系的引申，也包括没有意义关系的假借。前者如《羽部》："翔，
回飞也。"段注："《曲礼》：'室中不翔。'郑曰：'行而张拱曰
翔。'此引伸假借也。"行走时张开两臂，像鸟张开翅膀，这是典
型的比喻引申。后者如《水部》："淰，浊也。"段注："《礼运》
曰：'龙以为畜，故鱼鲔不淰。'注：'淰之言闪也。'凡云之言者，
皆假其音以得其义。盖浊其本义，闪其引伸假借之义也。"孔颖达
谓"淰，水中惊走也"，可见跟本义没有关系。按照今人的标准和
界定，四十余处"引申假借"中绝大多数是引申，真正的假借只
是少数几例。

（2）误以假借为引申

《段注》中也有不少把假借义说成引申义的情况。假借与引申
二者有时并不容易区分清楚，在某些情况下可能存在被借字的意

---

[1] 章太炎谓"引申则凡有界限者曰畿"。见章太炎讲授，朱希祖、钱玄同、周树
人记录，陆宗达、章念驰顾问，王宁主持整理《章太炎说文解字授课笔记
（缩印本）》，中华书局，2010年，第572页。

[2] 章太炎谓"因从厹，故训兽之总名，后乃别为飞禽矣"。见章太炎讲授，朱希
祖、钱玄同、周树人记录，陆宗达、章念驰顾问，王宁主持整理《章太炎说文
解字授课笔记（缩印本）》，中华书局，2010年，第604页。

[3] 此外还有形近假借，《疋部》："疋，亦以为足字"段注："此则以形相似而段
借，变例也。"《中部》"中"字下注云："至于古文以中为艸字，以疋为足字，
以丂为亏字，以伎为训字，以臬为泽字，此则非属依声，或因形近相借，无容
后人效尤者也。……言段借必依声托事，中、艸音类远隔，古文段借尚属偶
尔，今则更不当尔也。"段玉裁认为形近假借是一种特殊、例外的情况，与
"依声托事"的假借是不同的。

义跟假借义有联系的现象。[1] 但通常情况下，被借字跟借它来表示的词在意义上应该没有联系。如：

> 《肉部》："胥，蟹醢也。"段注："蟹者多足之物，引伸假借为相与之义。《释诂》曰：'胥，皆也。'又曰：'胥，相也。'"

按：徐灏《注笺》："相胥之义仍［乃］假借，非引申也。相胥犹言相待。胥、须古字通。"章太炎认为，"假为相。《诗·绵》'聿来胥宇'，'聿来相宇'也，鱼模与阳庚对转"，"引申为'相与'之谊，非胥训相与，乃相之借。训视、训辅，亦相之借，引申谊也"。[2] 又如：

> 《火部》："烈，火猛也。"段注："……引伸为光也，业也。又《方言》曰：'余也。'按，烈训余者，盛则必尽，尽则必有所余也。"

按：徐灏《注笺》："《尔雅·释诂》曰：'烈，业也。'此以功烈为事业，而训为业也。又曰：'烈、栵，余也。'谓火爇之余也。皆非引申。栵、烈声相转。栵为伐木之余，故火爇之余谓之烈矣。"郝懿行《尔雅义疏》："烈者，'裂'之假音也。《说文》云：'裂，缯余也。'《玉篇》云：'㤠，帛余也。'《广雅》云：'㓼，余也。''㓼、㤠'并与'裂'同。通作'烈'。"又如：

> 《日部》："昆，同也。"段注："《夏小正》：'昆小虫。'传曰：'昆者，众也。由魂（由同犹）。魂也者，动也，小虫动也。'《王制》：'昆虫未蛰。'郑曰：'昆，明也。明虫者，

---

[1] 参看裘锡圭《文字学概要》（修订本），商务印书馆，2013 年，第 182—185 页。

[2] 章太炎讲授，朱希祖、钱玄同、周树人记录，陆宗达、章念驰顾问，王宁主持整理《章太炎说文解字授课笔记（缩印本）》，中华书局，2010 年，第 182 页。

得阳而生，得阴而藏。'以上数说兼之而义乃备。惟明斯动，动斯众，众斯同。同而或先或后，是以昆义或为先，如昆弟是也；或为后，如'昆命元龟'，《释言》'昆，后也'是也。"

按：徐灏《注笺》："段说支离穿凿，不可为训。昆之本义为同，与《手部》掍同义，假借为昆蟲字耳。昆弟之昆本作𦥛，古与昆通也。"章太炎亦谓"昆蟲之昆当作蜫，昆弟当作𦥛"，"《尔雅》：'昆，后也。'此字为何字之假借尚未知"。[1] 又《小学答问》："问曰：《说文》：'昆，同也。'《尔雅》训后，又言晜孙者，晜本晜弟，今亦训后，此何字也？答曰：字当为卵。古声卵如贯，贯、昆同音，若琨亦作瓗也。鱼子谓之鰥（俗作鲲），亦借鰥字为之，其始皆由卵孳乳。移以言人，子姓曰后昆，又远谓之晜孙。"[2] 又如：

《𢆶部》："籋，穷治辠人也。"段注："籋与穷一语之转，故以穷治罪人释籋。引申为凡穷之偁。……《蓼莪》传曰：'养也。'养与穷相反而成，如乱可训治，徂可训存，苦可训快。"

按：徐灏《注笺》："段说皆是，惟以籋为穷之反义，非也。籋养谓籋裹抚养之，因之训为养耳。籋即踘籋字之通借，亦非讹也。""籋"字下《注笺》曰："戴氏侗曰：籋之义有为曲者，为穷者，皆以其声通也。故曲躬为籋躬。母之怀子，伛偻任之，亦谓之籋。《诗》曰：'父兮生我，母兮鞠我。'皆取曲籋之义。"故知

---

[1]　章太炎讲授，朱希祖、钱玄同、周树人记录，陆宗达、章念驰顾问，王宁主持整理《章太炎说文解字授课笔记（缩印本）》，中华书局，2010 年，第 285 页。

[2]　上海人民出版社编，蒋礼鸿、殷孟伦、殷焕先点校《章太炎全集：新方言·岭外三州语·文始·小学答问·说文部首均语·新出三体石经考》，上海人民出版社，2014 年，第 484 页。

训养之"鞠"是同音借用字，与训穷之"籍（鞠）"记录的不是同一个词，它们的反义并不是共词的反义。[1] 再如：

> 《心部》："惈，忈性也。一曰谨重皃。"段注："此义之相反而相成者也。急则易迟，《列子》：'讓惈庱谇。'注：'惈，吃也。'"

按：桂馥《义证》云："本书'苟，自急救也。'惈、苟声相近。"据此，则训"谨重皃"之"惈"是"苟"的借字，与"忈性"之"惈"记录的也不是同一个词。

2. 引申理据的商榷

段玉裁在说明意义之间存在引申关系的同时，不少情况下还会说明引申的理据，而且往往切中肯綮，精辟入里，但也存在一些不甚合理的理据解释，后人对此多有商榷，这里举三则为例。如：

> 《臣部》："臧，善也。"段注："凡物善者必隐于内也。以从艸之藏为臧匿字，始于汉末，改易经典，不可从也。又赃（赃）私字，古亦用臧。"

按：徐灏《注笺》："盖臧本收藏之义，从臣与仆同义，守臧者也。凡藏匿、赃（赃）私、臟（脏）腑，皆其引申。臧有善守义，故又训为善也。"章太炎认为："《说文》训善，当非本义。《庄子》之'臧穀'亦称'臧获'，此是本训，奴婢也，故从臣。

---

[1]《尔雅·释言》："鞠，生也。"郝懿行《义疏》谓"通作'育'"，"又通作'毓'"。马瑞辰《传笺通释》亦谓"鞠即育字之同音假借"。此又一说。

（奴曰臧，婢曰获。）古人臧获（奴隶可卖）即财产，故引申为府藏，再引申为藏匿，为赃（赃）。其训善者，因其人有藏也，与贤字从贝其义正同。"[1] 又如：

> 《蒦部》："蒦，规蒦，商也。……一曰：蒦，度也。蒦，蒦或从寻，寻亦度也。《楚辞》曰：'求矩蒦之所同。'" 段注："度，徒故切。《汉·志》曰：'寸者，忖也。尺者，蒦也。'故蒦为五度之度。鸟飞起止多有中度者，故雉、蒦皆训度。度高广皆曰雉。"

按：徐灏《注笺》："规蒦者，商度之辞，故引申之义为度。后加寻旁为矩蒦字。今本《楚辞》作矱，王逸曰：'矱，度也。'按，从寻、从矢皆法度也。段以为鸟飞起止中度，失之迂矣。"章太炎谓"放鹰捉兽，由臂商度以取准，故引申为规蒦"，"'度也'之训即'商也'之引申"。[2] 再如：

> 《木部》："荣，桐木也。一曰屋楣之两头起者为荣。" 段注："《士冠礼》《乡饮酒礼》皆云'东荣'，郑曰：'荣，屋翼也。'韦注《甘泉赋》同。楣，楣也。楣，齐谓之檐，楚谓之楣。檐之两头轩起为荣，故引伸凡扬起为荣，卑污为辱。"

按：徐灏《注笺》："凡艸木之华皆谓之荣，而桐得专其名者，以其华而不实也。俗称华桐即荣桐也。荣之引申为凡华美之偁，因之凡贵重者皆曰荣，而荣辱之义生焉。段以为檐轩起之引申，

---

[1] 章太炎讲授，朱希祖、钱玄同、周树人记录，陆宗达、章念驰顾问，王宁主持整理《章太炎说文解字授课笔记（缩印本）》，中华书局，2010 年，第136 页。

[2] 章太炎讲授，朱希祖、钱玄同、周树人记录，陆宗达、章念驰顾问，王宁主持整理《章太炎说文解字授课笔记（缩印本）》，中华书局，2010 年，第161 页。

似未确。据《丧大记》云'升自东荣''降自西北荣',《上林赋》云'暴于南荣',然则屋栭通谓之荣,亦不专指东西两头轩起者而言。"章太炎谓"荣华之荣乃花之义","荣辱之荣由荣华而借,非段注所谓扬起也"。[1]

附 《说文段注》 与核心义研究

段玉裁在训诂实践中,已经注意到多义词的各个意义之间的内在关联,即有一个核心的、一以贯之的抽象意义,并每每加以揭示,这种抽象意义可以称为核心义。在词义研究模式上,核心义研究与引申研究有所不同,引申研究主要采取两两关联的模式[2],而核心义研究则采取"以线串珠"的模式。引申研究本身包含历时的维度,涉及两个义项的先后关系,但孰先孰后有时并不容易确定。核心义研究则以泛时性原则为主,将多义词的义项看作词义历时演变在共时平面的积淀,避免了对引申先后关系做无据揣测。两种词义研究模式可以互补,更全面地揭示词义运动的内部规律。《段注》中对多义词义项之间的联系多有论及,而且进行了较为科学的抽绎和归纳,得出了颇为精辟的结论,"在很大程度上揭示了词语的核心义,是我们在词汇语义学方法指导下研

---

[1] 章太炎讲授,朱希祖、钱玄同、周树人记录,陆宗达、章念驰顾问,王宁主持整理《章太炎说文解字授课笔记(缩印本)》,中华书局,2010 年,第240 页。

[2] 如《壬部》:"徵(征),召也。"段注:"征者,证也,验也。有证验斯有感召,有感召而事以成,故《士昏礼》注、《礼运》注又曰:'征,成也。'依文各解,义则相通。"就是典型的两两关联。

究词语核心义的阶梯与津梁"[1]。下面主要依据《段注》中标示核心义的用语加以举例说明。[2]

其一，《段注》中常见"凡……曰""凡……皆曰""凡……皆谓之"等用语，其中相当一部分是在提示多义词的核心义。如：

> 《门部》："关，以木横持门户也。"段注："引申之，《周礼》注曰：'关，界上之门。'又引申之，凡曰关闭，曰机关，曰关白，曰关藏，皆是。凡立乎此而交彼曰关。《毛诗》传曰：'关关，和声也。'又曰：'间关，设辖皃。'皆于音得义者也。"

> 《弓部》："弯，持弓关矢也。"段注："凡两相交曰关，如以木横持两扉也。矢栝隈于弦，而镝出弓背外，是两耑相交也。"

按："关"的本义指门闩，即闭门的横木，其所具有的抽象特征正是段玉裁所概括的"立乎此而交彼"或"两相交"，这一抽象特征义贯串和统摄关闭、机关、关白、关藏等引申义，因此可以看作"关"的核心义。又如：

> 《木部》："相，省视也。从目木。"段注："按，目接物曰相，故凡彼此交接皆曰相。其交接而扶助者，则为相瞽之相，古无平、去之别也。《旱麓》[3]《桑柔》毛传云：'相，质也。'质谓物之质与物相接者也。此亦引伸之义。"

---

[1] 王云路、王诚《汉语词汇核心义研究》，北京大学出版社，2014年，第25页。
[2] 王云路对段玉裁与汉语词汇核心义的研究有过专门论述，详参王云路《段玉裁与汉语词汇核心义研究》，《华中国学》总第六卷，华中科技大学出版社，2016年。
[3] 《旱麓》当作《棫朴》。

按："相"字会以目视木之意，本义是省视、察看，故为"目接物"，段玉裁从中抽象出"彼此交接"之义，其实就是"相"的核心义，可以统摄各个引申义。又如：

《𨸏部》："除，殿陛也。"段注："殿谓宫殿，殿陛谓之除。因之凡去旧更新皆曰除，取拾级更易之义也。"

按："除"本指台阶，段玉裁从"拾级更易"抽象出"去旧更新"之义，这可以看作"除"的核心义。《诗·小雅·天保》"何福不除"，朱熹《集传》："除，除旧生新也。"[1]《文选·颜延之〈秋胡诗〉》"日月方向除"，李善注引《诗》毛苌曰："除陈生新曰除。"《汉书·景帝纪》"初除之官"注引如淳曰："凡言除者，除故官就新官也。"《梦溪笔谈》卷四："除拜官职，谓除其旧籍，不然也。除，犹易也，以新易旧曰除，如新旧岁之交谓之岁除。《易》：'除戎器，戒不虞。'以新易弊，所以备不虞也。阶谓之除者，自下而上，亦更易之义。""除"的拜官授职义就是"去旧更新"。而"除"的常用义除去、清除，则侧重于"去旧"的一面。再如：

《𨸏部》："际，壁会也。"段注："两墙相合之缝也。引申之，凡两合皆曰际。际取壁之两合，犹闉取门之两合也。《诗·菀柳》郑笺：'瘵，接也。'此谓叚瘵为际。"

《𨸏部》："隙，壁际也。"段注："《左传》曰：'墙之隙坏，谁之咎也。'际自分而合言之，隙自合而分言之。引申之，凡坼裂皆曰隙。又引申之，凡闉空皆曰隙。叚借以郤为之。"

---

[1]　"何福不除"的"除"各家说解多歧，此仅引一说。

按：根据段玉裁的分析可知，"际"与"隙"的核心义是相对立的：一为"两合"，一为"坼裂"；一为"自分而合"，一为"自合而分"。许慎用"际"作"隙"的主训词，但不以"际"和"隙"为互训，显然注意到二者虽然词义相关，但并不同义，只是未能明确指出"际"与"隙"的差异。《段注》通过故训、文献用例以及引申义等更多的材料，采用类似区别性特征的形式辨析了二者词义内涵的不同。

其二，《段注》中出现的"包之""括之""晐之""无不赅"等用语，多表示核心义统摄多义词的诸义项，如：

《丨部》："中，内也。"段注："《入部》曰：'内者，入也。入者，内也。'然则中者，别于外之辞也，别于偏之辞也，亦合宜之辞也。作内，则此字平声、去声之义无不赅矣。"

《采部》："释，解也。"段注："《广韵》曰：'舍也，解也，散也，消也，废也，服也。'按，其实一'解'字足以包之。"

《比部》："比，密也。"段注："今韵平上去入四声皆录此字。要密义足以括之，其本义谓相亲密，余义俌也、及也、次也、校也、例也、类也、频也、择善而从之也、阿党也，皆其所引伸。"

《广部》："廉，仄也。"段注："此与广为对文，谓偪仄也。廉之言敛也，堂之边曰廉。……堂边有隅、有棱，故曰：'廉，廉隅也。'又曰：'廉，棱也。'引伸之为清也、俭也、严利也。许以'仄'晐之，仄者，坼屵陵阶之谓。今之筭法谓边曰廉，谓角曰隅。"

　　按：上述五例中的《说文》训释词多表性状，较为抽象概括，义域即词义适用的范围较广，因此，从某种角度说，本义就是核心义，可以贯串和统摄相关的引申义。而下面两例则需要从本义中抽象概括出核心义：

　　　　《马部》："笃，马行顿迟也。"段注："……《释诂》曰：'笃，固也。'又曰：'笃，厚也。'《毛诗·椒聊》《大明》《公刘》传皆曰：'笃，厚也。'凡经传笃字，'固''厚'二训足包之。"

　　　　《攴部》："数，计也。'段注："又引伸之义、分析之音甚多，大约速与密二义可包之。"

　　按："笃"的《说文》训释体现形义统一的原则，段玉裁从《尔雅》、毛传中确定"固""厚"为"笃"的抽象特征义，亦即核心义。许慎用动词"计"训释"数"，是因为"数"从攴，段玉裁则从"数"的诸多引申义中概括出"速""密"两个抽象特征义。"速"是从时间角度而言，"密"是从空间角度而言，时间的快速与空间的稠密二者意义往往相通。[1]

　　其三，《段注》用"随文解之""依文立义"指出同字异训、同词异训的情况，同时说明在不同语境中产生的指向具体的使用义可以由核心义贯串和统括，如：

　　　　《攴部》："彻，通也。"段注："《孟子》曰：'彻者，彻也。'郑注《论语》曰：'彻，通也。为天下通法也。'按，《诗》：'彻彼桑土。'传曰：'裂也。''彻我墙屋。'曰：'毁

---

[1]　参见陆宗达、王宁《训诂方法论》，中华书局，2018年，第151—152页。

也。''天命不彻。'曰:'道也。''彻我疆土。'曰:'治也。'[1] 各随文解之。而'通'字可以隐栝。"

按:戴侗《六书故》曰:"敽疑自为字,从支从鬲,屏去釜鬲,彻馔之义也。徹(彻)从彳敽声,鬲讹为育耳。……彻从彳,本言道路之通彻,故凡通彻者皆曰彻。""彻"的甲骨文字形从丑(通又,象手形)从鬲,会食毕撤去食具之意。《孟子·滕文公上》:"周人百亩而彻,其实皆什一也。彻者,彻也。"焦循《正义》:"《论语·颜渊篇》'盍彻乎',郑注云:'周法什一而税谓之彻。彻,通也,为天下之通法。'""彻""达"同源,核心义为穿通、通彻。《左传·成公十六年》:"潘尪之党与养由基蹲甲而射之,彻七札焉。"杜注:"彻,达也。"《庄子·外物》:"目彻为明,耳彻为聪。"成疏:"彻,通也。"不过,《段注》所引《诗经》诸例有待辨析,《诗·豳风·鸱鸮》:"迨天之未阴雨,彻彼桑土,绸缪牖户。"毛传:"彻,剥也。"《诗·小雅·十月之交》"彻我墙屋",郑笺:"乃反彻毁我墙屋。"二者的本字当为"劙",《力部》:"劙,发也。"段注:"引申为凡发去之偁。劙与彻义别:彻者,通也;劙谓除去。若《礼》之'有司彻''客彻重席',《诗》之'彻我墙屋',其字皆当作劙,不训通也。或作撤,乃劙之俗也。"又,《诗·小雅·十月之交》"天命不彻",毛传:"彻,道也。"《尔雅·释训》:"不彻,不道也。"郝懿行《义疏》:"彻之言辙,有轨辙可循。《释文》'彻,直列反',则读如辙。"又如:

《䀎部》:"䀎,ナ又视也。"段注:"凡《诗·齐风》《唐

---

[1] 《段注》引"彻彼桑土"毛传有误,"彻我墙屋""彻我疆土"无传,段所引乃郑笺之义。

风》、《礼记·檀弓》《曾子问》《杂记》《玉藻》，或言瞿，或
言瞿瞿。盖皆䀦之假借。瞿行而䀦废矣。[1]……若毛传，于
《齐》曰'瞿瞿，无守之皃'，于《唐》曰'瞿瞿然顾礼义
也'。各依文立义，而为惊遽之状则一。"

按：桂馥《义证》："左右视也者，本书'惧'古文作'愳'，
馥谓心惧则左右顾也。"徐灏《注笺》："左右视者，惊顾之状。
《瞿部》曰：'矍，举目惊矍然也。'音义皆与'䀦'相近。"马瑞
辰《毛诗传笺通释》："'狂夫瞿瞿'，传：'瞿瞿，无守之貌。'瑞
辰按：《说文》：'瞿，鹰隼之视也。'非诗意。瞿瞿盖䀦䀦之假借。
《说文》：'䀦，大又视也。……'又：'矍，举目惊矍然也。'又：
'趯，走顾貌。'音义并与䀦䀦相近。《荀子·非十二子》'瞿瞿
然'，杨倞注：'瞿瞿，瞪视之貌。'亦当为䀦䀦之假借。凡人自惊
顾皆曰䀦䀦，借作瞿瞿，故《唐风》言良士之顾礼义曰'瞿瞿'，
此诗言狂夫之无守亦曰'瞿瞿'。"[2] 综上，"䀦""惧（愳）"
"矍""瞿""趯"同源。段玉裁、马瑞辰谓"瞿"是"䀦"之假
借，亦不甚确，其实"䀦""瞿"可以看作同源通用，惊遽、惊顾
是其核心义。

◇**扩展阅读**

陆宗达、王宁《训诂方法论》，中华书局，2018 年。
马景仑《段注训诂研究》，江苏教育出版社，1997 年。

---

[1]　不过，"矍"字下注云："《诗·齐风》'狂夫瞿瞿'，传曰：'无守之皃。'《唐
风》'良士瞿瞿'，传曰：'瞿瞿然顾礼义也。'亦当作矍矍。"则认为"瞿"
是"矍"之假借。
[2]　马瑞辰撰，陈金生点校《毛诗传笺通释》，中华书局，1989 年，第 301 页。

宋永培《〈说文〉与训诂研究论集》，商务印书馆，2013 年。

张联荣《古汉语词义论》，北京大学出版社，2007 年。

◇思考题

试分析下面几条《段注》和《注笺》关于词义引申的材料，比较段玉裁与徐灏的不同观点，并谈谈你的看法：

《疒部》："瘥，瘉也。"段注："通作差。凡等差字皆引伸于瘥。"徐灏《注笺》："段谓差与瘥通，是也。其云'等差字皆引申于瘥'，则大谬。……灏按：差，过也，失也。病瘉曰差，犹言瘉疾若失也，又言病去体也。"

《疒部》："瘉，病瘳也。"段注："凡训胜、训贤之愈，皆引伸于瘉。"

《疒部》："瘦，减也。"段注："减亦谓病减于常也。凡盛衰字引伸于瘦，凡等衰字亦引伸于瘦。凡《丧服》曰衰者，谓其有等衰也，皆瘦之叚借。"徐灏《注笺》："段谓盛衰、等衰皆瘦之引申，《丧服》之衰亦瘦之假借，殊误。造字先有衰而后有瘦，衰安得反从瘦引申假借乎。《丧服》之衰借艸雨衣之衰为之，盛衰、等衰乃衰之引申耳。"

《衣部》："衰，艸雨衣。"段注："以艸为雨衣，必层次编之，故引伸为等衰。"徐灏《注笺》："衰本象艸雨衣之形，假借为衰经字。……衰经有轻重之分，故因之为等衰，段以为雨衣层次之引申，亦非。"

第六讲 《说文段注》与词汇学研究

传统训诂学的内容颇广，涵盖了词义解释、句读分析、语法修辞以及章句之学等诸多方面。虽然"训诂学研究的对象不仅仅是词汇，但它是以词汇的研究为中心的"[1]，因此，训诂学和词汇学有着密切的关系。从词汇学的视角来看，《段注》中有极为丰富的词汇研究材料，蕴含着有关词汇理论的诸多精辟见解。[2] 段玉裁对包括同义词、同源词、联绵词等在内的词汇学重要课题有深入研究，既能在共时平面类聚相关词汇，在词汇系统中进行综合比较，又能从历时维度考察词汇的发展演变，呈现古今之异同。段玉裁在词汇研究方面的理论、方法和成果，"不但在当时的'小学'研究中达到了最高的水平，就是对于今天的汉语史和汉语词汇学的研究，也不无一定的参考价值"[3]。因此，《段注》中关于词汇学的理论与实践有待我们去整理、归纳和总结。前人已经做了很多工作，不过，可以进一步开掘的内容仍然不少。本讲结合前人研究，从五个方面对段玉裁的词汇学研究略做论述。

［1］ 蒋绍愚《古汉语词汇纲要》，商务印书馆，2005年，第1页。

［2］ 参看苏宝荣《论段玉裁〈说文解字注〉的词汇研究》，《词汇学与辞书学研究》，商务印书馆，2008年，第202—244页。

［3］ 郭在贻《〈说文段注〉与汉语词汇研究》，《郭在贻文集》（第一卷），中华书局，2002年，第298页。

一 同义词辨析

王力曾说："段氏于同义词的辨析，非常精到。这是段注的精彩部分之一。很少小学家能做到这一点。"[1] 郭在贻也说："时代的局限，使段氏辨析词义的工作不可能具有现代词汇学那样的严密性和系统性，但他的深透的考察，缜密的思辨，以及辨析方法的多样化，在当时的历史条件下，无疑是难能可贵的"，"段玉裁对于词义辨析的工作是做得致密而全面的，其方法也颇有可取之处"。[2]

关于同义词的定义，王力指出："所谓同义，是说这个词的某一意义和那个词的某一意义相同，不是说这个词的所有意义和那个词的所有意义都相同。"[3] 蒋绍愚也认为："一个词包括若干义位，所谓'同义'，是指一个或几个义位相同，而不可能是各个义位都相同。正因为如此，所以同一个词可以出现在几个同义词系列中。"[4] 如《网部》："罚，辠之小者。"段注："辠，犯法也。罚为犯法之小者，刑为罚辠之重者。五罚轻于五刑。"许慎把"罚"和"辠"视为同义词，并从大小的角度做了辨析。据《说文》，则"罚"的本义是过错、罪行，在这个义位上和"辠"同义。不过，文献用例中作本义解的"罚"较少见，如《左传·成公二年》："贪色为淫，淫为大罚。""大罚"可理解为大罪。《国

---

[1] 王力《中国语言学史》，中华书局，2013年，第115页。
[2] 郭在贻《〈说文段注〉与汉语词汇研究》，《郭在贻文集》（第一卷），中华书局，2002年，第303、313页。
[3] 王力《同源字典》，商务印书馆，1982年，第24页。
[4] 蒋绍愚《古汉语词汇纲要》，商务印书馆，2005年，第94—95页。

语·周语上》："国之不臧，则惟余一人是有逸罚。"韦昭注："逸，过也。罚，犹罪也。国俗之不善，则惟余一人是有过也。言其罪当在我也。""罚"更多的是指刑罚或处罚，如《论语·为政》"齐之以刑"何晏《集解》："马曰：齐整之以刑罚。"刘宝楠《正义》："罚本小辠，制之以法，故亦曰罚。"在刑罚义和处罚义上，"罚"和"刑"是同义词，《井部》："荆（刑），罚辠也。"

同时，需要说明的是，"'同义词'并非指两个词的意义完全等同。如果两个词的意义完全等同，就叫作'等义词'"，"在词义相同的程度上，'等义词——一般同义词—近义词'是一个连续统"[1]，"如果对'同义词'作广义的理解，那么'近义词'也可以认为是同义词的一种"[2]。段玉裁用"散文（或单言）"和"对文（或并言）"、"浑言（或统言、统名、统辞、泛言）"和"析言（或分析言之、别言、专言、别词）"[3] 等术语所讨论的同义词[4]，应该视为处于"同义词—近义词"的连续统之中，它们的词义相同程度是不一样的。而且从现代词汇学和语义学的角度来看，同义词是一个相当复杂的问题，《段注》所说的"浑言""析言"包含多种具体情况。[5]

同义词之间的差别是多方面的，同义辨析并非比较词义的所有方面，关键在于抓住主要矛盾，也就是选准角度，切中要害。

---

[1] 蒋绍愚《汉语历史词汇学概要》，商务印书馆，2016年，第258页。
[2] 蒋绍愚《古汉语词汇纲要》，商务印书馆，2005年，第109页。
[3] 钟明立编有"段注'浑言''析言'类同义词词目表（190组）"，见钟明立《段注同义词考论》，中国文联出版社，2002年，第213—222页。
[4] 关于段注术语"散文""对文"与"浑言""析言"的异同及关系，参看马景仑《段注训诂研究》，江苏教育出版社，1997年，第138—145页。
[5] 参看蒋绍愚《古汉语词汇纲要》，商务印书馆，2005年，第94—124页；《汉语历史词汇学概要》，商务印书馆，2016年，第248—278页。

下面列举数例：

《水部》："浇，沃也。"段注："沃为浇之大，浇为沃之细，故不类厕。"

《土部》："坟，墓也。"段注："此浑言之也。析言之，则墓为平处，坟为高处。"又："墓，丘墓也。"段注："……丘自其高言，墓自其平言，浑言之则曰丘墓也。"

《竹部》："籧，籧篨，粗竹席也。"段注："按，此云粗者，与上筵簟别言之。筵簟，其精者也。"

《皃部》："皃，颂仪也。"段注："颂者，今之容字。必言仪者，谓颂之仪度可皃象也。凡容言其内，皃言其外。"

《勹部》："匈，膺也。"段注："膺自其外言之，无不当也；匈自其中言之，无不容也。"

《石部》："碎，糳也。"段注："碎者，破也。糳者，破之甚也。义少别而可互训。"

《似部》："聚，会也。"段注："《公羊传》曰：'会犹冣也。'注云：'冣，聚也。'按，《冖部》曰：'冣，积也。'积以物言，聚以人言，其义通也。"

《卧部》："卧，伏也。"段注："卧与寝异，寝于床，……卧于几，故曰伏。"

按："浇"与"沃"是大小之别；"坟"与"墓"是高低之别；"籧篨"与"筵、簟"是粗细之别；"颂（容）"与"皃（貌）"、"匈（胸）"与"膺"是内外之别；"碎"与"糳"的程度有别；"积"与"聚"的对象有别；"卧"与"寝（寝）"的处所有别。

在不少情况下，辨析一对同义词可以选取的角度并非唯一。一方面，同义词之间可能会有多个关键性的差异点，如《欠部》：

"冻，仌也。"段注："初凝曰仌，仌壮曰冻。又于水曰冰，于他物曰冻。故《月令》曰：'水始冰，地始冻。'"另一方面，各家对于词义差异的表述或有不同，如《雨部》："霖，天气下，地不应曰霖。"段注："《开元占经》引郗萌曰：'在天为濛，在人为雾；日月不见为濛，前后人不相见为雾。'按，霖与霡之别，以郗所言为确。许以霖系天气，以霡系地气，亦分别井然。大氐霖下、霡上，霡湿、霖干，霡读如务、霖读如蒙，霡之或体作雾、霖之或体作蒙，不可乱也。"

同义词是词汇学的重要课题，同时，证同义与辨义差是训诂考证和训释的重要工作。《段注》对同义词的辨析，受到不少当代前辈学者的关注，已经有颇为丰富的研究成果，有的从词义考证和训释的角度出发，有的借助词汇学和语义学的视角加以审视，其中既有对相关材料的全面归纳和整理，也有细致的分析和中肯的评论，为我们的学习和研究提供了很大便利。在前人已有成果的基础上，我们可以从不同的角度出发，深入研读《段注》中同义辨析的材料。这里仅从参证文献和故训、词源意义的比较两个方面试做说明。

1. 参证文献和故训

郭在贻指出，"许慎已经做了一些同义词的辨析工作"，"段氏能够揭示许书之微旨并予以阐发"。[1] 也就是说，段玉裁对许慎

---

[1] 郭在贻《〈说文段注〉与汉语词汇研究》，《郭在贻文集》（第一卷），中华书局，2002 年，第 303 页。

的训释做了进一步的考证，为同义词的义值差异提供了更多可资参考的文献用例和佐证材料。例如，《肉部》："胂，夹脊肉也。脢，背肉也。"在列字顺序上，"胂""脢"先后相次，《广韵·真韵》："胂，脢也。"可知二字具有同义关系，主训词都是"肉"，义值差不一样。段玉裁对二者的差异做了辨析：

> "胂"字下注云："《易·艮》：'九三，艮其限，裂其夤。'马云：'夤，夹脊肉也。'虞亦云：'夤，脊肉。'王弼云：'当中脊之肉也。'按，《夕部》：'夤，敬惕也。'《周易》假为胂，故三家注云尔。"

> "脢"字下注云："《咸》：'九五，咸其脢。'子夏《易传》云：'在脊曰脢。'马云：'脢，背也。'郑云：'脢，背脊肉也。'虞云：'夹脊肉也。'按，诸家之言，不若许分析憭然。胂为迫吕之肉，脢为全背之肉也。"

按："胂"在《易经》中作"夤"，《段注》引汉魏经师的训释来佐证《说文》。同时，段玉裁罗列了注《易》诸家的训释，认为《说文》的训释对二字义值差的分析最为明了，同时进一步阐释了"胂""脢"之别，用"迫吕"解释"夹脊"，并强调"背肉"之"背"指全背。又如：

> 《口部》："嗁，号也。"段注："号，各本作'號'，今正。号下曰：'痛声也。'此可证嗁号与嘑（呼）號不同字也。[1] 号，痛声，哭，哀声，痛在内，哀形于外，此嗁与哭之别也。《丧大记》：'始卒，主人啼，兄弟哭，妇人哭踊。'

---

[1]《号部》："号，痛声也。"段注："号，嗁也。凡嗁号字古作号。《口部》曰：'嗁，号也。'今字则號行而号废矣。"

　　注：'悲哀有深浅也。若婴儿中路失母，能勿啼乎？'按，郑
　　用《杂记》语也。嚡俗作'啼'。"

　　按：段玉裁依据《说文》"號""号"有别，对"嚡"的训释
词做了校改，并指出"嚡"与"哭"作为同义词，一为痛声，一
为哀声。汉唐注疏对于"嚡"与"哭"的区别已有辨析，《礼记·
丧大记》"主人啼，兄弟哭"，孔疏："主人，孝子男子女子也。亲
始死，孝子哀痛呜咽不能哭，如婴儿失母，故啼也。……有声曰
哭，兄弟情比主人为轻，故哭有声也。"《仪礼·既夕礼》："主人
啼，兄弟哭。"郑注："哀有甚有否。"贾疏："啼即泣也。《檀弓》
云高柴'泣血三年'，注云：'言泣，无声，如血出。'则啼是哀之
甚，发声则气竭，而息之声不委曲，若往而不反。对齐衰以下，
直哭无啼，是其否也。"在这些材料的基础上，段玉裁对许慎所谓
的"痛声"与"哀声"做了概括性的区辨和阐释，指出"痛在内，
哀形于外"，认为痛是深层的哀，浓稠至极，无法抒泄。又如：

　　《厂部》："厎，柔石也。"段注："柔石，石之精细者。郑
　　注《禹贡》曰：'厉，摩刀刃石也，精者曰砥。'《尚书大
　　传》：'其桷，天子斲其材而砻之，加密石焉。'注曰：'砻，
　　厉之也。密石，砥之也。'按，厎者，砥之正字。"

　　《厂部》："厉[1]，旱石也。"徐锴《系传》："旱石，麤
　　悍石也。"段注："旱石者，刚于柔石者也。《禹贡》：'厉砥砮
　　丹。'《大雅》：'取厉取锻。'……凡砥厉字作砺。"

　　按：据许慎的训释，"厎"是质地细腻的磨刀石，"厉"则是
粗磨刀石。《石部》："砮，礛也。天子之桷，椓而砮之。"段注：

――――――――――

[1] "厲（厉）"，段玉裁改作"厤"。

"《尚书大传》曰:'椳,天子斸其材而砻之,加密石焉,大夫达棱,士首本,庶人到加。'郑云:'砻,砺之也。密石,砥之也。棱,棱也。'……韦注《晋语》亦云:'先粗砻之,加以密砥。'是可证厉、底之分粝细矣。"段玉裁征引故训佐证《说文》"厉""底"之别。再如:

> 《肉部》:"胳,亦下也。"段注:"亦、腋古今字。《亦部》曰:'人之臂亦也。'两厷迫于身者,谓之亦;亦下谓之胳,又谓之胠,身之迫于两厷者也。《深衣》曰:'胳之高下,可以运肘。'注:'肘不能不出入。胳,衣袂当腋之缝也。'按,衣袂当胳之缝,亦谓之胳,俗作袼。"

> 《肉部》:"胠,亦下也。"段注:"《玉藻》说袂二尺二寸,袪尺二寸,袪,袂末也。袪与胠同音,然则胳谓迫于厷者,胠谓迫于臂者。……《广雅》:'胠,胁也。'未若许说之明析。"

按:"胳""胠"同义相次,段玉裁通过考证,发掘同训词之间意义的细微差别。所谓"迫于厷"与"迫于臂"的区别,可以参考《说文句读》,王筠曰:"(胠)与胳同训而不转注,盖略分高下矣。故《广雅》曰:'胠,胁也。'浑言之也。"也就是说,从析言的角度看,"胳"与"胠"有位置高下的差异。《厷部》:"厷,臂上也。"《肉部》:"臂,手上也。"段注:"《又部》曰:'厷,臂上也。'此皆析言之。亦下云:'人之臂亦。'浑言之也。浑言则厷、臂互俪。"从析言来说,"厷"即"肱",一般指胳膊上从肩到肘的部分,"臂"可以指整个从肩到腕的部分。"胳"与"胠"浑言都指腋下,但析言则分别对应于"厷"和"臂",也就是说,位置上"胳"高"胠"下。段玉裁以《礼记·深衣》和《玉藻》为文献例证，谓"胳"俗作"袼"，"胲"和"祛"同音，"袼"是袖与衣襟相连处[1]，"祛"则指袖口[2]，据此认为"胳谓迫于太者，胲谓迫于臂者"，即二者略分高下。[3]

2. 词源意义的比较

同义词和同源词虽然有一定的关联，但二者是不同的概念，同义词的词汇意义相同，而同源词的词源意义相同。词源意义决定同义词之间相同义项的细微差别，因此，考求并比较同义词各自的词源意义是同义词辨析的根本方法。[4] 段玉裁虽然没有明确提出词源意义的概念，但《段注》在同义辨析中其实已涉及对词源意义的考求。如：

> 《言部》："论，议也。"段注："论以仑会意。《厶部》曰：'仑，思也。'《侖部》曰：'仑，理也。'此非两义。思如《玉部》'鰓理自外，可以知中'之鰓。《灵台》：'於论鼓钟。'毛曰：'论，思也。'此正许所本。《诗》'於论'正仑之假借。凡言语循其理得其宜谓之论，故孔门师弟子之言谓之《论语》。……《王制》'凡制五刑，必即天论'，《周易》

[1]　陈澔《礼记集说》引刘氏曰："袼，袖与衣接，当腋下缝合处也。"
[2]　《诗·郑风·遵大路》："遵大路兮，掺执子之祛兮。"毛传："祛，袂也。"孔疏："《丧服》云：'袂属幅，祛尺二寸。'则袂是祛之本，祛为袂之末。《唐·羔裘》传云：'祛，袂末。'则袂、祛不同。此云'祛，袂'者，以祛、袂俱是衣袖，本末别耳。"朱骏声《通训定声》："析言之则袂口曰祛，统言之则祛亦曰袂也。"
[3]　不过，《肉部》："胁，两膀也。"段注："《广雅》曰：'膀、胲、胞，胁也。'按，许无胞字，胲下云'亦下'者，析言之，不与《广雅》同也。膀言其前，胲言旁迫于肷者。"此则浑言。
[4]　参看王宁主编《训诂学》（第2版），高等教育出版社，2010年，第164页。

'君子以经论'，《中庸》'经论天下之大经'，皆谓言之有伦有脊者。许云'论者，议也'，'议者，语也'，似未尽。"

《言部》："议，语也。"段注："按，许说未尽。议者，谊也。谊者，人所宜也。言得其宜之谓议。至于《诗》言'出入风议'，《孟子》言'处士横议'，而天下乱矣。"

按："论"是声符示源的形声字，仑声含条理、次序之义，故段玉裁谓"言语循其理得其宜谓之论"，侧重指条分缕析，"论"是有条理的分析和推理。[1] 段玉裁将"议"和"谊""宜"系联在一起，认为"议"源于"宜"，即合适、相称，也就是说，"议"是"宜"的派生词[2]。徐锴《系传》："议，定事之宜也。"因此，"一事当前评论得失，何者合于义、何者不合于义，何者合时宜、何者不合时宜叫'议'"[3]。《庄子·齐物论》"六合之内，圣人论而不议"，可以理解为只做分析论述而不做价值评判。[4] 段玉裁说《说文》"论"和"议"的训释"似未尽"，就是说许慎未能从词源的角度对二者做深入的辨析。

当然，《说文》的一些训释对词源意义已有说明，或者有所提示，段玉裁在此基础上做进一步的阐发，如：

《土部》："墉，城垣也。从土，庸声。𤎥，古文墉。"段注："《皇矣》：'以伐崇墉。'传曰：'墉，城也。'《崧高》：'以作尔庸。'传曰：'庸，城也。'庸、墉古今字也。城者，

---

[1]　《论衡·对作》："论者，述之次也。"《论语·序》何晏集解："论，……理也、次也。"

[2]　参看孙玉文《汉语变调构词考辨》，商务印书馆，2015年，第1221页。

[3]　王凤阳《古辞辨》（增订本），中华书局，2011年，第780页。

[4]　参看冯胜利《乾嘉之学的理论发明（一）——段玉裁〈说文解字注〉语言文字学理论阐微》，《民俗典籍文字研究》第23辑，商务印书馆，2019年。

言其中之盛受；墉者，言其外之墙垣具也。毛统言之，许析言之也。……此云'古文墉'者，盖古读如庸，秦以后读如郭。"

《土部》："城，以盛民也。"段注："言盛者，如黍稷之在器中也。"

按：段玉裁辨析"城"与"墉"，指出二者有内外之别。"'城'既可指环围的城墙，也可以包括城所环围的地方"[1]，"墉"则只指环围的城墙，这从词源上可以得到解释。《说文》以"盛"为"城"的声训，"城"和"盛"同源，词源义是容纳，故《段注》云"城者，言其中之盛受"。"墉"可以和"䡊""郭""廓""椁"等系联[2]，词源义是外层，《释名·释宫室》："郭，廓也，廓落在城外也。"故《段注》云"墉者，言其外之墙垣具也"。[3]

同时，由于《释名》更多地用声训的方式探求事物命名的由来和理据，因此段玉裁常征引和借助《释名》来分析词源意义，如：

《木部》："栋，极也。"段注："极者，谓屋至高之处。《系辞》曰：'上栋下宇。'五架之屋，正中曰栋。《释名》

———————

[1] 王凤阳《古辞辨》（增订本），中华书局，2011 年，第 427 页。

[2] 章太炎谓"墉"出于"䡊（郭）"："《世本》言鲧作城郭，则仓颉时未有其制，然内有宫寝，外有险塞，其垣墉皆郭也。古文墉直作䡊，是为墙垣通名。一读入东，则变易为墉，《说文》亦训城垣，《释宫》则云'墙谓之墉'，宫寝有守，亦自得作两亭。引伸为恢郭之义，其所孳乳不系于城。于丧纪之具为椁，葬有木郭也。"见上海人民出版社编，蒋礼鸿、殷孟伦、殷焕先点校《章太炎全集：新方言·岭外三州语·文始·小学答问·说文部首均语·新出三体石经考》，上海人民出版社，2014 年，第 313 页。

[3] 王凤阳则认为："'墉'与'邕''拥'同源，它是环绕于四周的起拥蔽作用的高墙。在环绕义上'墉'和'垣'相通，在高峻障蔽义上它和'墙'相通。……为保卫城邑而修筑的高墙也叫'墉'，这种'墉'就是城垣、城墙了，所以《说文》说'墉，城也'。"见王凤阳《古辞辨》（增订本），中华书局，2011 年，第 223 页。

曰：'栋，中也。居屋之中。'"

《瓦部》："甍，屋栋也。"段注："栋者，极也，屋之高处也。……栋自屋中言之，故从木。甍自屋表言之，故从瓦。……《释名》曰：'甍，蒙也。在上覆蒙屋也。'"

按：段玉裁对于"栋"与"甍"的辨析，主要依据《释名》的声训和推源。《广雅·释宫》："甍谓之甋。"《疏证》引程易畴《通艺录》云："甍者，蒙也。凡屋通以瓦蒙之曰甍，故其字从瓦。《晋语》：'譬之如室，既镇其甍矣，又何加焉。'谓盖构既成，镇之为甍，则不复有所加矣。若以'甍'为'屋极'，则当施榱桷、覆茅瓦，安得云'无所加'？《左传》：'庆舍援庙桷而动于甍。'则'甍'为覆桷之瓦可知。言其多力，引一桷而屋宇为之动也。"王念孙认为"易畴谓'以瓦覆屋曰甍'与内、外《传》皆合，确不可易"。[1] 故知"甍"其实就是覆栋之瓦，因为栋和瓦彼此相关，所以"屋栋"也称"甍"。[2] 又如：

《日部》："暑，热也。"段注："暑与热，浑言则一，故许以热训暑；析言则二，故《大雅》：'温隆蟲蟲。'毛云'温温而暑，隆隆而雷，蟲蟲而热'也。暑之义主谓湿，热之义主谓燥，故溽暑谓湿暑也。《释名》曰：'暑，煮也。如水煮物也。热，蒸也。如火所烧蒸也。'"

按：段玉裁辨析"暑"与"热"，主要依据也是《释名》的声训和推源。一方面，先秦文献中多见"暑雨"，《史记》《汉书》中有"暑湿"一词，此外，《水部》："溽，溽暑，湿暑也。"段

---

[1] 王念孙撰，张靖伟等校点《广雅疏证》，上海古籍出版社，2018 年，第 1067—1068 页。

[2] 参看王凤阳《古辞辨》（增订本），中华书局，2011 年，第 215 页。

注："暑言下湿，热言上燥也。"另一方面，《墨子》中有"热旱"
"火热"，《庄子》言"大旱金石流土山焦而不热"，此外，《火
部》："熇，火热也。"段注："《大雅·板》传曰：'熇熇然炽盛
也。'"《火部》："燂，火热也。"段注："《广雅》：'燂，煗也。'
《考工记·弓人》：'挢角欲孰于火而无燂。'注云：'燂，炙烂
也。'"皆其证。

《段注》中还有一些对同义词的辨析，并未给出充分的依据和
具体的论证，但可以从词源意义的角度得到一定的解释，如：

> 《土部》："垣，墙也。"段注："此云'垣者，墙也'，浑
> 言之。墙下曰'垣蔽也'，析言之。垣蔽者，墙又为垣之蔽
> 也。垣自其大言之，墙自其高言之。"

按：《段注》谓"垣自其大言之"，可能是把"垣"和"亘"
"宣"系联在一起，从"宣""亘"得声之字多有大义[1]。《大
部》："亘，奢亘也。"段注："今经传都无亘字，有'桓'字。《商
颂·长发》传曰：'桓，大也。拨，治也。'笺云：'广大其政治。'
此可以证桓即亘之叚借字。《檀弓》'桓楹'注亦云'大楹'。《周
礼》'桓圭'同解。《周书·谥法》：'辟土服远曰桓。辟土兼国曰
桓。'皆是大义。"同时，亘声的"宣"也有侈大义[2]。当然，
《段注》对于"垣"与"墙"的辨析也有可商之处[3]，并不完全

---

[1] 参看董志翘《传统训诂之典范古籍整理之利器——重读段玉裁〈说文解字
注〉》，《古籍整理研究学刊》2015 年第 6 期。
[2] 王引之《经义述闻·毛诗·谓我宣骄》："昭二十九年《左传》'广而不宣'，
宣与广义相因。宣者，侈大之意。……《易林·需之萃》曰：'大口宣舌。'
《大有之蛊》曰：'大口宣唇。'又《小畜之噬嗑》'方喙广口'，《井之恒》作
'方喙宣口'，是宣为侈大。"
[3] "墙自其高言之"，未知何据。徐灏《注笺》："其谓垣以大言，墙以高言，则
通。亘者，回旋也。墙与舟樯同义，皆言其高也。"

准确。王凤阳指出："段玉裁《说文》注'垣自其大言之，墙自其高言之'：一般说来这是对的，但不是要害所在。从词源看，'垣'来自'圆' '圜'，它的侧重之点在于围绕不在于高低。……'墙'来自于'障'，是从遮蔽、阻碍作用命名的。……'墙'起障蔽作用，所以高矮成为关键因素；'垣'起拱卫作用，所以大小成为要素。"[1] 又如：

> 《口部》："啾，小儿声也。"段注："《三年问》：'啁噍之颂。'此假噍为啾也。"

> 《口部》："喤，小儿声。"段注："啾谓小儿小声，喤谓小儿大声也。如《离骚》'鸣玉鸾之啾啾'，《诗》'钟鼓喤喤''喤喤厥声'，则泛谓小声大声。"

按："啾""喤"相次，而且同训，段玉裁指出二者有大小之别，其实是对它们词源意义的说明。"啾"可以和"摮""齌""糗""䎬""瘕"等系联起来，这些同源词含有因收束、敛缩而小之义。[2] "喤"从皇声，《王部》："皇，大也。"《诗·小雅·斯干》："其泣喤喤"，朱熹《集传》："喤喤，大声也。"再如：

---

[1] 王凤阳《古辞辨》（增订本），中华书局，2011 年，第 223 页。

[2] 《广雅·释诂二》："摮，小也。"王念孙《疏证》："《乡饮酒义》'秋之为言愁也'，郑注云：'愁，读为揫。揫，敛也。'《汉书·律历志》云：'秋，齌也。物齌敛乃成孰。'《说文》云：'齌，收束也。从韦糗声。或从手秋声作揫。'又云：'糗，小也。''糗'训为小，'齌''揫'训为敛。物敛则小，故《方言》云：'敛物而细谓之揫。''揫''齌''糗'并声近义同。《说文》：'啾，小儿声也。'字亦作'噍'。《三年问》云：'小者至于燕雀，犹有啁噍之顷焉。'《吕氏春秋·求人篇》：'啁噍巢于林，不过一枝。'高诱注云：'啁噍，小鸟也。'《方言》云：'鸡雏，徐鲁之间谓之䎬子。''揫''啾''䎬'并音即由反，义亦同也。"又《释诂三》："瘕，缩也。"《疏证》："瘕者，《众经音义》卷十五引《通俗文》云：'缩小曰瘕。'《淮南子·天文训》'月死而嬴蚌膲'，高诱注云：'膲，肉不满也。'《太平御览》引此'膲'作'瘕'，又引许慎注云：'瘕，减蹙也。'今俗语犹谓物不伸曰瘕矣。"

《口部》："呻，吟也。"段注："按，呻者，吟之舒；吟者，呻之急。浑言则不别也。"

按：《口部》："吟，呻也。"徐锴《系传》："呻，声引气也。"《素问·阴阳应象大论》"在声为呻"，张志聪《集注》："呻者，伸也。"《文始·阳声真部乙》谓"呻"出于"申"："（申）变易为伸，屈伸也。……于气为呻，吟也。此既引气，亦重言也。"[1]由此可以理解《段注》所谓"呻者，吟之舒"。至于"吟者，呻之急"，段玉裁盖以今声和金声相通，"吟"在文献中有作"唫"者。[2] 王凤阳据《段注》指出："'呻'和'吟'都是拖长声音，只是'吟'较'呻'为短而已，所以口吃也用'吟'或'唫'。"[3] 从金声之字有急义，《口部》："唫，口急也。"《手部》："捦，急持衣裣也。"《走部》："赺，低头疾行也。"所谓"口急"，朱骏声《通训定声》："唫，谊与'吃'略同。"桂馥《义证》："《后汉书·梁冀传》'口吟舌言'，吟当为唫，谓口紧语吃。"

———————————

[1]　上海人民出版社编，蒋礼鸿、殷孟伦、殷焕先点校《章太炎全集：新方言·岭外三州语·文始·小学答问·说文部首均语·新出三体石经考》，上海人民出版社，2014年，第273—274页。

[2]　如《诗·大雅·板》毛传："殿屎，呻吟也。"《释文》："吟，本又作唫，同。"《礼记·檀弓下》郑注："叹，吟息。"《释文》："吟，本或作唫。"不过，邵瑛《说文解字群经正字》云："《释文》征引别本不能无讹字，……于《檀弓》云'吟，本或作唫'，于《诗·板》云'吟，本又作唫，同'，但事征引，不加纠正，且以为同，则大误矣。……此《太玄》'唫首'、《素问》'呿唫'之'唫'，与吟咏之'吟'迥异。"裘锡圭也指出："'今'大概是'吟'（噤）的初文，本义是闭口不作声（《史记·淮阴侯传》：'虽有舜、禹之智，吟而不言，不如瘖聋之指麾也。'这种'吟'字，音义跟呻吟之'吟'不同。"见裘锡圭《文字学概要》（修订本），商务印书馆，2013年，第139页。

[3]　王凤阳《古辞辨》（增订本），中华书局，2011年，第759页。

二 同源词研究

汉语词源是训诂学的重要课题。中国古代的词源研究，即传统字源学，是词义学的一个组成部分。秦汉时期的训诂家已经开始用声训的形式探讨词源，宋代学者提出"右文说"，关注同声符字的共同意义，清代的小学研究以"因声求义"为训诂的重要方法，并臻于系统化、理论化[1]，因而能够打破形体局限，不再拘泥于声符的字形而着重在它的声音。[2] 段玉裁、王念孙等冲破了以往文字学重形不重音的藩篱，"这是训诂学上的革命"，"把训诂学推进到崭新的一个历史阶段"。[3] 不过，《说文》是运用六书分析汉字的专著，文字的形体是说解的重要方面，因此，段玉裁的同源词研究在较大程度上依赖于声符，较多地采用"右文"的形式。

段玉裁对于形音义的关系有准确、深入的认识，提出"文字之始作也，有义而后有音，有音而后有形，音必先乎形"[4]，就是说声音和意义在语言中早已结合。《说文叙》注云："学者之识字，必审形以知音，审音以知义。"同时，段玉裁在为王念孙《广雅疏证》作的序中也说："圣人之制字，有义而后有音，有音而后有形。学者之考字，因形以得其音，因音以得其义。"因此，形音义三者互相求是段玉裁的重要研究方法。一方面，他运用《六书

---

[1] 如阮元认为"义以音生，字从音造"（见《揅经室集》），戴震提出"故训声音，相为表里"（见《六书音均表·序》）。
[2] 陆宗达、王宁《训诂与训诂学》，山西教育出版社，1994 年，第 356 页。
[3] 王力《中国语言学史》，中华书局，2013 年，第 160 页。
[4] 见《土部》"坤"字下注。

音均表》中的古音研究成果来探讨词与词的关系和义与义的关系；另一方面，他也通过汉字形体来研究词音和词义，对"右文说"做了进一步的推阐。相对于从王念孙、王引之以后出现的只重音不重形的极端，段玉裁的研究可以说是形音并重，借用章太炎的话来说，就是"形体声类，更相扶胥"（《文始·叙例》）。当然，这与段玉裁的研究对象《说文》材料的性质也有关系。下面按汉语词源研究的历史发展阶段，从声训、右文说到音近义通理论，即声训、声符示源和声符相通三个方面[1]，对《段注》中的相关材料和段玉裁的同源词研究略做阐述。

1. 同声相训

声训是用与被训释词音近义通的词来训释，也就是用同源词来显示被训词的词义特点即词源意义。[2] 声训是汉语词源研究的最初形式，在先秦时期就已出现，汉代以后更是蔚然成风。在分析许书的说解体例部分已经提及，《说文》训释中有相当一部分属于声训。首先揭示《说文》声训现象的是段玉裁，《段注》每每指出《说文》训释词和被训释词之间存在双声或叠韵的关系。[3] 如"天，颠也""门，闻也""户，护也""尾，微也""髮，拔也"等都是以直训形式出现的声训，其中便含有对被训释词词源的探讨。同时，义界中也存在声训，如《示部》："禜，设绵蕝为营，

---

[1] 从共时角度来说，声训中既包含以同声符字相训，也包含以音同或音近但声符不同的字相训。
[2] 参见王宁《训诂学原理》，中国国际广播出版社，1996 年，第 105 页。
[3] 参看崔枢华《说文解字声训研究》，北京师范大学出版社，2000 年，第 13—14 页。

以禳风雨雪霜水旱厉疫于日月星辰山川也。"段注:"凡环帀为营。禜、营叠韵。""禜"是"营"的派生词。段玉裁对声训的特点有细致的分析,如:

> 《一部》"天"字下注云:"凡言'元,始也''天,颠也''丕,大也''吏,治人者也',皆于六书为转注,而微有差别。元、始可互言之,天、颠不可倒言之。盖求义则转移皆是,举物则定名难假。"

按:由于声训通常是用一个同源词作训释词来显示被训释词的词源义,因此,训释词和被训释词在很多情况下并非一般意义上的同义词,二者一般不能像互训词那样互言、倒言。所谓"求义则转移皆是,举物则定名难假",是说声训的被训词和训释词所指的具体事物不同,即作为名称不能颠倒互训,但二者是同源的关系,虽然物类或事类转移变化,但其词源义即得义之由是相同的。

运用古音学成果,在深入研究音义关系的基础上,段玉裁不但阐明《说文》本有的声训,而且征引前人声训、拓展声训材料,以补证许说,对《说文》义训做进一步的说明和推阐。"之言"是汉代郑玄注经常用到的训诂术语,是声训的标志,《段注》中常用这个术语来标示声训。[1] 如:

---

[1] 《石部》"礦"字下注云:"凡云'之言'者,皆就其双声叠韵以得其转注假借之用。"《心部》"慊"字下注云:"凡云'之言'者,皆就字之本音本义而转之。"《水部》"淰"字下注云:"凡云'之言'者,皆假其音以得其义。"《手部》"拓"字下注云:"云'之言'者,见其义本不同也。"《卯部》"卯"字下注云:"凡汉注云'之言'者,皆谓其转注假借之用。"由此可见,段玉裁将"之言"这个术语的作用概括为训释词义和标示假借,当然,其中最为常见的是声训。关于"之言"的运用情况,详参马景仑《段注训诂研究》,江苏教育出版社,1997 年,第 281—291 页。

《示部》："祼，灌祭也。"段注："《诗》毛传曰：'祼，灌鬯也。'《周礼》注曰：'祼之言灌，灌以郁鬯。谓始献尸求神时，周人先求诸阴也。'……注两言祼之言灌。凡云'之言'者，皆通其音义以为诂训，非如'读为'之易其字，'读如'之定其音。如：载师，'载之言事'；族师，'师之言帅'；襢衣，'襢之言亶'；葽柳，'柳之言聚'；副编次，'副之言覆'；禋祀，'禋之言煙'；廾人，'廾之言矿'，皆是。"

《水部》："演，长流也。"段注："演之言引也，故为长远之流。"

按："祼"和"灌"同源。[1] 段玉裁将"之言"界说为"通其音义以为诂训"，就是说"之言"的前后两个词音近义通。许慎用义界的方式训释"演"，"流"是主训词，"长"是义值差，段玉裁进一步用声训解释长义的由来。[2] 其实，这个声训在汉代较为常见，如《汉书·五行志下之上》"土演而民用也"注引应劭、《文选·马融〈长笛赋〉》"摇演其山"李善注引贾逵，又《司马迁〈报任安书〉》"盖文王拘而演周易"李善注引《苍颉篇》皆曰："演，引也。"另，《释名·释姿容》："引，演也，使演广也。"

由于音同音近的字很多，声训带有一定程度的主观随意性，容易流于穿凿附会，因而双声或叠韵的训释词与被训释词之间不一定具有同源关系。如《又部》："父，巨也。家长率教者。从又举杖。"段注："以叠韵释之。"大徐本"巨"作"矩"。"父"和

---

[1] 参见王力《同源字典》，商务印书馆，1982 年，第 552 页。
[2] 《尔雅·释诂上》："引，长也。"

"巨""矩",一为唇音,一为牙音,二者没有同源关系。[1]《白虎通·三纲六纪》:"父者,矩也。以法度教子。"盖为许慎所本。

沈兼士将古代的声训分为两类:一类是泛声训,即泛用一切同音或音近之字相训释;另一类是同声母字相训释。[2] 前者虽然可以脱离字形的束缚,但随之而来的是较大的主观性,后者借助汉字形声孳乳的客观线索,以及同声符形声字之间的系统制约,可以在一定程度上克服声训的主观之弊。[3]《段注》中的声训以"同声母字相训释"者居多,而且其中多半是可信的,为后代的词源研究所参考和吸纳,如:

> 《言部》:"诽,谤也。"段注:"诽之言非也,言非其实。"

按:"诽"的源词是"非",王力指出:"'非'是不对,'诽'是认为不对,故得同源。"[4]"诽"字本作"非",如《荀子·解蔽》:"百姓怨非而不用。"杨倞注:"非,或为诽。"《韩非子·安危》"有愚智而无非誉",王先慎《集解》:"非,读为诽。"《汉书·鼂错传》"非谤不治",颜师古注:"非,读曰诽。"又如:

> 《氐部》:"氐,至也。"段注:"氐之言抵也。"

> 《口部》:"呈,平也。从口,壬声。"段注:"壬之言挺也,故训平。"

> 《手部》:"搭,缝指搭也。"段注:"搭之言重沓也。"

---

[1] 郭沫若《甲骨文字研究》云:"父乃斧之初字。石器时代,男子持石斧以事操作,故孳乳为父母之父。"

[2] 参看沈兼士《沈兼士学术论文集》,中华书局,1986年,第82页。

[3] 参看陈晓强《形声字声符示源功能研究》,上海古籍出版社,2021年,第26页。

[4] 王力《同源字典》,商务印书馆,1982年,第407页。

《马部》："驾，马在轭中也。"段注："驾之言以车加于马也。"

《手部》："擎，固也。"段注："擎之言坚也，紧也，谓手持之固也。"

《糸部》："绐，丝劳即绐。"段注："丝劳敝则为绐。绐之言怠也，如人之券怠然。"

《食部》："餫，野馈曰餫。"段注："餫之言運（运）也，远词也。……餫为运粮。"

《水部》："渎，沟也。"段注："渎之言窦也。凡水所行之孔曰渎。小大皆得称渎。"

《马部》："騞，马突也。"段注："騞之言悍也。"

《土部》："墼，尘埃也。"段注："墼之言翳也。"

《肉部》："胫，胻也。"段注："厀下踝上曰胫。胫之言茎也，如茎之载物。"

上述例子中包括沈兼士所分的"以形声字释声母""以声母释形声字"和"以同从一声母之谐声字相训释"三种类型。

此外，《段注》还有一些声训，虽然不是同声符字相训释，但其实也是由同声符字归纳而来，如：

《车部》："輯，軶軥也。"段注："軶軥之异名曰輯也。輯之言围也，下围马颈也。"

按：段玉裁以"围"为"輯"的源词。"輯"从军声，《车部》："军，圜围也。"段注："于字形得圜义，于字音得围义。凡浑、輯、煇等军声之字皆兼取其义。"《日部》："晕，光也。"段注："军者，圜围也。""军""围"同源。又如：

《言部》："讥，诽也。"段注："讥、诽叠韵。讥之言微也，以微言相摩切也。"

按："讥""诽"微部叠韵，亦为声训。段玉裁可能认为"诽"并不能直接揭示"讥"的词源，因而从"讥"的声符入手。《幺部》："幾（几），微也。"所以说"讥之言微也"，"讥"从言几声，故为"微言"。杨树达指出："段氏似以讥讽为义，故云'以微言相摩切'，其说非是。"他通过归纳认为"几声字有微小之义"，"几又有少不足之义"，认为"讥从言从几者，谓言其微少不足，故为诽也"。[1]　其实也是从几声入手探讨"讥"的词源，只是解释的角度与段玉裁有所不同。

2. 声符示源

正因为段玉裁"面对的材料首先是文字而不是词，所以他的同源词研究多数表现为右文说的形式"[2]，也就是说，《段注》较多地关注声符的示源功能，"即声符显示形声字所记录的词的源义素的作用"[3]。声训主要是对同源词的两两系联，而"右文说"则是系联一组同声符字，它们往往是同源词。如《齿部》："齮，齿坚声。"段注："《石部》曰：'硈，石坚也。'皆于吉声知之。"《黑部》："黠，坚黑也。"段注："黑之坚者也。《石部》曰：'硈，石坚也。'亦吉声也。"就是说由声符"吉"可知"齮""黠""硈"有坚义。

沈兼士在《右文说在训诂学上之沿革及其推阐》一文中指出：

［1］　杨树达《积微居小学述林》，中华书局，1983 年，第 22 页。

［2］　黄易青《上古汉语同源词意义系统研究》，商务印书馆，2007 年，第 12 页。

［3］　李国英《小篆形声字研究》，北京师范大学出版社，1996 年，第 31 页。

"段玉裁注《说文》，倡'以声为义'之说，以为古人先有声音而后有文字，是故九千字之中从某为声必同是某义。"[1] 并且列表辑录《段注》中根据"右文"说明词义的材料，共有六十八条，于此可见段玉裁对于右文的发凡起例。同时，对其中不同形式的说明语做了分类[2]：

（1）《金部》："鏓，一曰大凿中木也。"段注："今按，中读去声，许正谓大凿入木曰鏓。……囱者多孔，蔥（葱）者空中，聰（聪）者耳顺，义皆相类。凡字之义必得诸字之声者如此。"

沈兼士云："此谓一切形声字皆兼会意。"

（2）《日部》："晤，明也。"段注："晤者，启之明也。《心部》之悟、《寤部》之寤皆训觉，觉亦明也。同声之义必相近。"

沈兼士云："此谓形声字声母[3]同者义必通。"

（3）《玉部》："玑，珠不圜者。"段注："凡经传沂鄂谓之几，门橜谓之机，故珠不圜之字从几。"《木部》："枼，楄也。枼，薄也。"段注："凡木片之薄者谓之枼，故葉牒鰈箂偞等字皆用以会意。《广韵》：'偞，轻薄美好皃。'"

沈兼士云："此推本诸形声字有此义者，由于声母之有此义。"

（4）《女部》："娠，女妊身动也。"段注："凡从辰之字皆有动意，震、振是也。"《衣部》："禯，衣厚皃。"段注："凡農声之字皆训厚。醲，酒厚也；浓，露多也；禯，衣厚

---

[1]　沈兼士《沈兼士学术论文集》，中华书局，1986年，第86页。
[2]　参见沈兼士《沈兼士学术论文集》，中华书局，1986年，第94—95页。
[3]　所谓"声母"即形声字的声符。

皃也。"

沈兼士云："此谓从某声者皆有相类之义而不推本其是否出于声母之义。"

（5）《火部》："烡，盛火也。"段注："凡言盛之字从多。"《金部》："锽，钟声也。"段注："皇，大也。故声之大，字多从皇。"

沈兼士云："此谓表示某义之形声字大抵从某声，逆言之也。"

（6）《言部》："靳，悲声也。"段注："斯，析也。澌，水索也。凡同声多同义。"

沈兼士云："此言'多'不云'皆''必'等全称肯定之辞，意谓亦有例外也。"

沈兼士指出："第一类、第二类、第四类、第五类均滥用全称肯定之辞，似与实际不尽相符。不如第六类云'多'为较妥。第三类深原立论，斯为正轨。"也就是说，右文或声符示源的研究，不能只凭有限的例证，就用"凡""皆""必"等做出全称肯定判断，他认为段玉裁的缺点"在于仅随意举例，往往以偏该全，尚少归纳之精神"。[1]

不过，《段注》为后人研究声符示源提供了丰富的材料，在一定程度上分析了词义的内部结构，从同声符的同源字中概括、揭示出词源意义。如：

《力部》："力，筋也。象人筋之形。"段注："象其条理也。人之理曰力，故木之理曰朸，地之理曰阞，水之理

[1] 参见沈兼士《沈兼士学术论文集》，中华书局，1986年，第95页。

曰洌。"

　　《水部》："洌，水之理也。"段注："《𨸏部》曰：'阞，地
理也。从𨸏。'《木部》曰：'朸，木之理也。从木。'然则洌训
'水之理，从水'无疑矣。……水理如地理、木理可寻，其字
皆从力。力者，人身之理也。"

　　《𨸏部》："阞，地理也。"段注："《考工记》曰：'凡沟逆
地阞，谓之不行。'注云：'沟谓造沟，阞谓脉理。'按，力
者，筋也。筋有脉络可寻，故凡有理之字皆从力。阞者，地
理也。朸者，木理也。洌者，水理也。《手部》有扐，亦
同意。"

按：段玉裁实际上是用两分法对"力""朸""阞""洌"的
意义内部结构做了分析。借鉴义素分析法，这一组同源词的意义
关系可以用公式表示为/类义素/+/源义素/[1]：

力=/人身/+/理/

朸=/木/+/理/

阞=/地/+/理/

洌=/水/+/理/

由此可知它们的词源意义是理。又如：

　　《禾部》："穅，谷之皮也。康，穅或省作。"段注："穅之
言空也，空其中以含米也。"

　　《欠部》："歉，饥虚也。"段注："饥者，饿也。溓者，水
之虚。廉者，屋之虚。歉者，饿腹之虚。"

　　《水部》："溓，水虚也。"段注："《尔雅音义》引作'水

---

[1]　参见王宁《训诂学原理》，中国国际广播出版社，1996年，第150页。

之空也'，盖许用释《尔雅》旧说，故为分别之词。《释诂》曰：'漮，虚也。'虚，师古引作'空'。康者，谷皮中空之谓，故从康之字，皆训为虚。歉下曰：'饥虚也。'㝩下曰：'屋㝩㝗也。'《诗》：'酌彼康爵。'笺云：'康，虚也。'《方言》曰：'㝩，空也。'《长门赋》'㯟梁'，虚梁也。《急就篇》颜注曰：'輚谓舆中空处，所用载物也。'水之空，谓水之中心有空处。"[1]

按：《说文》"康"是"穅"的省形或体，段玉裁指出"穅"的词源意义是空，从康声的"漮""㝩""歉"的语义内部结构也可以分析为类义素和源义素两个部分。又如：

《辰部》："辰，水之衺流别也。从反永。"段注："流别者，一水岐分之谓。……流别则其势必衺行，故曰'衺流别'。辰与《水部》派音义皆同，派盖后出耳。"

《辰部》："衇，血理分衺行体中者。从辰，从血。脈，衇或从肉。"段注："不入《血部》者，重辰也。辰亦声。"

《糸部》："纸，㲳丝也。"段注："㲳，分离也。水之衺流别曰辰，别水曰派，血理之分曰衇，散丝曰纸。《广韵》曰：'未缉麻也。'"

按："派""衇""纸"皆从辰声，据段玉裁的解释，则三者共同的源义素是分别、分散，均取由主干歧分而出、相互分离之意，"派"表水流之歧分，"衇"表血管的歧分，"纸"表丝麻的歧分。再如：

---

[1] 沈兼士认为："'水之中心有空处'理不可通。盖水性就下，地之坎陷处常湿，故漮字从水。"见沈兼士《沈兼士学术论文集》，中华书局，1986年，第92页。

《衣部》："裻，敝衣。"段注："袽者，敝衣；帗者，敝巾；絮者，敝絮。各依所从而解之。《易·既济》：'六四，繻有衣袽。'虞翻曰：'袽，败衣也。'然则袽即裻字。"

《巾部》："帗，一曰币巾。"段注："币（币）当为'敝'，字之误也。如《衣部》裻为敝衣，《糸部》裻为敝絮。虞翻注《易》曰：'袽，败衣也。'卢氏曰：'袽者，残币帛可拂拭器物也。'音义皆略同。"

《糸部》："絮，敝绵也。"段注："绵者，联敝也，因以为絮之偶。敝者，败衣也，因以为埶之偶。敝绵，埶绵也，是之谓絮。"

按："敝衣"指破败的衣服，"敝巾"指破旧的巾，"敝絮"指陈旧的丝绵。朱骏声《通训定声》："好者为绵，恶者为絮。"《急就篇》卷二"绛缇絓紬丝絮绵"颜师古注："渍茧擘之精者为绵，粗者为絮；今则谓新者为绵，故者为絮。""袽""帗""絮"皆从如声，三者的源义素是敝坏、陈旧。

3. 声符相通

在古音学昌明的条件下，清人在右文说的基础上摆脱了形体的拘限，提出"因声求义"的理论方法。[1]　虽然《段注》涉及的同源词以声符示源为主，但这并不意味着段玉裁的词源研究只停留在右文说的水平，事实上他真正重视的是音和义之间的密切

---

[1]　如王念孙提出"就古音以求古义，引申触类，不限形体"（《广雅疏证·自序》）。

关系，而声符只是提示古音的线索。比如《示部》"禛"字下注云"声与义同原，故龤声之偏旁多与字义相近"，《金部》"鍐"字下注云"凡字之义必得诸字之声"，《糸部》"繀"字下注云"此声义之皆相倚者也"，这里的"声"显然指的是声符之音，而非声符之形。[1]

沈兼士针对右文说的局限，指出声符相通的现象："复有同一义象之语，而所用之声母颇歧别者。盖文字孳乳，多由音衍，形体异同，未可执着。故音素同而音符虽异亦得相通，如'与''余''予'之右文均有宽缓义，'今''禁'之右文均有含蕴义。岂徒同音，声转亦然，'尼'声字有止义，'刃'声字亦有止义（刃字古亦在泥母），如'伲''呢''忍''妮''轫'是也。'虋'声字有赤义（虋古音如门），'㒼'声字亦有赤义，如'璊''稇''毹'是也。如此之类，为右文中最繁复困难之点，傥忽诸不顾，非离其宗，即绝其脉，而语势流衍之经界慢矣。诸家多取同声母字以为之说，未为彻底之论也。"[2] 事实上，段玉裁已经认识到声音相同相近的不同声符可以标示相同的词源，上述今声和禁声、虋声和㒼声等例即见于《段注》。如：

《衣部》："袷，交衽也。"段注："按，袷之字一变为衿，再变为襟，字一耳。……凡金声、今声之字，皆有禁制之义。"

按：《厂部》："厔，石地也。"段注："厔者，坚闭之意。"《牛

---

[1] 《象部》"象"字下，段玉裁说明"象""易"的假借："然像字未制以前，想像之义已起。故《周易》用象为想像之义，如用易为简易、变易之义，皆于声得义，非于字形得义也。"这里的"声"就相当于"音"。

[2] 沈兼士《沈兼士学术论文集》，中华书局，1986年，第121页。

部》：“牸，牛舌病也。”段注：“舌病则嗋闭不成声。”《口部》：
“嗋，口闭也。”段注：“《史·淮阴侯传》：‘虽有舜禹之智，吟而
不言。’此假吟为嗋也，吟、嗋义相似。”《口部》：“唫，口急
也。”王筠《句读》：“俗云牙关紧也。”《吕氏春秋·重言》“君呿
而不唫”，高诱注：“唫，闭也。”《墨子·亲士》“远臣则唫”，孙
诒让《间诂》引毕沅云：“唫，与嗋音义同。”《衣部》：“紟，衣
系也。”段注：“凡结带皆曰紟。”《释名·释衣服》：“紟，亦禁
也。禁使不得解散也。”《广雅·释器》“其紟谓之綦”，王念孙
《疏证》：“紟之言禁也，屦系谓之紟，衣系谓之紟，佩系谓之紟，
其义一也。”《手部》：“捦，急持衣捦也。擒，捦或从禁。”段注：
“禁声。”是金声、今声和禁声相通，有禁制之义。又如：

　　《玉部》：“璊，玉经色也。禾之赤苗谓之穈。言璊玉色如
　　之。”段注：“穈即《艸部》䖆字之或体。……䖆声在十三部，
　　与十四部两声最近，而又双声，此璊穈字皆于䖆得义也。”

　　《艸部》：“䖆，赤苗。嘉谷也。”段注：“……赤苗、白
　　苗，谓禾茎有赤白之分。”

　　《毛部》：“氊，以氄为纑。色如䖆，故谓之氊。䖆，禾之
　　赤苗也。《诗》曰：‘氄衣如氊。’”段注：“与䖆双声。……
　　取其同赤，故名略同。……今《诗》氊作‘璊’，毛曰：‘璊，
　　赪也。’……《玉部》曰：‘璊，玉经色也。’禾之赤苗谓之
　　䖆，璊玉色如之，是则氊与璊皆于䖆得音义。许偶《诗》证
　　氄衣色赤，非证氊篆体也。”

　　《木部》：“㯟，松心木。”段注：“疑有夺误，当作：‘松
　　心也。一曰㯟木也。’……盖松心微赤，故与氊、璊同音。”

　　按：“璊”“穈”“㯟”“氊”皆从䖆声，“穈”是“䖆”的或

体，段玉裁指出虋声和璊声相通，认为"毢与璊皆于虋得音义"，
则是以"虋"为源词，词源义是赤色，而且还据此对"樠"的训
释做了校改。不过，段玉裁对"虋"的赤色义的由来未再深究。
《㸬部》："㸬，血祭也。"段注："以血涂之，因荐而祭之也。凡坼
罅谓之㸬，《方言》作衅，音问。以血血其坼罅亦曰㸬。"阮元《释
门》曾探讨赤色义和纹裂义的关系："《周礼·大卜》注：'璺，玉
之坼也。'《方言》亦云：'器破而未离谓之璺。'……玉中破未有不
赤者，故'㸬'为以血涂物之间隙。"[1] 据此可知赤色之义由分
断、断裂而来。[2]

　　除此之外，还有一些较为典型的例子，可以说明段玉裁打破
字形界限，关注声符相通，以音为纲，因声求义，探求词源。这
里再举一例：

　　　　《牛部》："犥，牛黄白色。"段注："黄马发白色曰骠。票、麃
　　　　同声。然则犥者，黄牛发白色也。《内则》'鸟麃色'，亦谓发
　　　　白色。"

　　按：《马部》："骠，黄马发白色。一曰白髦尾也。"段注："发
白色者，起白点斑驳也。……《牛部》犥下曰：'牛黄白色。'与
骠音正同也。"王筠《句读》："发者，别内外之词，谓其毛本黄而
末白也。（白髦尾者）谓黄马而白鬣尾也。""犥"是毛根黄、上端
白的牛，"骠"是毛根黄、上端白的马，也指白鬣尾的黄马。《糸
部》："缥，帛青白色也。"《广雅·释器》："缥，青也。"王念孙
《疏证》："缥色在青白之间，故白亦谓之缥。"《艸部》："薸，苕

[1]　阮元撰，邓经元点校《揅经室集》，中华书局，1993年，第31页。
[2]　黄易青《上古汉语同源词意义系统研究》，商务印书馆，2007年，第263页。

之黄华也。"《尔雅·释草》："藆、芌，荼。"则是茅草、芦苇之类的白花。综上，票声、麃声之字皆含白色或者浅色之义。[1]

三　联绵词研究

段玉裁对于联绵词没有明确的界定，而且《段注》中提到的"连（联）绵字"并不完全等同于今天所说的联绵词，其中也包含具有双声或叠韵语音关系的双音合成词[2]。但段玉裁对字与词的区别和联绵词的性质已有认识，如谓"凡单字为名者，不得与双字为名者相牵混"[3]　"绵连字不可分释"[4]，又如《人部》"倭"字下注云："'倭迟'合二字成语，《韩诗》作'威夷'。""倭迟"和"威夷"就是联绵词，是"逶迤"或"委蛇"的不同书写形式。

基于对联绵词的认识，段玉裁总结了《说文》中联绵词的训释体例。联绵词的上下两字一般不分别训释，许慎采用的主要注释形式是："甲，甲乙，丙也。乙，甲乙也。"[5] 据统计，"今本《说文》共训释联绵词 389 个，有 92 个联绵词的说解符合或基本符合段玉裁所说的'通例'（即上下字均以某联绵词为训释词），297 个联绵词的说解与'通例'不合（即上下字中只有一字的训释以某联绵词为训释词，或上下字均无联绵词释义），段玉裁对其

---

[1]　参看刘钧杰《同源字典补》，商务印书馆，1999 年，第 41 页。
[2]　如《禾部》"稹"字下注："枳句、空穴，皆连绵字。空穴即孔穴。"
[3]　见《虫部》"蛁"字下注。
[4]　见《糸部》"缺"字下注。
[5]　"甲"是联绵词上字，"乙"是联绵词下字。"丙"是对联绵词词义的训释。

中59个不合通例的训释依照通例进行校补"[1]。如《艸部》："茚，昌蒲也。茢，茚茢也。"段玉裁将"茚，昌蒲也"改为"茚，茚茢，昌蒲也"，注云："'茚茢'二字各本脱，今依全书通例补之。"又如《言部》："諈，諈诿，累也。诿，累也。"段玉裁将"诿，累也"改为"诿，諈诿也"[2]。

1. 联绵词的语音特征

联绵词的两个音节之间一般都具有或双声或叠韵的语音关系，只有少数因为辗转变化而不再是双声、叠韵，但仍然存在直接或间接的音转关系。

（1）双声

《段注》中的"双声"较为复杂，何九盈指出，段玉裁所说的双声，"内容很宽泛，有同纽双声，同类双声，位同双声，谐声双声等，其中谬误不少"[3]。也就是说，有一部分所谓的"双声"，其实发音部位相隔较远，发音方法差别较大，以今人的标准来衡量，不能归为双声。当然，段玉裁标示的"双声"，同声母双声或旁纽双声占大多数。下面列举《段注》中双声联绵词的例子，如：

　　《糸部》："縒，参縒也。"段注："此曰参差。《木部》曰'槮差'，《竹部》曰'篸差'，又曰'参差管乐'，皆长短不齐皃也。皆双声字。"

---

［1］　郭珑《〈文选・赋〉联绵词研究》，巴蜀书社，2006年，第19页。

［2］　参看郭珑《段玉裁对〈说文解字〉连绵词训释所作校补考》，《兰州大学学报（社会科学版）》2005年第5期。

［3］　何九盈《〈说文〉段注音辨》，《语言丛稿》，商务印书馆，2006年，第166页。

按："参差""参縒""墋差""篸差"均见于《说文》，是同一联绵词的不同词形，"参"为生纽侵部，"差"为初纽歌部，二者旁纽双声。又如：

《人部》："仿，仿佛，相似。视不諟也。"段注："仿佛，双声叠字也。……仿佛或作俩佛，或作髣髴，或作拂拔，或作放悲，俗作彷佛。仿或又作髣。"

按："仿""髣""彷"为敷纽阳部，"佛""髴""佛"为敷纽物部，皆为双声。"放"为非纽阳部，非敷旁纽双声。又如：

《皀部》："䜫，䜫䜫也。"段注："各本夺䜫字，今补。《危部》䜫篆下曰：'䜫䜫也。'此亦曰'䜫䜫也'，䜫䜫以双声成文，谓倾侧不安，不能久立也。不容删一字矣。䜫䜫，他书作'崎岖'，汉碑亦作岖。"

按："䜫"为溪纽支部，"䜫"为溪纽侯部，故谓"以双声成文"，"不容删一字"表明"䜫䜫"合二字成文。[1]"崎"为群纽歌部，汉代音系中"支部加入先秦歌部三等字"[2]，因此，"䜫䜫"可作"崎岖"。又如：

《女部》："媕，媕娿也。"段注："媕娿双声字。《韵会》作'阴阿'，李焘本作'阴娿'，《集韵》《类篇》同。《广韵》曰：'媕娿不决。媕音庵。'"

按："媕"为影纽谈部，"娿"为影纽歌部，故"媕娿"为双声字。"阴"为影纽侵部，侵部和谈部旁转，故"媕娿"即"阴阿""阴娿"。又如：

---

[1] 王筠《句读》："然固有单用者，《汉书·诸侯王表》'至虖庂䜫河洛之间'，应劭曰：'䜫者，踦䜫也。'"
[2] 王力《汉语语音史》，中华书局，2014年，第99页。

《允部》:"尥,魙尥也。"段注:"双声字。"

按:"魙"为见纽谈部,"尥"为见纽月部。二者不但双声,而且月部和谈部具有通转关系。"魙尥"今作"尴尬"。又如:

《心部》:"慨,忼慨也。"段注:"忼慨双声也。他书亦段'忾'为之,作忼忾。"

按:"忼"为溪纽阳部,"慨"为溪纽物部,"忾"为晓纽物部。溪晓旁纽。再如:

《雨部》:"霢,霢霂,小雨也。"段注:"按,霢霂者,溟濛之转语。《水部》溟下曰:'小雨溟溟也。'濛下曰:'濛濛溦雨也。'"

按:"霢"为明纽锡部,"霂"为明纽屋部;"溟"为明纽耕部,"濛"为明纽东部。锡和耕、屋和东,皆对转关系,所以段玉裁以"霢霂"为"溟濛"的转语。

（2）叠韵

《段注》中的"叠韵"绝大部分是符合今人标准的同部叠韵,但也有一小部分是段玉裁所谓的异部叠韵,其中包括韵部相邻、对转合韵等情况。下面列举《段注》中叠韵联绵词的例子,如:

《金部》:"鉏,鉏铻也。"段注:"鉏音床吕切,铻音鱼巨切,叠韵字。《齿部》:'龃龉,齿不相值也。'鉏铻盖亦器之能相抵拒错磨者。故《广韵》以'不相当'释鉏铻。"

按:"鉏铻""龃龉""鉏铻"皆为鱼部叠韵。又如:

《𨸏部》:"陮,陮隗,高也。"段注:"陮隗犹崔巍,亦犹嵯峩,叠韵字也。"

按:"陮隗""崔巍""嵯峩"皆为微部叠韵。又如:

《水部》："潒，水潒瀁也。"段注："潒瀁，叠韵字，摇动之流也。今字作荡漾。"

按："潒"为定纽阳部，"瀁"为以纽（喻四）阳部，二者叠韵。根据喻四上古归定纽（曾运乾证明），则二者同时也是双声。又如：

《非部》："靡，披靡也。"段注："披靡，叠韵字。……披靡，分散下垂之皃。"

按："披"为帮纽歌部，"靡"为明纽歌部，二者不但叠韵，且为旁纽双声。又如：

《虫部》："蜽，蝄蜽，山川之精物也。……从虫，网声。"段注："叠韵。……按，蝄蜽，《周礼》作'方良'，《左传》作'罔两'，《孔子世家》作'罔阆'，俗作'魍魉'。"

按："蝄蜽""方良""罔两""罔阆"皆为阳部叠韵。又如：

《见部》："觊，觊觎，暂见也。从见，宾声。"段注："按，'觊觎'异部而叠韵，觊当依《集韵》纰民切。"

按：徐灏《注笺》："觊觎犹频烦，汉人语。""觊"为帮纽真部，"觎"为奉纽元部，帮奉旁纽，真元旁转，即所谓"异部而叠韵"。类似的还有，《走部》："趌，趌趌也。"段注："凡异部叠韵，必部分相近。""趌""趌"质月旁转。再如：

《鬥部》："闉，闉闍也。从鬥，燹声。"段注："缤纷、闉闍皆合二部叠韵。"

按："缤""闉"为帮纽真部，"纷""闍"为敷纽文部，帮敷旁纽，真文旁转，所谓"合二部叠韵"，即第十二部、十三部合韵。

2. 联绵词的书写形式

联绵词具有"字不定形，多用通假，音有转移，字随音变"的特点，书写形式的多变是联绵词区别于其他词类的重要特征。[1] 段玉裁常列举联绵词在古文献中的诸多书写形式，即各种变体，由此探讨其中所体现的字与词的复杂关系。[2] 如：

《皀部》："阺，危也。"段注："危者，在高而惧也。《秦誓》曰'邦之杌阺'，《易》作'archived'，许《出部》之'槷archived，不安也'，皆字异而音义同。"

按：段玉裁指出，"今《尚书》作'杌阺'，《周易》作'臲卼'，作'archived'，郑注字作'倪仉'，许《出部》作'槷archived'，其文不同如此。"《出部》："archived，槷archived，不安也。"段注："《尚书》：'邦之杌阺。'槷与阺、archived、臲、倪同，archived与杌、卼、archived、仉同。杌、卼、archived、仉，皆兀声，以《说文》'梼杌'作'梼杌'例之，则出声、兀声同。"所谓"字异而音义同"，就是说联绵词形体不同，读音相同或相近，意义相同。又如：

《㫃部》："旖，旖施，旗皃。"段注："旖施，叠韵字。在十七部。许于旗曰旖施，于木曰檹施，于禾曰倚移，皆读如阿那。《桧风》：'猗傩其枝。'传云：'猗傩，柔顺也。'《楚辞·九辨》《九叹》则皆作'旖旎'，《上林赋》'旖旎从风'，张揖曰：'旖旎，犹阿那也。'《文选》作'猗狔'，《汉书》作'椅柅'，《考工记》注则作'倚移'，与许书《禾部》合。

---

[1]　参见郭珑《〈文选·赋〉联绵词研究》，巴蜀书社，2006年，第32页。
[2]　参看凌丽君、苏晓君《段玉裁〈说文解字注〉"联绵字"异形考辨》，《民俗典籍文字研究》第26辑，商务印书馆，2020年。

知以音为用，制字日多。《广韵》《集韵》曰妸娜，曰旎旎，曰袅袅，曰檼橠，皆其俗体耳。"

《女部》："媒，媒婗也。"段注："媒婗与旖施音义皆同，俗作婀娜。"

按：段玉裁罗列了"旖施"在古书中的诸多书写形式，如"橾施""倚移""阿那""猗傩""旖旎""猗狔""椅柅""媒婗"，以及韵书中所见的俗体。联绵词书写时重音不重形，所以"以音为用，制字日多"。再如：

《目部》："瞀，氏目谨视也。"段注："《玉篇》云：'目不明皃。'……《班志》云'区霿'，服虔云'人儛瞀'，《荀卿》云'儛犹瞀儒'。他书或云'娄瞀'，或云'毂瞀'，或云'怐愗'，《说文·子部》云'毂瞀'，皆谓冒乱不明。其字则霿为正字，《雨部》云：'霿，晦也。'"

《人部》："佝，佝瞀也。"段注："佝音寇，瞀音茂，叠韵字。二字多有或体：《子部》毂下作'毂瞀'，《荀卿·儒效》作'沟瞀'，《汉·五行志》作'区霿'，又作'儛霿'，《楚辞·九辨》作'怐愗'，《玉篇》引作'佝愗'，应劭注《汉书》作'毂霿'，郭景纯注《山海经》作'毂瞀'。其音同，其义皆谓愚蒙也。"

《女部》："娄，一曰：娄务，愚也。"段注："务，读如瞀，娄务即《子部》之'毂瞀'，故云愚也。说详彼注。"

《子部》："毂，一曰毂瞀也。"段注："毂瞀叠韵。《荀子·儒效篇》作'沟瞀'，《汉书·五行志》作'儛霿'，《楚辞·九辨》作'怐愗'，《广韵·五十候》作'怐愗'，又作'毂瞀'，又作'娄瞀'。其字皆上音寇，下音茂。其义皆谓愚蒙也。"

按：上述四条中所列举的"区霶""傋瞀""婯瞀""瞉瞀"
"佝愁""瞉瞀""沟瞀""佝愁""瞉瞀""娄务"等，是"佝瞀"
二字的或体，"皆上音寇，下音茂"，即读音相同，词义为"冒乱
不明"或"愚蒙"，即形容愚昧无知之貌。

3. 联绵词的探源和系源

一般认为联绵词是不可拆开的单纯词，是声音的组合，而不
是意义的组合。换言之，记录联绵词的两个字只代表两个音节，
不表示意义。联绵词的构词理据不能简单地从字形上分析，但在
一定程度上可以从词源上探求。

（1）联绵词的探源

联绵词的探源就是考察和说明联绵词的构词理据，探讨和分
析其音义结合的关系。由于联绵词有不同的来源，因此，联绵词
的构词理据也有不同的类型。如：

《壹部》："壹，壹壹也。从凶，从壶。壶，不得渫也。《易》
曰：'天地壹壹。'"段注："今《周易》作'缊缊'，他书作
'烟煴''氤氲'。……许释之曰'不得渫也'者，谓元气浑
然，吉凶未分，故其字从吉凶在壶中会意。合二字为双声叠
韵，实合二字为一字。……其转语为'抑郁'。"

按：许慎盖受孟氏《易》的影响，认为"壹壹"两个字是
"从吉凶在壶中会意"。段玉裁说"合二字为双声叠韵"，即谓"壹
壹"是双声叠韵联绵词，而所谓"合二字为一字"，则值得深入分

析。章太炎在《一字重音说》中提出一个观点："中夏文字率一字一音，亦有一字二音者，此轶出常轨者也。"[1] 即汉字标识音缀有一字重音的特别现象。[2] 张政烺认为章氏这个学说把联绵词的研究提到新的阶段，并用甲骨文的例子来证实章说。他认为卜辞中的茻和茻用法相同，都有藏、埋、死三义，"茻和茻各包含两个音（细缊），是一个词的两种不同的写法"，而"壹壹"字形出现得比较晚，以壶字为形符，也许受"天地细缊，万物化醇"一语的影响，"酿酒必须密闭不使泄气，这一点也合乎翳蕴之义"，"壹疑亦形声字，从壶茻声，乃酝之异体，而茻讹变为凶盖由于孟氏《易》有意曲解"。[3] 如果从这个角度看，段玉裁所谓"合二字为一字"，正说明"壹壹"一开始即为双音节单纯词，最初记录"壹壹"这个单纯复音词的是一个汉字，即"一字二音"，后来音节与汉字对应，才分别用两个汉字来记录这个双音节联绵词。又如：

> 《糸部》："缪，枲之十絜也。一曰绸缪也。"段注："枲即麻也。十絜犹十束也。……《唐风》：'绸缪束薪。'传曰：'绸缪犹缠绵也。'《鸱鸮》郑笺同，皆谓束缚重叠。"

> 《糸部》："绸，缪也。"段注："谓'枲之十絜，一曰绸缪'二义，皆与缪同也。今人绸缪字不分用，然《诗·都人士》单用绸字，曰'绸直如发'。毛传以'密直'释之，则绸即'稠'之叚借也。"

[1] 章太炎《国故论衡》，上海古籍出版社，2003 年，第 22 页。
[2] 参看陆宗达《说文解字通论》，中华书局，2015 年，第 78—81 页。
[3] 参见张政烺《释"因蕴"》，《甲骨金文与商周史研究》，中华书局，2012 年，第 19—33 页。

按：徐灏《注笺》："《楚辞·湘君篇》'薜荔拍兮蕙绸'，王逸注：'绸，束缚也。'《尔雅·释天》'素锦绸杠'，郭注：'以白地锦韬旗之竿。'亦谓缠绕之也。"《广雅·释诂四》："缭、绕、绸缪，缠也。"王念孙《疏证》："……《庄子·庚桑楚篇》'内韄者不可缪而捉'，崔譔注云：'缪，绸缪也。'"可见"绸缪"本可以分开来单用或单解，凝固后才"不分用"，但保留了本来的词义特点。因此，从来源上说，"绸缪"属于同源词或同义语素凝固而成的联绵词，即义合联绵词。[1] 再如：

　　《心部》："愐，勉也。"段注："按，《毛诗》'黾勉'亦作'僶俛'，《韩诗》作'密勿'，《尔雅》作'蠠没'。蠠本或作'䖵'，䖵即'蜜'，然则《韩诗》正作'蜜勿'，转写误作'密'耳。《尔雅释文》云：'勔本作僶，又作黾。'是则《说文》之愐为正字，而作勔、作蠠、作䖵、作蜜、作密、作黾、作僶，皆其别字也。"

　　《䖵部》："蠠，蠭甘饴也。"段注："叚借为蠠没字。《释诂》曰：'蠠没，勉也。'亦作'蠠没'。《韩诗》作'蜜勿'，《毛诗》作'僶勉'。"

　　《力部》："勉，勥也。"段注："《毛诗》'黾勉'，《韩诗》作'密勿'，《尔雅》作'蠠没'，《大雅》毛传曰：'亹亹，勉也。'《周易》郑注：'亹亹，犹没没也。'"

按："愐""俛""勉"同源[2]，故"蠠（䖵）没""黾勉""僶俛（勉）""密（蜜）勿"等是由两个同源词合成凝固为联绵词。

［１］　参看郭珑《〈文选·赋〉联绵词研究》，巴蜀书社，2006年，第59页。
［２］　王力《同源字典》，商务印书馆，1982年，第410页。

段玉裁据《说文》本义谓"怋为正字","勄""勴"等"皆其别字"。不过，郑廷桢《双砚斋笔记》指出："凡经典双声字，但取声而不必尽囿于形。黾勉双声字，其作僶俛、密勿、蠠没，止是一声之转。"[1]

（2）联绵词的系源

随着词义的引申和发展，联绵词的读音有所改变，书写形式发生变化，即所谓"音随义转、字随音变"，其结果是形成若干音义关系密切的同源联绵词。[2] 联绵词的系源就是系联具有共同语源的联绵词，梳理联绵词词族，揭示同源联绵词之间的音义关系。如：

《火部》："煇，煇燹，火皃。"段注："煇燹，叠韵字。如《水部》之'毕沸'。"

《火部》："燹，煇燹也。"段注："《玉篇》云：'火盛皃。'《广韵》云：'鬼火。'"

《水部》："沸，毕沸，滥泉也。"段注："毕，一本从水作'滭'。《上林赋》'滭弗'，苏林曰：'滭音毕。'则古非无滭字也。……《诗·小雅》《大雅》皆有'觱沸槛泉'之语，传云：'觱沸，泉出皃。槛泉正出。'《释水》曰：'滥泉正出。'正出，涌出也。司马彪注《上林赋》曰：'滭弗，盛皃也。'按，毕沸叠韵字。《毛诗》觱、槛皆假借字。今俗以沸为潷字。"

《艸部》："蔽，蔽蔽，小艸也。"段注："《召南》：'蔽芾

［1］ 向熹则认为"黾勉"等是由叠音词"勉勉"发生音转而形成的联绵词。参见向熹《〈诗经〉里的复音词》，《语言学论丛》第6辑，商务印书馆，1980年，第32页。
［2］ 参看郭珑《〈文选·赋〉联绵词研究》，巴蜀书社，2006年，第100页。

甘棠。'毛云：'蔽芾，小皃。'此小艸皃之引伸也。按，《尔
雅·释言》：'芾，小也。'《卷阿》毛传云：'茀，小也。'
芾、茀同字。……蔽、芾叠韵，犹滭冹、滭沸。"

　　《仌部》："滭，滭冹，风寒也。"段注："《豳风·七月》：
'一之日觱发。'传曰：'觱发，风寒也。'按，'觱发'皆叚借
字，'滭冹'乃本字。犹《水部》'毕沸'，今《诗》作'觱
沸'。"

　　按：段玉裁谓"燀爕"如"毕沸"，谓"蔽芾"犹"滭冹"
"滭沸"，"滭冹"犹"毕沸"，皆为叠韵字，不仅是说明同一联绵
词的不同书写形式，而且系联了具有同源关系的一组联绵词。《诗·
豳风·七月》"一之日觱发"，马瑞辰《传笺通释》："《说文》：
'滭，滭冹，风寒也。'……《说文》又曰：'燀炪，火盛皃。'火
之盛曰燀炪，泉之盛曰滭沸，寒之盛曰滭冹，其义一也。"即指出
"燀炪""滭沸""滭冹"具有共同的词源义"盛"。《诗·召南·
甘棠》"蔽芾甘棠"，《传笺通释》："蔽、芾皆有小义，故毛传以
'小貌'释之。但甘棠为召伯所舍，则不得为小。《风俗通》引传
云：'送逸禽之超大，沛草木之蔽茂。'芾古作宋。《说文》：'宋，
艸木盛宋宋然。'《广雅》：'芾芾，茂也。'蔽芾正宜从《集传》训
为盛貌。……又市与茇音义亦相近。《说文》：'茇，艸叶多。'亦
盛也。"据此，则草之盛曰蔽芾。"燀""滭""滭"皆从毕声，上
古为帮纽质部，"蔽"则为帮纽月部，质月旁转。"爕"为敷纽物
部，"沸"为非纽物部，"冹""芾"为非纽月部，物月旁转。因
此，"燀爕""毕（滭）沸"和"滭冹""蔽芾"是同源联绵词。
又如：

　　《辵部》："趚，趚赵，久也。"段注："夂，行迟曳夂夂也。

……趍赵双声字，与峙踞、篤箸、蹢躅字，皆为双声转语。"

《足部》："蹢，蹢躅，逗足也。"段注："逗者，止足也，……《易》曰：'羸豕孚蹢躅。'《三年问》：'鸣号焉，蹢躅焉。'蹢躅之双声叠韵曰跙躅，曰踯跦，曰峙踞，曰篤箸，俗用踌躇。"

《止部》："峙，踞也。"段注："《足部》曰：'踞者，峙踞，不前也。'峙、踞为双声字。此以踞释峙者，双声互训也。《心部》曰'篤箸'，《足部》曰'蹢躅'，《毛诗》曰'跙躅'，《广雅》曰'蹢躅''踯跦'，皆双声叠韵而同义。"

《心部》："篤，篤箸也。"段注："按，箸必是讹字，不可解，疑当作《足部》之'踞'。篤踞，犹今人所用踌躇也，皆裴回不决之兒，故从心。"

按："趍赵""峙踞""篤箸（踞）""蹢躅""跙躅""踯跦"的语音关系，概括来说，前一字的声纽为澄纽或端纽，上古皆属舌音，后一字的韵部分布于段玉裁的第二部、第三部、第四部和第五部，而"弟二、弟三、弟四、弟五，汉以后多四部合用，不甚区分"[1]，相互之间存在音转关系，即段玉裁所谓"双声转语"。上述诸词在语义上又相同或相近，"趍赵"指行走迟缓的样子，"蹢躅""跙躅""踯跦"皆指徘徊不进的样子，即段玉裁所谓"裴回不决之兒"。因此，这是一组声近义通的同源联绵词。《尔雅·释宫》"室中谓之时"，郝懿行《义疏》："时者，《玉篇》作'峙'，引《尔雅》曰：'室中谓之峙。峙，止也。'《说文》'峙'云：'踞也。'《玉篇》云：'止不前也。'是'峙、峙'同，与'时'

***

[1]　见《六书音均表·今韵古分十七部表》。

声近，其字可通。盖室中迫陿，行宜安舒，故《曲礼》云'室中不
翔'，即峙踌不前之意。'峙踌'与'踟蹰'同。"《广雅·释诂三》：
"踌，止也。"王念孙《疏证》："踌者，《说文》：'峙踌，不前
也。'……《楚辞·九思》云：'握佩玖兮中路踌。''踌'与'踌'
同。亭水谓之'潴'，义与'踌'亦相近也。"据此，则"峙踌"可
以认为是义合式联绵词，"峙"和"踌"均有止而不前的词源意义。
又如：

> 《吅部》："嚣，乱也。"段注："《庄子·在宥》'伧囊'，
> 崔譔作'戕囊'，云：'戕囊犹抢攘。'晋灼注《汉书》曰：
> '抢攘，乱皃也。'抢、攘叠韵，本在阳唐韵，转入庚韵。攘
> 即嚣之假借。凡发乱曰鬔鬤，艸乱曰葦葽，皆抢攘同意。"

> 《艸部》："葦，葦葽，艸乱也。杜林说：葦葽，艸皃。"[1]
> 段注："葦、葽叠韵。"

按：《庄子·在宥》："天下将不安其性命之情，之八者，乃始
脔卷獊[2]囊而乱天下也。"成玄英疏："獊囊，匆遽之貌也。"陆
德明《释文》："獊，音仓，崔本作'戕'。崔云：'戕囊，犹抢
攘。'""獊囊"指匆忙纷乱貌。《汉书·贾谊传》："本末舛逆，首
尾衡决，国制抢攘，非甚有纪，胡可谓治？"注："苏林曰：'抢音
济济跄跄，不安貌也。'晋灼曰：'抢音伧。吴人骂楚人曰伧。伧
攘，乱貌也。'师古曰：'晋音是。伧音仕庚反，攘音女庚反。'"
王先谦《补注》："官本'仕庚'作'仕康'，引宋祁曰：'抢攘，
今越本抢音仕庚反，攘因音误女庚反。'未知孰是。"段玉裁盖据

---

[1] 大徐本、小徐本皆作"葦，葦蘦皃"。
[2] "獊"，赵谏议本作"伧"。

宋祁校语说"抢""攘"由阳唐韵转入庚韵，事实上汉代音系中
"耕部加入先秦阳部二等字和四等字（《切韵》庚韵字）"[1]，而
"㪆""𦭶"为耕韵字，上古归耕部。在声纽上，"抢""伧""㪆"
"𦭶"皆为崇纽。又，"攘"为日纽，"𩭀""𦽉"皆为娘纽，上古
娘日归泥（章太炎证明）。"𦽉"大徐本注音即为女庚切，与
"攘"颜师古注音同。因此，段玉裁认为"抢攘"和"㪆𩭀""𦭶
𦽉"声韵相近。在词义上，匆遽、不安和乱义相通，所以说"凡
发乱曰㪆𩭀，艸乱曰𦭶𦽉，皆抢攘同意"。因此，"伧囊""戕囊"
"抢攘""㪆𩭀""𦭶𦽉"是一组同源联绵词。此外，中古以后又有
"㪆𩭅"，和"㪆𩭀"亦音近义通，《宋本玉篇·髟部》："㪆，㪆𩭅，
发乱。"又："𩭅，乱发。"《楚辞·大招》："豕首纵目，被发𩭅只。"
王逸注："𩭅，乱皃也。"《楚辞·刘向〈九叹·思古〉》："发披披
以𩭅𩭅兮，躬劬劳而瘏悴。"王逸注："披披、𩭅𩭅，解乱皃也。"
《诸病源候论》卷四十七："毫毛发㪆𩭅不悦。"韩愈《征蜀联句》：
"怒须犹㪆𩭅，断臂仍瓠瓡。"《楚辞·王逸〈九思·悯上〉》："须发
𦽉领兮颡鬓白，思灵泽兮一膏沐。"注："𦽉，乱也。"可证发乱和艸乱
之间的关联。再如：

> 《禾部》："稘，稘𥟊，多小意而止也。一曰木也。"段注：
> "'小意'者，意有未畅也。谓有所妨碍，含意未伸。《广韵》
> 稘、𥟊皆训'曲枝果'。按，稘𥟊字，或作'枳椇'，或作
> '枳枸'，或作'枳句'，或作'枝拘'，皆上字在十六部，下
> 字在四部，皆诘诎不得伸之意。《明堂位》：'俎殷以椇。'注：
> '椇之言枳椇也，谓曲挠之也。'《庄子·山木篇》：'腾猿得柘

棘枳枸之间，处势不便，未足以逞其能。'宋玉《风赋》：'枳
句来巢，空穴来风。'枳句、空穴，皆连绵字。空穴即孔穴。
'枳句来巢'，陆玑《诗疏》作'句曲来巢'，谓树枝屈曲之
处，鸟用为巢。……《淮南书》：'龙夭矫，燕枝拘。'亦屈曲
盘旋之意。其入声则为'迟曲'。稽与枳、枝、迟，稦与棋、
句、枸、拘、曲，皆叠韵也。稽稦与迟曲皆双声字也。"

《辵部》："迟，曲行也。"段注："迟、曲双声。《乚部》
曰：'迟曲隐蔽。'孟康注《子虚赋》曰：'文理葳郁迟曲。'
军法有逗留，有迟桡。……此谓止而不进者。……此谓有意回
远迟误者。……迟通作'枳'，《明堂位》注：'枳棋谓曲
桡之。'"

按：段玉裁认为"稽稦""枳棋""枳枸""枳句""枝拘"是
同一联绵词的不同书写形式，在语音上，皆上一字为章纽支部，
下一字为见纽侯部，在词义上，"皆诘诎不得伸之意"。"稦"字徐
锴《系传》云："稽稦，诎曲不伸之意也。稽稦之果，其状诘屈，
亦取此为名。""稽"字王筠《句读》云："多小意而止者，乃稽稦
两字之义，且是泛言，与枝疏、阿难一类，形容之词也。多小意
者，乃艸木受病，枝叶诘屈，故曰小，逐处凹凸，故曰多，而止
者，自此归于枯槁，不能复畅茂也。……稽是此木，稦仍是此木，
合而呼为稽稦，仍是此木也。……《古今注》曰：'实形拳曲。'
则知仍是多小意之谓，乃即其状以为名也。"但是，严格来说，
"稽稦"上下字章纽支部和见纽侯部既非双声，亦非叠韵，为此段
玉裁系联了与之具有音近义通关系的"迟曲"。"迟"是溪纽锡部，
"曲"是溪纽屋部，"稽"和"迟"在韵部上有对转关系，"稦"和
"曲"见溪旁纽，侯屋对转，故谓"皆叠韵也"。既然"迟曲"是

双声联绵词，那么与之同源的"稜秾"原来也可能是双声联绵词，事实上，上古声母章组与见组常有交替的现象，说明二者之间在特定时代或某些方言中存在演变关系。

四　词汇的类聚

词汇具有系统性，可以从不同的角度、根据不同的标准进行类聚，比如同义、反义、类义和层级等。词汇系统由这些不同的类聚关系而得到局部的呈现。《说文》是有明确理论指导的、按一定原则编纂的训诂专书，其中贮存着上古汉语的词汇系统和词义系统，词汇的类聚体现在部首编排、列字顺序和训释说解等方面。举例而言，许慎通过"属"和"别"两个术语来表明专有名词所指事物的种属类别，由此构成最小的同类类聚。段玉裁对"属""别"做了具体的阐释：

> 《尾部》"属"字下注云："凡异而同者曰属。郑注《司徒序官》云：'州、党、族、闾、比者，乡之属别。'注《司市》云：'介次，市亭之属别，小者也。'凡言属而别在其中，如秔曰'稻属'，耗曰'稻属'是也。言别而属在其中，如稗曰'禾别'是也。"

按："属"指类别、种类，意谓不同的个体连接、聚集为整体。同类中的个体相互之间存在差异，即段玉裁所谓"凡异而同者曰属""凡言属而别在其中"。"别"也有类别、流别义，意谓从整体中分出的部分，即所谓"言别而属在其中"。《周礼·地官·序官》孙诒让《正义》："云'州、党、族、闾、比，乡之属别'

者，谓之乡递分为五者，而总属于乡。五者之中，又各以大小自相为属别也。"《司市》："上旌于思次以令市，市师涖焉，而听大治大讼；胥师、贾师涖于介次，而听小治小讼。"郑注："思次，若今市亭也。市师，司市也。介次，市亭之属别，小者也。"《正义》："市官听大小治讼者，各于其市朝。凡思次、介次皆于市中为寺舍。……上思次，司市所涖，听大治大讼；此介次，胥师、贾师所涖，听小治小讼。思次为市亭，明介次为市亭之属别而小者，为胥师、贾师分治市政之次。……属别与《叙官》注云'乡之属别''遂之属别'义同。""属""别"并言，意谓下属的类别。"乡之属别"是说乡这一层级下分州、党、族、闾、比。"市亭"指市吏治事之所，"思次"和"介次"相当于汉代的市亭，而有大小之别。下面再看具体的例子，如：

《佳部》："雓，鶸属也。"段注："《说文》或言属，或言别。言属而别在焉，言别而属在焉。言鶸属，则雓非鶸也。"

按："雓"同"鹌"，"鶸"同"鹑"。《大戴礼记·夏小正》"鴐，鹑也"孔广森补注："鹑，鹌之类也。无斑者为鹑，有斑者为鹌。鹌有后趾，鹑无后趾。"此即"雓""鶸"之别。又如：

《禾部》："秔，稻属。"段注："凡言属者，以属见别也；言别者，以别见属也。重其同则言属，秔为稻属是也。重其异则言别，稗为禾别是也。《周礼》注曰'州、党、族、闾、比，乡之属别'，'介次，市亭之属别，小者'，属别并言，分合并见也。"

按："秔"是不黏的稻，《禾部》"稻"字下注云："今俗概谓黏者不黏者，未去穤曰稻，……古谓黏者为稻，谓黏米为稻。""稻"的古今所指略有区别，许慎所言之"稻"指黏者，即糯稻，与不黏的"秔"即粳稻相对。因此,"秔"和"稻"同类而有别。
再如:

> 《禾部》:"稗,禾别也。"段注:"谓禾类而别于禾也。"

> 《黍部》:"䵚,黍属也。"段注:"禾之别为稗,黍之属为
> 䵚。言别而属见,言属而别亦见。䵚之于黍,犹稗之于禾也。"

按:"稗"是稻田杂草,似禾但非禾,即所谓"重其异则言
别"。[1] 其实,"䵚,黍属"也可以说"䵚,黍别",程瑶田《九
谷考》云:"禾别曰稗,黍别曰䵚。"

《说文》按部首编排的体例限制了异部字类聚关系的构建,无
法将内含的词汇系统直观地展示出来。段玉裁在逐一为《说文》
字词说解作注释的同时,注意到字词之间的各种关联,并加以类
聚和系统关照,特别是对分居异部的字词"参伍合观"。这里分别
从同音、同义、反义、同源、同类类聚五个方面举例说明。

其一,同音类聚。如:

> 《覞部》"覤"字下注云:"此字读如歔,正与齂为卧息,
> 眉为卧息,呬为息,吚为呻,皆读虚器切同。"

按:《鼻部》"齂"字下注云:"此与《尸部》眉音义并同。"
《尸部》"眉"字下注云:"《鼻部》所谓齂也。"可知"齂""眉"
同源,且皆指鼾声。叶德辉《说文读若考》"覤"字下云:"《心
部》:'息,喘也。'此如《鼻部》'齂,卧息'、《尸部》'眉,卧

---

[1] 《水部》:"澥,勃澥,海之别也。"段注:"《毛诗》传曰:'沱,江之别者
也。'海之别,犹江之别。勃澥,属于海,而非大海,犹沱属于江,而非大江
也。《说文》或言属,或言别。言属而别在其中,言别而属在其中。此与稗下
云'禾别'正同。"。"澥"是深入陆地的海湾,即由海的整体中分出的一部分;
"沱"是江水的支流、水湾,即从江的整体中分出的一部分。这与"稗,禾
别"似有不同,"稗"并非"禾"的一部分。

息'同一音读，实则象其息声也。"

其二，同义类聚。如：

《水部》"淅"字下注云："凡释米、淅米、渍米、汏米、潚米、淘米、洮米、漉米，异称而同事。"

《水部》"涅"字下注云："《水部》曰：'澱者，滓垽也。滓者，澱也。'《土部》曰：'垽者，澱也。'《黑部》曰：'黗谓之垽。垽，滓也。'皆与涅义近。"

按：所谓"异称而同事"就是说"释米"等八个词具有同义关系。"滓""垽"同训，"澱""滓"互训。《水部》"澱"字下注云："黗与澱异字而音义同，实则一字也。"则"垽""澱"亦为互训。又如：

《二部》"亘"字下注云："凡舟之旋曰般，旌旗之指麾曰旋，车之运曰转，瓠柄曰斡，皆其意也。"

按：《斗部》："斡，蠡柄也。"段注："引申之，凡执柄枢转运，皆谓之斡。"故"般""旋""转""斡"皆有旋转之义，但从本义来看，运动的主体有别。又如：

《土部》："型，铸器之法也。"段注："以木为之曰模，以竹曰笵，以土曰型。引申之，为典型。"

《木部》："模，法也。"段注："以木曰模，以金曰镕，以土曰型，以竹曰笵，皆法也。"

按："模""镕""型""笵"都可指模子，但从本义来看，制作的材料有别。引申指法式、规范，《竹部》："笵，法也。"《金部》："镕，冶器法也。"再如：

《心部》："惟，凡思也。"段注："《方言》曰：'惟，思也。'又曰：'惟，凡思也。虑，谋思也。愿，欲思也。念，常思也。'许本之曰：'惟，凡思也。念，常思也。怀，念思也。想，冀思也。'《思部》：'虑，谋思也。'凡许书分部远隔，而文理参五可以合观者，视此。"

《思部》："虑，谋思也。"段注："《心部》曰：'念，常思也。惟，凡思也。怀，念思也。想，觊思也。𢖍，同思之和也。'同一思而分别如此。"

按：表思考、想义的词分居《心部》和《思部》，段玉裁把它们类聚在一起，从而突显各自的义值差。"参伍"一词见于《人部》"伍"字训释，段注："凡言参伍者，皆谓错综以求之。[1]……《韩非》曰：'参之以比物，伍之以合参[2]。'"因此，"参伍合观"可以理解为："通过类聚，将某一方面相同而具有可比性的词或词义集中起来，以便比较其相异之处，求得其特点。实际上，这一工作就是在一定的语义场里观察词汇的系统。"[3]

其三，反义类聚。如：

《禾部》"稀"字下注云："稀与概为反对之辞，所谓立苗欲疏也。"

《穴部》"窕"字下注云："窕与窄为反对之辞。"

《欠部》"欱"字下注云："欱与吸意相近，与歠为反对。"

《水部》"湫"字下注云："下文垲训高燥，为湫之反。"

《金部》"鑠"字下注云："鑠正为钜之反。"

---

[1]《易·系辞上》"参伍以变，错综其数"，孔疏："'参伍以变'者，参，三也。伍，五也。或三或五，以相参合，以相改变。略举三五，诸数皆然也。'错综其数'者，错谓交错，综谓总聚，交错总聚其阴阳之数也。"

[2]"参"，今本《韩非子》作"虚"，《荀子·议兵》杨倞注引作"参"。

[3] 王宁《训诂学原理》，中国国际广播出版社，1996年，第70页。

《车部》"辍"字下注云:"此与《辵部》之连,成反对之义。连者,负车也。联者,连也。连本训辇,而为联合之偶。其相属也,小缺而复合,则谓之辍。引申为凡作辍之偶。凡言辍者,取小缺之意也。"

按:"稀"是疏,"穊"是稠,从造意来说分别指禾苗的疏密。"寙"训宽肆,"窘"则有逼窄、狭隘义,故为反对之辞。"欨"是饮、吸,"歕"同"喷",《广雅·释诂四》:"歕,吐也。"《宋本玉篇·欠部》:"歕,歕气也。口含物歕散也。""湫"是低湿,故与"垲"反义。"鍒"是软铁,而"钜"是钢铁,即坚硬的铁。"连"和"辍"都与车有关,《辵部》:"连,负车也。"段注:"负车者,人挽车而行,车在后如负也。字从辵车会意,犹辇从扶车会意也。人与车相属不绝,故引伸为连属字。"《车部》:"辍,车小缺复合者也。"徐灏《注笺》:"'车小缺复合',言行断而复续也。引申为凡暂止之偁。"

其四,同源类聚。如:

《宀部》:"宏,屋深响也。"段注:"或曰厷弘本一声。《谷部》曰:'谷,谷中响也。'《弓部》曰:'弘,弓声也。'《水部》曰:'泓,下深大也。'参伍求之,盖宏训屋深响,宖其重文。"

按:"宏""谷""弘""泓"都含示源声符,厷声和弘声相通,皆含强、大义,大和深义通,《尔雅·释诂上》:"宏,大也。"段玉裁将分居异部的四个词加以系联,构成同源类聚。

其五,同类类聚。如:

《车部》:"鞪,车轴缚也。"段注:"谓以革若丝之类,缠束于轴,以固轴也。缚者,束也。古者束枘曰棥,曰历录,束轴曰鞪,亦曰辇,约毂曰约軧,衣衡曰帮,皆所以为固,皆见于许书。"

按：此例类聚的各个词表示车上具有同类功用的部件。"輹"是捆绑车伏兔与车轴的绳索，其功用是"固轴"。"𥭼"是车辕上用来加固的皮带，《木部》："𥭼，车历录，束文也。"段注："《秦风》：'五𥭼梁辀。'传曰：'五，五束也。𥭼，历录也。梁辀，辀上句衡也。一辀五束，束有历录。'……《革部》曰：'车轴束谓之鞎。'""轵"是车毂上的装饰，《车部》："轵，长毂之轵也，以朱约之。""约轵"指用皮革缠绕车毂两端。"帮"是遮盖车辕前端横木的漆布。《巾部》："帮，縶布也。一曰车衡上衣。"上述诸词皆指车上部件，都是通过缠束而起加固以及装饰的作用。又如：

《巾部》"布"字下注云："其艸曰枲，曰萉，析其皮曰杘，曰朮，屋下治之曰麻，缉而绩之曰线，曰缕，曰纑，织而成之曰布。布之属曰紻，曰縳，曰絟，曰緦，曰緆，曰緰赀，曰幏，曰幏。"

按：这里围绕"布"这一概念，即织布这一生产活动，类聚了原料、加工、纺线、成品、种类等相关概念。又如：

《戈部》："戈，平头戟也。"段注："且戈戟皆句兵，矛刺兵，殳毄兵。殳傅于戟者也，矛傅于刺者也，戟者兼刺与句者也，戈者兼句与殳者也。用其横刃则为句兵，用横刃之喙以啄人则为毄兵。"

按："戈""戟""殳""矛"都属于长兵器，段玉裁对四者做了分类，并指出"戈"和"戟"都有兼类的属性。又如：

《金部》："镡，剑鼻也。"段注："《庄子》说剑凡五事，曰锋、锷、脊、镡、夹。锋者，其尚，许书之鑯字，《左传》所谓剑末也。锷者，其刃，许之鄂字。脊者，其身中隆处，

《记》因之有'两从''腊广'之偶也。镡者，其鼻，《玉部》
所谓设璏处也。夹者，其柄。镡在其岚，《记》所谓茎，许
《刀部》所谓劀也。"

按：此例是剑的各部位名称的类聚，包括剑首、剑末、剑刃、
剑背、剑柄等，段玉裁还对《说文》本字和文献用字做了沟通。又如：

《毛部》："毛，眉发之属及兽毛也。"段注："眉者，目上
毛也。发者，首上毛也。而者，须也。须者，而也，臣下之毛
也。髯者，颊须也。鬣，口上须也。"

按：这里类聚了位于人头部各处的毛发，包括"毛"字训释中
的"眉""发"，以及生长于上唇、下巴、面颊等处的毛发。再如：

《虫部》："蛹，茧蟲也。"段注："许于茧曰：'蚕衣也。'
于丝曰：'蚕所吐也。'于蚕曰：'任丝蟲也。'于蠡曰：'蚕化
飞蠡也。'蛹之为物，在成茧之后，化蠡之前，非与蚕有二物也。
立文不当曰'茧蟲'，当曰'茧中蚕'也，乃使先后如贯
珠然。"

按：此例围绕蚕的生长过程，包括吐丝、结茧、变蛹、破茧、
化蛾等，将《说文》中的相关字词类聚起来参伍合观，据此推断
"蛹"应当训为"茧中蚕"。

上述诸例中表示相关概念的词汇类聚，从现代语义学的角度
来看，其实是构建了一定范围的概念场。

五　词汇的发展

段玉裁对于词汇的研究具有历史眼光：不但关注词义的引申，

即古今词义的演变，也就是词是怎样变了意义的，而且考察词汇的演变，即古今用词的不同，也就是概念是怎样变了名称的；不但研究通语词汇，而且留意方俗语词。下面通过《段注》中出现较多的"古今语""汉人语""汉时语""今俗语"的例子略窥词汇的发展演变。

1. "古今语"

同一个概念古今可能有不同的名称，换言之，"同一个指称对象（或者说'义位'），在不同的历史时期用两个以上不同的词来表示"[1]，段玉裁所谓的"古今语"就包括这种词汇演变现象[2]，如：

《履部》："履，足所依也。"段注："古曰屦，今曰履，古曰履，今曰鞵，名之随时不同者也。"

《履部》："屦，履也。"段注："晋蔡谟曰：今时所谓履者，自汉以前皆名屦。……按，蔡说极精。《易》《诗》《三礼》《春秋传》《孟子》皆言屦，不言履；周末诸子、汉人书乃言履。《诗》《易》凡三履，皆谓践也。然则履本训践，后以为屦名，古今语异耳。许以今释古，故云古之屦即今之履也。"

按：段玉裁引晋代蔡谟的观点，指出"屦"和"履"二者之

---

[1] 汪维辉《东汉—隋常用词演变研究》（修订本），商务印书馆，2017 年，第6—7 页。

[2] 汉代已有"古今语"这一说法，如《方言》卷一："敦、丰、厖……京、奘、将，大也。……燕之北鄙，齐、楚之郊或曰京，或曰将。皆古今语也。"又如《汉书·艺文志》："古文读应《尔雅》，故解古今语而可知也。"

间存在历时替换关系。王力据此总结，"最早的时候，鞋子叫作'屦'，周末以后，又叫作'履'。'屦'和'履'是古今语的分别"，"到了汉代，'履'已经成为鞋子的通称"。[1] 当然，这一说法只是大体的判断，还可做进一步的细化和补正。[2] 又如：

《糸部》："绶，韨维也。"段注："古者韨佩皆系于革带，佩玉之系谓之璲，俗字为繸，又谓之绶，韨之系亦谓之绶。……言韨可以该佩也，谓之绶者，韨佩与革带之间有联而受之者，故曰绶。……古之所谓绶者，璲也，秦汉之繸也。秦汉之所谓绶者，所以代古之韨佩也，非古之绶也。然则许曰'绶，韨维也'，又曰'组，绶属也'，此古之绶也；又曰'繸，绶维也。綢，绶紫青色也。纶，青丝绶也'，此秦、汉之绶也。秦汉改韨佩为绶，遂改绶为繸，此名之迁移当正者也。"

《糸部》："繸，绶维也。"段注："此绶谓汉之绶也。……汉之繸，古之绶也。汉之绶，犹古之韨佩也。繸篆其创于李斯辈与。"

按："古之绶"指系佩玉的丝带，《礼记·玉藻》郑玄注："绶者，所以贯佩玉相承受者也。"又称"璲（繸）"，《尔雅·释器》："繸，绶也。"郭璞注："即佩玉之组，所以连系瑞玉者。"而秦汉之"绶"是由先秦"韨佩"之系璲演化而来，延续了其区别尊卑贵贱、章表威仪的功用。《后汉书·舆服志》："韨佩既废，秦乃以采组连结于璲，光明章表，转相结受，故谓之绶。汉承秦制，用而弗改。"先秦之"韨"指用于祭服的蔽膝，又作"市""绂"，

---

[1] 王力《汉语史稿》，中华书局，2013年，第489—490页。
[2] 参看王彤伟《"屦、履"详考》，《励耘语言学刊》第25辑，中华书局，2016年。

段玉裁注云："帗废而绶乃出，帗字废而绂字乃出。"由"帗佩"之系演变而来的"绶"，本身亦有系带，秦汉之时称为"綎"。[1]因此，"綎"的性质与先秦之"绶"相类，同为系带。从汉墓陶俑所见实例来看，"綎"作为"汉之绶"的构件，是用来直接系印的丝带。《汉书·翟方进传》："遣使者持黄金印、赤帗綎、朱轮车，即军中拜授。"颜师古注引服虔曰："綎即今之绶也。"此即系印。《段注》云"汉之綎，古之绶也"，与颜注相龃龉，但汉时有施玉环之绶，环上部分即称"綎"，则"綎"亦可系玉。[2]综上，先秦之"绶"，仅概指系带之属，汉代印绶制度建立之后，"绶"专指佩绶，即"古之帗佩"，而以"綎"指系印、系玉的丝带。此外，下面列举的也都是用"古今语"来说明词汇演变的例子：

> 《肉部》"膗"字下注云："是今谓之膗，古谓之羹。"

> 《刀部》"副"字下注云："周人言贰，汉人言副，古今语也。"

> 《尗部》"尗"字下注云："尗、豆古今语，亦古今字，此以汉时语释古语也。"

> 《人部》"什"字下注云："后世曰什物，古曰任器，古今语也。"

> 《虫部》"蝗"字下注云："谓小蟲有甲飞扬之类，阳气所生也，于《春秋》为螽，今谓之蝗。按，螽、蝗古今语也。"

> 《舟部》"舟"字下注云："古人言舟，汉人言船。"

---

[1] 参看王方《徐州北洞山汉墓陶俑佩绶考——兼论秦汉印绶之制》，《中国国家博物馆馆刊》2015年第8期。

[2] 参见黄金贵、曾昭聪编《古代汉语文化百科词典》，上海辞书出版社，2016年，第468页。

《舟部》"船"字下注云："古言舟，今言船。如古言屦，今言鞋。"

《先部》"先"字下注云："古言笲，汉言先，此谓今之先即古之笲也。"

《冃部》"胄"字下注云："古谓之胄，汉谓之兜鍪，今谓之盔。"

《土部》"堂"字下注云："许以殿释堂者，以今释古也。古曰堂，汉以后曰殿，古上下皆偁堂，汉上下皆偁殿。至唐以后，人臣无有偁殿者矣。"

《金部》"铠"字下注云："古曰甲，汉人曰铠。故汉人以铠释甲。"

《金部》"钱"字下注云："云古田器者，古谓之钱，今则但谓之铫，谓之甬，不谓之钱，而钱以为货泉之名。……秦汉乃叚借钱为泉，《周礼》《国语》早有钱字，是其来已久，钱行而泉废矣。"

《说文叙》"字者，言孳乳而寖多也"注云："字者，乳也。《周礼·外史》《礼经·聘礼》《论语·子路篇》皆言名，《左传》'反正为乏''止戈为武''皿蟲为蠱'皆言文，六经未有言字者。秦刻石'同书文字'，此言字之始也。郑注二《礼》、《论语》皆云：'古曰名，今曰字。'按，名者，自其有音言之；文者，自其有形言之；字者，自其滋生言之。"

以上所列"古今语"的材料对于汉语词汇历史演变的研究颇具参考价值和启发意义。但是，如同《段注》中的其他一些术语，"古今语"的所指也较为宽泛，并不限于词汇的历史演变，其中还包括同源词，如《穴部》："窠，空也。"段注："空、孔古今语。"

又有语音的历时变化，如《邑部》："郃，炎帝之后，姜姓所封，周弃外家国。右扶风斄县是也。"段注："周人作郃，汉人作斄，古今语小异，故古今字不同。""郃""斄"皆为之部，一为透纽，一为来纽，但来纽和端透二纽关系密切。又如《辛部》"鞫"字下注云："古言鞫，今言供，语之转也。""鞫""供"皆为见纽，一为觉部，一为东部，二者旁对转。还有语素顺序的变化，如《宀部》"家"字下注云："凡古曰家人者，犹今曰人家也。"

2. "汉人语"

《说文》成书于东汉，对汉代词汇有所反映，段玉裁对此多有关注，以"汉人语"或"汉时语"加以标识，与先秦汉语词汇特别是儒家经典中的词汇相区别，从而体现词汇的历史演变。如：

《革部》："鞅，鞅鞅沙也。"段注："靯角、鞅沙，皆汉人语，《广雅》之'鞑鞑'也。"

《㸚部》："爾，丽爾，犹靡丽也。"段注："丽爾，古语。靡丽，汉人语。以今语释古语，故云犹。"

《竹部》："篰，萠爰也。"段注："《广雅》曰：'篰篓，篰也。'……《广韵》曰：'篰篓，简也。篰，牍也。'……按，萠爰，汉人语，俗字加竹。"

《木部》："楬，楬橥也。"段注："楬橥，汉人语。许以汉人常语为训，故出橥字于说解，仍不大列橥篆。"

《禾部》："粟，粟米也。"段注："粟，择也。择米曰粟米，汉人语如此，雅俗共知者。……粟米是常语，故以粟米释粟篆。"

　　《巾部》："帣，囊也。今盐官三斛为一帣。"段注："举汉时语证之。捲字下曰：'今盐官入水取盐为捲。'皆汉时盐法中语。"

　　《𡴆部》："報（报），当辠人也。"段注："当者，汉人语；報，亦汉人语。"

　　《手部》："搯，动搯也。"段注："动搯，汉时语。《广雅》曰：'搯，动也。'"

　　按：段玉裁指出上述诸例中的《说文》训释词是"汉人语""汉时语"，也就是说许慎用汉代的常用词或汉人熟知的词语来说解《说文》的被训释字。

　　与此同时，段玉裁还用汉代其他字书、训诂专书以及随文注释中反映汉代语词的材料，与《说文》互证，或者补充《说文》的训释，如：

　　《舟部》："般，辟也。"段注："《论语》包氏注：'足蹜如，盘辟皃也。'盘当作般。般辟，汉人语，谓退缩旋转之皃也。"

　　《人部》"傷，轻也。一曰交傷。"段注："《公羊·庄十三年》：'冬，公会齐侯盟于柯。'传曰：'何以不日？易也。'何云：'易犹佼易也，相亲信无后患之辞。'按，何用汉时俗语，佼同交。"

　　《衣部》："袢，衣无色也。《诗》曰：'是绁袢也。'"段注："毛传曰：'言是当暑袢延之服也。'袢、延叠韵，如《方言》之'襎裷'，汉时有此语，揩摩之意。"

　　《金部》："鐣，车樘结也。"段注："《木部》曰：'樘，衺柱也。'古音堂，今音丑庚切。《考工记》注曰：'揨，读如牚距之牚，车牚之牚。'然则'车樘'，汉人语也。《急就篇》《释名》作棠。刘熙曰：'棠，蹚也。在车两旁，蹚幰使不得进却也。'"

《鱼部》："鲰，白鱼也。从鱼，取声。"段注："《汉书》'鲰生教我'，服虔曰：'鲰音浅鲰，小人皃也。'浅鲰，汉人有此语，通作邹。《释名》：'奏者，邹也。邹，狭小之言也。'又：'盾，约胁而邹者曰陷虏。'浅鲰即浅邹，俗人不晓，乃读为音浅句绝矣。"

按：上述诸例中用到的材料有《论语》包咸注、何休《春秋公羊解诂》、《汉书》服虔注以及《方言》《释名》等。汉代训诂家解释先秦语词，为使当时人易于接受，往往以今语释古语，因而对当时的语词多有关注，在相关训释中有所涉及，段玉裁做了辨别和沟通的工作。

《段注》有助于断代词汇的研究，还体现在段玉裁对《说文》训释词的进一步解说。许慎是用汉代语言来注释周秦语言的[1]，如上述例子所示，《说文》在说解中会用到今人较为生疏的汉代语词。段玉裁在解释被训释词的同时，也重视训释词，对于后来不再使用或不常用的训释词，往往有所说明，帮助读者理解。这里以"往往"为例：

《玉部》："璞，弁饰也。往往冒玉也。"段注："往往，历历也，郑云'蝶蝶而处'是也。"

《屮部》："毒，厚也。害人之艸，往往而生。从屮，毒声。"段注："字义训厚矣，字形何以从屮？盖制字本意，因害人之艸，往往而生，往往犹历历也。其生蕃多，则其害尤厚，故字从屮，引伸为凡厚之义。"

---

[1]　参看陆宗达《说文解字通论》，中华书局，2015年，第135页。

《日部》："㬝，众微杪也。……或以为茧。茧者，絮中往往有小茧也。"段注："此盖缲丝之余滓，亦可装衣，而中有颣结，故云絮中历历有小茧。"

按：段玉裁以"历历"训释"往往"。《丵部》"业"字下注云："凡程功积事言业者，如版上之刻，往往可计数也。"此"往往"亦犹历历。"历历"是一个挨着一个。《诗·小雅·斯干》"约之阁阁"，毛传："阁阁，犹历历也。"朱熹《集传》："阁阁，上下相乘也。"马瑞辰《通释》："《传》云'阁阁犹历历'者，谓束板历碌之貌。"《革部》："鞕，车衡三束也。"段注："鞕之言攒也，以革缚之，凡五，历历录录然。"挨得紧密，故含多义。"往往"的核心义就是多，"细分之，约有三类：以时间言之，则表示'时时'；以地点言之，则表示'处处'；以行为数量言之，则表示'纷纷'"[1]。《山部》："岛，海中往往有山可依止曰岛。"这里的"往往"就空间而言，表示处处。《管子·度地》："令下贫守之，往往而为界，可以毋败。"[2]《史记·吴王濞列传》："寡人金钱在天下者往往而有，非必取于吴。"亦其证。上举"璪""毒""㬝"三例说解中的"往往"，其意盖指相互紧挨，故为数量多。[3]

---

[1] 王云路、方一新《中古汉语语词例释》，吉林教育出版社，1992年，第380—381页。

[2] 罗根泽认为，《管子·度地》为汉初人作。参见罗根泽《管子探源》，山东文艺出版社，2018年，第86—87页。

[3] 此外，《段注》中偶亦涉及中古乃至近代词汇，如《言部》："訮，诤语訮訮也。"段注："《魏书》作'妍妍'，皆訮訮之同音也。《匡谬正俗》所谓'殿研'即此。"《爻部》："棥，藩也。"段注："藩，今人谓之篱笆。……六朝人谓之援，谢灵运云'激流植援'是也。"《厂部》："庮，石间见也。"段注："庮，史假'迪'字为之，《魏书》《北史·温子昇传》皆云：'子昇诣梁客馆，不修容止，谓人曰：诗章易作，逦庮难为。'字当作庮。《广韵》引《字林》云：'峀峭，好形皃也。'峀即庮之隶变。……近世'波俏'之语，又音字之迁移也。"

3. "今俗语"

《说文》中有个别几处提到俗语，如《王部》："皇，大也。从自王。自，始也。……自读若鼻。今俗以始生子为鼻子。"段注："今俗，谓汉时也。"又如《夲部》："夲，所以惊人也。一曰俗语以盗不止为夲。"《夹部》："夹，盗窃裹物也。俗谓蔽人俾夹是也。"《聿部》："聿，聿饰也。俗语以书好为聿。"段玉裁关注古今的方言俗语，对文献中记载的俗语有所指明，如：

《言部》"言"字下注云："《尔雅》、毛传：'言，我也。'此于双声得之，本方俗语言也。"

《角部》"觼"字下注云："《世说新语》曰：'轻在角觼中，为人作议论。'角觼，方俗语言也。"

《人部》："倩，东齐壻谓之倩。"段注："《方言》曰：'青齐之间，壻谓之倩。'……郭云：'言可借倩也。'借倩读七政、七见二切，盖方俗语，谓请人为之。"

《土部》："圣，汝颍之间谓致力于地曰圣。"段注："此方俗殊语也。"

同时，段玉裁常举清代当时的方言俗语，也就是"今俗语"，来帮助说解《说文》训释，印证词义。如：

《言部》："谰，抵谰也。"段注："抵谰犹今俗语云抵赖也。"

《歹部》："殖，脂膏久殖也。"段注："《字林》云：'腜，膏败也。亦作臘。'《广雅》云：'臘，臭也。'《玉篇》《广韵》皆云：'臘，油败也。'其字常职切，亦音职。今俗语谓膏油久不可用，正读职之平声也。"

《穴部》："窨，地室也。"段注："今俗语以酒水等埋藏地下曰窨，读阴去声。"

《水部》："湔，一曰：湔，半澣也。"段注："半澣者，澣衣不全濯之，仅濯其垢处曰湔，今俗语犹如此，此相沿古语，如云'湔裙'是也。"

《土部》："墼，令適也。一曰未烧也。"段注："今俗语谓未烧者曰土墼。"

由于籍贯的原因，段玉裁引用最多的是江苏俗语，如：

《艸部》："莳，更别种。"段注："今江苏人移秧插田中曰莳秧。"

《弼部》："鬻，炊釜鬻溢也。"段注："今江苏俗谓火盛水鬻溢出为铺出，鬻之转语也，正当作鬻字。"

《目部》："瞭，瞭也。"段注："今江苏俗谓以目伺察曰瞭。"

《肉部》："肘，臂节也。"段注："肘，今江苏俗语曰'手臂挣注'是也。"

《水部》："涫，鬻也。"段注："今江苏俗语鬻水曰'滚水'。滚水即涫，语之转也。"

同时，《段注》中也举了范围更大一些的吴下、江东或者说江浙地区的俗语，乃至南人俗语，如：

《八部》："八，别也。"段注："今江浙俗语以物与人谓之八，与人则分别矣。"

《土部》："埂，秦谓阬为埂。"段注："今江东语谓畦埒为埂，此又别一方语，非许所谓。"

《米部》："糙，一曰粒也。"段注："今南人俗语曰米糁饭，糁谓孰者也。"

段玉裁辞官之后卜居苏州，因此，《段注》中有几处以范围相对较小的苏州俗语为例，如：

《日部》："啓，雨而昼姓也。"段注："今苏州俗语云'啓昼不是好晴'，正作此音。"

《尢部》："尷，尷尬，行不正也。"段注："今苏州俗语谓事乖剌者曰尷尬。"

《水部》："汱，浙瀄也。"段注："今苏州人谓摇曳洒之曰汱，音如俗语之大，在祃韵。"

《糸部》："結，衣坚也。"段注："衣坚者，今苏州人所谓勘箸也。"

《力部》："勘，劳也。"段注："凡物久用而劳敝曰勘。……今人谓物消磨曰勘是也。苏州谓衣久箸曰勘箸。"

段玉裁指出一部分今俗语"乃古语也"，这是利用《说文》追溯俗语词的渊源，由此体现词汇的历时传承，也说明通语、书面语与方言、口语之间并无绝对的界限。如：

《辵部》："达，行不相遇也。"段注："此与《水部》滑、泰字音义皆同，读如挞。今俗说不相遇尚有此言，乃古言。"

《彳部》："德，升也。"段注："今俗谓用力徒前曰德，古语也。"

《牙部》："犄，虎牙也。"段注："今俗谓门齿外出为虎牙，古语也。"

《骨部》："髆，肩甲也。"段注："今俗云肩甲者，古语也。"

《食部》："餔，昼食也。"段注："今俗谓日西为晡午，顷刻为半晡，犹餔之遗语也。"

《克部》："克，肩也。"段注："凡物压于上谓之克，今苏常俗语如是。"

《水部》："潒，雨流霤下皃。"段注："今俗语呼簷水溜下曰滴潒，乃古语也。"

在上述例子中，段玉裁举方言俗语以证古语，同时也为俗语词溯源。此外，段玉裁还关注俗语词用字，即从《说文》所收字词中找到方言俗语的原始书写形式，这种沟通古今、联系书面语和口语的做法，多半凭借语感而未加论证[1]，但对俗语词用字研究不乏启示。如：

《艸部》："葴，厥也。"段注："今人谓以钝帚去蔽物曰葴，正是此字。"

《走部》："趠，行轻皃。"段注："今俗语轻趠，当用此字。"

《言部》："訬，訬扰也。"段注："今俗语云炒夷者，当作此字。"

《革部》："靪，补履下也。"段注："今俗谓补缀曰打补靪，当作此字。"

《禾部》："稆，禾繇皃。"段注："今俗语说动摇之皃曰稆，即此字也。"

《禾部》："穑，穞鉏田也。"段注："今吴下俗语说用鉏曰

---

[1] 比如《羽部》："翼，捷也。"段注："今俗语'霎时'者，当作此。"但是，《日部》："暂，不久也。"段注："今俗语云霎时间，即此字也。"前后说法不一致。

暴，即此字也。"

《林部》："林，葩之总名也。"段注："今俗语缉麻析其丝曰劈，即林也。"

《疒部》："疝，腹中急痛也。"段注："今吴俗语云绞肠刮肚痛，其字当作疝也。"

《髟部》："髫，鬏也。"段注："今俗谓卒然相遇曰揸，如滂去声，字当作髫也。"

《瓦部》："瓯，败瓦也。"段注："今俗所谓瓦瓯，是此字也。"

《力部》："勃，排也。"段注："今俗语谓以力旋转曰勃，当用此字。"

《斤部》："斫，剂断也。"段注："今俗间谓戾断坚为斫断，当即此字。"

《手部》："擘，扮也。"段注："今俗语谓裂之曰擘开，其字如此。"

《段注》利用《说文》考察、追溯方言俗语的字源，在某种角度上把《说文》由共时研究引向历时研究。而且段玉裁在沟通古今的同时，也注意到古今的差异，包括语音和用字的变化，如《禾部》："秕，不成粟也。"段注："今俗呼谷之不充者曰瘪，补结切，即秕之俗音俗字也。"又如《火部》："衺，炮炙也。以微火温肉。"段注："微火温肉，所谓焦也。今俗语或曰乌，或曰煨，或曰焖，皆此字之双声叠韵耳。"也包括语义的变化，如《禾部》："秧，禾若秧穰也。"段注："今俗谓稻之初生者曰秧，凡艸木之幼可移栽者皆曰秧，此与古义别。"[1]

◇扩展阅读

冯蒸《〈说文〉同义词研究》，首都师范大学出版社，1995 年。

黄易青《上古汉语同源词意义系统研究》，商务印书馆，2007 年。

蒋绍愚《汉语历史词汇学概要》，商务印书馆，2016 年。

汪维辉《汉语词汇史》，中西书局，2021 年。

钟明立《段注同义词考论》，中国文联出版社，2002 年。

◇思考题

1. 读《勹部》"匊"字下段注和王念孙《读书杂志·汉书第十三》"鞠躬履方"条，你认为"鞠躬"是联绵词吗？试分析其构词理据。

2. 读《攴部》"㚲"字下段注，你认为"陵迟""陵夷"是联绵词吗？请搜集前人的观点，谈谈你的看法。

3. 读《言部》"诪"字和《人部》"侜"字下段注，以及马瑞辰《毛诗传笺通释》"谁侜予美"条，试分析"侜张"的构词理据及与"诪张"的关系。

---

[1]　关于《段注》与方俗语研究，可参董志翘《传统训诂之典范古籍整理之利器——重读段玉裁〈说文解字注〉》，《古籍整理研究学刊》2015 年第 6 期。

第七讲 《说文段注》名物研究举隅

名物是传统训诂学的重要课题之一，"所谓名物，早期的狭义说法一般是指草木鸟兽虫鱼等自然界的生物的名称"，"从词义学的观点来看，名物讲的是一些专名的词义。这种专名的特殊性在于，它所指的对象范围比较特定（就概念来说，就是外延很小）而特征比较具体（就概念来说，就是内涵较大）"，"从这个意义上说，车马、宫室、衣服、星宿、郡国、山川及人的命名……也应属名物之列"。[1] 乾嘉学者考证名物注重"目验"，这在《段注》中多有体现。如《木部》"樗"字下注云："凡物必得诸目验，而折衷古籍，乃为可信。"《鱼部》"鲩"字下注云："此鱼见书传者不下数十处，而人不之信，少见则多怪也。余在雅州亲见之。"《糸部》"纔"字下注云："今目验雀头色，赤而微黑。"《虫部》"蜸"字下注云："今观丘蚓，实却行，非侧行，郑说长也。"《黽部》"鼋"字下注云："今目验鼋与鳖同形，而但分大小之别。"《丸部》"𨩍"字下注云："玉裁昔宰巫山县，亲见鸥鸟所吐皮毛如丸。"段玉裁在名物词训释和研究方面着力颇多，本讲分类举例，略述其要，并对个别名物的考释做进一步探讨。

［1］ 陆宗达、王宁《训诂方法论》，中华书局，2018 年，第 80—81 页。

一　名物的异同关系

早在先秦时期，名实关系就是诸子各家讨论的热点话题。尽管古人对事物的命名曾强调过单义性，如《荀子·正名》云："知异实者之异名也，故使异实者莫不异名也，不可乱也，犹使同实者莫不同名也。"但名物毕竟不是科学术语，"同名异实"和"异名同实"的现象实际广泛存在。

1. 异物同名

段玉裁指出，名和物之间的关系存在"异物同名"和"一物异名"两种情况。后来王国维也说"同类之异名"和"异类之同名"。[1]"异物同名"是说同一个名称可以指称不同的对象。如：

《艸部》："薂，芰也。楚谓之芰，秦谓之薢茩。"段注："《释艸》曰：'薢茩，英光。'郭云：'英明也，或曰薂也，关西谓之薢茩。'……《尔雅》'薢茩，英光'，或可以决明子释之，不嫌异物同名也。"

《艸部》："芀，苇华也。"段注："《释艸》曰：'苇醜，芀。'颜注《汉书》云'蒹锥'者是也，取其脱颖秀出，故曰芀。……《豳风》传曰：'荼，萑苇也。'《夏小正》传曰：'荼，萑苇之秀。'是与茅秀同名荼矣。"

---

[1]　参见王国维《尔雅草木虫鱼鸟兽名释例下》，《观堂集林》，中华书局，1961年，第221页。

《豕部》："豰，小豚也。"段注："豚者，小豕也。……《释兽》曰：'貗，白狐，其子豰。'异物而同名也。"

《鱼部》"鰕"字下注云："至于物有同名异实者，如《尔雅》鰕三见，'鳠，大鰕'，则今之虾也。'鲂、鰕'则秭邪头之鱼也。鲵大者谓之鰕，则今有四脚之鱼也。而皆谓之鰕，岂可合而一之乎？"

按："薢茩"本是菨（菱）的别名，段玉裁认为《尔雅》训"英光"的"薢茩"则是决明子。"芳"指芦苇的花，"荼"的所指范围较广，包括茅草、芦苇之类的花，所以说萑苇之秀与茅秀同名荼。"豰"的本义是小猪，而《尔雅》则以为兽名。"鰕"一名而可指三物，一与"虾"同，一指鲂鱼，一指大鲵。

2. 一物异名

"一物异名"是说人们在给事物命名时，赋予同一个事物多个名称，《庄子·知北游》"异名同实，其指一也"说的就是这种较为常见的现象。如：

《艸部》："蘬，堇艸也。"段注："《广雅》：'堇，蘬也。'《名医别录》：'蒴藋，一名堇草，一名芨。'……凡物有异名同实者。《释艸》曰：'芨，堇艸。'陆德明谓即《本艸》之蒴藋。"

《林部》："楚，一名荆也。"段注："《艸部》荆下曰：'楚木也。'此云'荆也'，是则异名同实。楚国，或呼楚，或呼荆，或累呼荆楚。"

《木部》："欂，欂栌，柱上枅也。"段注："欂栌，累呼之也。单呼亦曰栌。……许说榕也，欂栌也，枅也，一物三名也。”

《木部》：“梱，门橜也。”段注：“门梱、门橜、闑，一物三名矣，谓当门中设木也。”

《木部》：“榍，限也。”段注：“《𨸏部》限下云：‘一曰门榍也。’《门部》云：‘阈，门榍也。’亦一物三名矣。”

按：“藋”和“茇”皆可指“堇草”，即蒴藋，也就是药草陆英。“荆”和“楚”皆可指牡荆属植物。“榕”“欂栌”“枅”皆指斗拱，即柱上支承大梁的方木。“门梱”“门橜”“闑”都是指门中央所竖的短木。“榍”“限”“阈”皆可指门槛，即门下横木。又如：

《木部》“欙”字下注云：“《汉书》作‘梮’，韦昭曰：‘梮，木器也。如今轝床，人轝以行也。’应劭曰：‘梮，或作欙。为人所牵引也。’……欙与梮一物异名，梮自其盛载而言，欙自其挽引而言。”

按：《木部》“𣚍”字下注云：“𣚍、梮二字同。𣚍，四围有周，无足，置食物其中，人舁以进。别于案者，案一人扛之，𣚍二人对举之也。《汉书·沟洫志》：‘山行则梮。’韦昭曰：‘梮，木器。如今轝床，人轝以行也。’《左传·襄九年》：‘陈畚梮。’杜曰：‘梮，土轝也。’梮同𣚍。人轝、土轝与食轝，形制则一。……应劭注《汉书》曰：‘梮，或作欙，为人所牵引也。’此盖物重，则舁之而又挽之，故曰欙。”可见命名角度的不同是造成一物异名现象的原因。再如：

《竹部》：“筟，筳也。”段注：“筳、筦、筟，三名一物也。《方言》曰：‘維车，赵魏之间谓之轣辘车，东齐海岱之间谓之道轨。'按，自其转旋言之，谓之厤鹿，亦谓之道轨，亦谓之鹿车；自其箸丝之筳言之，谓之繀车，亦谓之筟车，实即今之篗车也。"

按：《竹部》："篗，收丝者也。""筳，繀丝筦也。"[1] "筦，筟也。""篗""筳""筦""筟"都是指络丝纺纱的工具。"箸丝之筳"指络丝的竹管。《糸部》："繀，箸丝于筟车也。""繀"谓收丝。繀车指缫丝车，有收丝的转轮。《广雅·释器》："繀车谓之厤鹿。"王念孙《疏证》："'轣辘'与'厤鹿'同。""厤鹿"形容车轮声，轣辘车盖得名于收丝转轮之声。

对于同一名物，既可用单音词指称，也可用双音词指称，即段玉裁所谓"单呼""累呼"，如上述"樏枦"和"枦"，又如：

《艸部》："葥，须从也。"段注："葥、须为双声，葥、从为叠韵。单呼之为葥，累呼之为葥从，单呼之为须，累呼之为须从，语言之不同也。"

《艸部》"荡"字下注云："累呼曰蔛荡，单呼曰荡。"

《艸部》："茱，茱荑也。"段注："茱荑盖古语，犹《诗》之椒聊也。单呼曰茱，累呼曰茱荑、茱聊。"

《耳部》"聊"字下注云："《诗》传'椒聊，椒也'，不言聊为语词，盖单呼曰椒，累呼曰椒聊。"

《鸟部》"鷦"字下注云："单呼曰鷦，累呼曰鷦䳥。鷦䳥谓其小也，取义于焦眇也。"

《鸟部》"鹄"字下注云："凡经史言'鸿鹄'者，皆谓黄鹄也。或单言鹄，或单言鸿。"又，"鸿"字下注云："单呼

---

[1]　段注："络丝者必以丝耑箸于筳。"

鹄，累呼黄鹄、鸿鹄。黄言其色，鸿之言㟴也，言其大也，故又单呼鸿雁之大者曰鸿。"

《鸟部》："鶹，鶹鶶也。"段注："单呼曰鶶，累呼曰鶹鶶。"

《竹部》"筩"字下注云："古者累呼曰筩箵，……单呼曰筩。"

《竹部》："箪，筵箪也。"段注："累呼曰筵箪，单呼曰箪。"

《木部》"杨"字下注云："累呼曰蒲柳，单呼曰蒲。"

《厶部》"厶"字下注云："单呼曰卢，累呼曰厶卢也。"

《夂部》"夒"字下注云："单呼猴，累呼母猴，其实一也。母猴与沐猴、猕猴，一语之转，母非父母字。"

《廌部》"薦"字下注云："累呼曰解廌，单呼曰廌。"

按：上述诸例中，"葑从""蓬募""椒聊""鶹鶶""鶹鶶""筵箪""厶卢""解廌"均有叠韵关系，"鸿鹄""黄鹄"有双声关系。其中部分双音词的构词理据已较难分析，因而往往被看作联绵词。但有的理据则较为明确，如"鹄"指天鹅，嘴基部黄色，尖部黑色，羽毛洁白，或谓"形如鹳，色苍黄"[1]，因此，"黄鹄"应是双音合成词。又如段玉裁指出"鸿鹄"的"鸿"含大义[2]，"鶹鶶"取义于"焦眇"，谓其小，这涉及名物的来源即得名之由。

---

[1] 见《玄应音义》卷二"白鹤"注引《广志》。
[2] "鸿鹄"的结构和意义有不同的解释，《史记·陈涉世家》"燕雀安知鸿鹄之志哉"，《索隐》："鸿鹄是一鸟，若凤皇然，非鸿鴈与黄鹄也。"《汉书·陈胜传》颜师古注："鸿，大鸟也，水居。鹄，黄鹄也，一举千里。"

3. 人物之辨

段玉裁指出，《说文》中一部分名物词的使用范围有所限定，用于人的名称与用于动物的名称有比较严格的区分，即所谓的"人物之辨"。[1] 如：

《骨部》："骼，禽兽之骨曰骼。"段注："按，骨当作髊。许据《礼》十七篇，故云'禽兽之髊曰骼'也。禽者，走兽总名。《仪礼》多言'肫骼'，肫亦作膊，皆《说文》之膞字也。骼亦作胳，于人曰髊也。……云曰骼、曰骴者，所以别人禽之异名。《肉部》曰：'臂，羊豕曰臑。'是其例也。许据十七篇为言，故不敢谓骼为人骨也。"

《骨部》："骴，鸟兽残骨曰骴。"段注："《曲礼》曰：'四足曰渍。'注：'渍谓相瀸污而死也。'《小雅》：'助我举柴。'《手部》引作'掣'。毛、许皆云：'掣，积也。'郑笺：'虽不中，必助中者举积禽。'二经渍、掣字，音义皆同骴，故许知骴不谓人骨也。"

《肉部》："肉，截肉。"段注："下文曰：'截，大脔也。'谓鸟兽之肉。《说文》之例，先人后物，何以先言肉也？曰：以为部首，不得不首言之也。生民之初，食鸟兽之肉，故肉字冣古。而制人体之字，用肉为偏旁，是亦假借也。人曰肌，鸟兽曰肉，此其分别也。"

按：所谓"别人禽之异名"，就是说人骨与禽兽之骨分用不同

---

[1] 段玉裁同时也指出，有些名物词本就为人和动物所共用，如《肉部》"膜"字下注云："膜、膈皆人物所同，许专系之物者，在人者不可得见也。"

的名词表示。《骨部》"骱"字下注云："自髑至體（体），皆言人骨。……骼、骴二文，则禽兽之骨。""骼""骴"二字于《骨部》近部末，即遵循"先人后物"的体例。"肌"与"肉"的含义有别，分别指人身上的肉与鸟兽之肉，二者在先秦有各自的使用界限，一般不混。《荀子·王制》谓"（人）最为天下贵"，《孝经·圣治》云"天地之性，人最贵"，《说文·人部》本乎此而释"人"为"天地之性最贵者也"，可见这是先秦至汉代一贯的思想。正是基于这一观念，古人造字用词，依照"人物之辨"的原则，对相关字词的适用范围加以区别和界定。当然，后来的引申往往跨越"人物之辨"的界限，也就是说，本用于人的词可以引申用于物，本用于物的词可以引申用于人，或者由于词义泛化而出现二者通用的情况。如"骼"字下段玉裁引《月令》"孟春掩骼薶骴"，指出"骼""骴"也可用指人骨，"骴"字下引《周礼·秋官·蜡氏》"掌除骴"，"骴"谓死人骨，又引《公羊传·庄公二十年》："大灾者何？大瘠也。大瘠者何？痢也。"《汉书·食货志》："国亡捐瘠。""瘠"即"骴"字，皆指人而言。又如，"到汉代，已把人身上的肉和鸟兽的肉合为一类，统称为'肉'。'肉'的义域扩大了"。[1]

由于许慎训释的是本义，因此，"人物之辨"在《说文》中得以体现，特别是在部内字的排列次序上遵循"先人后物"的原则，其用意在于"尊人"。段玉裁对于某些字词是系诸人还是系诸物，常加以申说和发挥，指明许书的这一体例。但是，就《段注》所举的具体例子而言，不无可商之处。如：

---

[1] 参见蒋绍愚《两次分类——再谈词汇系统及其变化》，《中国语文》1999 年第 5 期。

　　《血部》："衃，羊凝血也。"段注："必系诸羊者，惟羊血
供饮食。前云'衁，血也''衃，凝血也'，皆谓人。至衉、
衊、衃三字，乃言牲血。此许书严人物之辨也。"

　　按：此例意在说明，《说文》同一部内所属的字，用于人者列
在前，用于动物者列在后。不过，钮树玉《段氏说文注订》：
"'衁'下云：'士刲羊，亦无衁也。'亦不尽皆谓人。""衁""衃"
是《血部》第二和第三个字，段玉裁认为二者都用指人血，而钮
树玉指出"衁"字《说文》引经，即《左传·僖公十五年》一例
恰用指羊血。又如：

　　《尾部》："尾，微也。从到毛在尸后。古人或饰系尾，西
南夷亦然。"段注："尾为禽兽之尾，此甚易解耳，而许必以
尾系之人者，以其字从尸，人可言尸，禽兽不得言尸也。凡全
书内严人物之辨每如此。人饰系尾，而禽兽似之，许意如是。"

　　按：此例意在说明，名称用于人还是用于动物，在造字之初
已有区辨。然而，王筠《释例》以为非是："尾下云：'古人或饰
系尾。'或之者，疑之也。许君因尾从尸，遂以当时貂蝉之饰而儗
诸古人，不知非也。请以尸字诸义言之。尸象卧之形，卧时无取
乎饰系尾也。尸象屋形，人不可以为屋也。戻训柔皮而从尸，人之
皮不可柔也，知此为兽皮矣。而尻屟乃在人之后者也，尾之在禽兽
后似之。……且欲以尾强属之人，试问禽兽之尾天生之，人饰系
尾人为之，孰为先后，曒然可知，而谓尾字为人而作乎？"黄侃
《说文段注小笺》也认为："尾所从之'尸'，只作'体'字解。
许氏以尸从横人，遂附会以'饰系尾'之说，穿凿不足信。尾之

本义自当谓禽兽之尾。至段氏'严人物之辨'之说，益迂曲矣。"[1] 又如：

> 《肉部》："臑，臂。羊豕曰臑。"段注："各本皆作'臂，羊矢也'。……皆不可通，今正。许书严人物之辨，人曰臂，羊豕曰臑，此其辨也。禽有假臂名者，如《周礼》《内则》'马般臂'是也。人臂无偁臑者，如《仪礼》《礼记》肩、臂、臑皆谓牲体也。"

按：段注关于"臑"的解释，后人已指出其误。周祖谟案："羊矢，《礼记·少仪》释文、《史记·龟策列传》注徐广引并同。钱坫《说文斠诠》说：'坫考《素问》，羊矢脉穴名，近臂臑，是矢字未尝误也。'然则段氏改羊矢为羊豕，是以不误为误。今考医书，人臂肘上一节外侧曰膊，内侧曰臑。《说文》臑字也正与臂肘二字相厕，则臑并非专指羊豕臂而言。段氏强为之说，徒使人迷惑。王筠《说文句读》不从段说，极是。"[2] 陆宗达指出，马王堆汉墓帛书《医经方》中多处言"臑"，如《十一脉灸经》第二种（甲本）云："肩以脱，臑以折。是肩脉主治。"又如臂泰阴温脉云"循筋上兼，以奏臑内"，齿脉云"人肘中，乘臑"，臂少阴脉云"出臑内阴"等，"此诸臑字均以臂言"，"今针灸经穴手阳明大肠经有臂臑穴，手太阳小肠经有臑俞，均以臑名，正是'臂羊矢'之遗踪"，"至于《少仪》之'肩，臂，臑'，《淮南子》高诱注之'前臂之美也'，始可解为'羊豕曰臑''牲畜的前肢'，但已是臑的引申义了"[3]。据此，则"臑"既可以指人的上肢，也

---

[1] 黄侃《说文笺识》，中华书局，2006年，第204页。
[2] 周祖谟《论段氏说文解字注》，《问学集》，中华书局，1981年，第874页。
[3] 陆宗达《说文解字通论》，中华书局，2015年，第9—10页。

可以指动物的前肢，并无严格的"人物之辨"。再如：

> 《肉部》："膏，肥也。"段注："按，肥当作'脂'，脂字不厕于此者，许严人物之别。自胙篆已下，乃谓人所食者。膏谓人脂，在人者可假以名物，如无角者膏是也。脂专谓物，在物者不得假以名人也。"

> 《肉部》："脂，戴角者脂，无角者膏。"段注："《考工记》郑注曰：'脂者，牛羊属。膏者，豕属。'《内则》注曰：'肥凝者为脂，释者为膏。'按，上文膏系之人，则脂系之禽，此人物之辨也。有角、无角者，各异其名，此物中之辨也。释膏以脂，禽亦曰膏，《周礼》香臊腥膻皆曰膏，此皆统言不别也。"

按："膏"字徐灏《注笺》："《说文》云'剥取兽革者谓之皮'，又云'血祭所荐牲血也'，而人皆以为偁，安在物不得假以名人乎？段强为分别耳。"[1] 王凤阳指出，"'膏'古代指肥肉"，"把由肉中熬出的脂肪称'膏'是'膏'的引申义"，"从动物体内分离出来的脂肪有两种形态：一种质地较硬，很少黏性，如凝结后的牛羊肉的脂肪；另一种是质地黏稠而不板结的，猪油就是这样的"，前者称"脂"，后者称"膏"。[2] 黄金贵认为，"段氏之论也无实据。'膏'可'假以名物'，'脂'也可'假以名人'"，如《后汉书·董卓传》"卓素充肥，脂流于地"。[3]

---

[1] 不过，段玉裁其实指出过在物者可假以名人，《血部》"血"字下注云："不言人血者，为其字从皿，人血不可入于皿，故言祭所荐牲血。然则人何以亦名血也？以物之名加之人。古者茹毛饮血，用血报神，因制血字，而加之人。"
[2] 王凤阳《古辞辨》（增订本），中华书局，2011年，第189页。
[3] 黄金贵《古代文化词义集类辨考》（新一版），商务印书馆，2016年，第482页。

二　探求名物的来源

名物相当于后来的专门术语，作为专名应当有其命名的由来，"一切术语，都是根据人类对这种事物的观察认识，借助于已有的全民语言的生活用语而发展出来的"，"人们为一物定名时，一定与对这一事物的观察、认识有联系，因而在不同程度上有源可寻"，"探求名物的来源，义要系同源，字要明假借，都需要以声音为线索，所以它是'因声求义'方法的一种综合的特殊的运用"。[1]《段注》最重要的特点就是以声音通训诂，因此在推寻名物来源方面颇多创获。如探求单音节名物词的得名之由：

> 《车部》"較"字下注云："較之制，盖汉与周异。周时較高于轼，高处正方有隅，故谓之較。較之言角也。"

> 《车部》"轵"字下注云："轪軨谓之轵，轵之言積也，枝也。積椒，多小意而止也。以状轵围之小，可说其意。"

按："較"即"较"，周代士车两较高于轼，边棱似角。"轵"指车箱左右的小木格，即軨（輶）的别称。[2] 又如分析双音节名物词的构词理据：

> 《鸟部》"鴕"字下注云："《月令》：'戴胜降于桑。'郑云：'戴胜，织纴之鸟。'郭注《方言》云：'胜，所以缠纴。'按，《木部》云：'滕，机持经者。'《糸部》云：'纴，机缕也。'此鸟之首文有如缠机缕之滕，故曰戴胜。"

---

[1]　陆宗达、王宁《训诂方法论》，中华书局，2018年，第81、84、88页。
[2]　参见黄金贵《古代文化词义集类辨考》（新一版），商务印书馆，2016年，第837—838页。

《鸟部》："鷬，鷬鷁也。"段注："鷁之言觜也，觜，口也。鷬鷁盖其咮似鍼之锐。"

按：据段玉裁的观点，"戴胜"和"鷬鷁"都是双音合成的名物词，构词理据可作分析："戴胜"的"胜"本字为"媵"；"鷬"之言鍼，"鷁"之言觜。

段玉裁还通过类比和归纳，对名物词中较为常见的区别大小的构词语素做了解释，如"子""女""牛""马""王""卵"：

《艸部》："蒻，蒲子。可以为平席。"段注："蒲子者，蒲之少者也。凡物之少小者谓之子，或谓之女。"[1]

《艸部》："藫，牛藻也。"段注："藻之大者曰牛藻，凡艸类之大者多曰牛、曰马。"

《艸部》："蕰，王彗也。"段注："凡物呼王者皆谓大。"

《艸部》"蒜"字下注云："《大戴礼·夏小正》：'十二月纳卵蒜。卵蒜者何？本如卵者也。纳者何？纳之君也。'案，经之卵蒜，今之小蒜也。凡物之小者偶卵。《礼》之卵酱，即鲲酱。《诗》之'总角丱兮'，谓幼稚也。丱者，《说文》卵字也。陶贞白云：'小蒜名薍子。薍音乱。'即《小正》卵字。"

《虫部》："蛕，马蜩也。"段注："凡言马者谓大。马蜩者，蜩之大者也。"

按：王国维在此基础上进一步推演："凡俗名多取雅之共名而以其别别之，……有别以形者，形之最著者曰大、小。大谓之荏，

---

[1] 又如《自部》："陴，城上女墙俾倪也。"段注："《土部》曰：'壤，城上女垣也。'凡小者谓之女，女墙即女垣也。"

亦谓之戎，亦谓之王；小者谓之叔，谓之女，谓之妇，妇谓之负。大者又谓之牛，谓之马，谓之虎，谓之鹿；小者谓之羊，谓之狗，谓之菟，谓之鼠，谓之雀。"[1]

此外，段玉裁还指出，双音节名物词与其构词语素的关系存在不相涉的情况，也就是说，"有必要把处在由一个单音节的词素所构成的词和由复音节的词素所构成的词中的同一汉字严格区分开来"[2]。如：

《艸部》："苦，大苦，苓也。"段注："毛传、《尔雅》皆云'卷耳，苓耳'。《说文》苓篆下必当云'苓耳，卷耳'也。今本必浅人删其'苓耳'字。卷耳自名苓耳，非名苓。凡合二字为名者，不可删其一字以同于他物。如单云兰，非芄兰，单云葵，非凫葵是也。"

《鸟部》："鹎，鸥鹎，宁鴂也。"段注："鸥当作'雎'。雎，雏也。雎鹎则为宁鴂，雎旧则为旧留，不得举一雎字谓为同物。又不得因鹎与枭音近，谓为一物。又不得因雎鹎与鸥偶音近，谓为一物也。雎旧不可单言雎，雎鹎不可单言鹎，凡物以两字为名者，不可因一字与他物同谓为一物。"

《鸟部》："鴂，宁鴂也。"段注："而《广韵》乃合鸇鴂、鹎鴂为一物。凡物名因一字相同而淆误之类如此。"

《虫部》："蛁，蟁也。"段注："《玉篇》以'蛁蟟'释之，非也。蛁自蟁名，下文蚗下'蛁蟟'，别一蟁名。凡单字

---

[1] 王国维《尔雅草木虫鱼鸟兽名释例上》，《观堂集林》，中华书局，1961年，第219页。

[2] 郭在贻《〈说文段注〉与汉语词汇研究》，《郭在贻文集》（第一卷），中华书局，2002年，第298页。

为名者，不得与双字为名者相牵混。蛞蝓即蛞蝼，不得以释
蛞也。"

《黾部》："黾，鼃黾也。"段注："是许意鼁黾为一物，鼃
为一物，凡两字为名，一字与他物同者，不可与他物牵混，
知鼃黾非鼃也。"

按：从上举诸例可见，探求名物的来源，在很多情况下，不
能从记录名物词的字入手，因为在长期流传中言迁字变，记录的
文字仅仅是"托名标识"，如"蛞蝓/蛞蝼"是叠韵联绵词，"蛞"
"蝓（蝼）"在该词中只是标音符号。

推求名物的来源往往离不开声音的线索。段玉裁基于对音义
关系的认识，运用因声求义的方法，同时依据文献，参考故训，
推求名物词的命名由来。如《鸟部》"鸬"字下注云："鸬者，谓
其色黑也。鹚者，谓其不卵而吐生。多者生八九，少生五六，相
连而出，若丝绪也。"从卢声之字不少都和黑色的意义有关[1]，
如《黑部》："黸，齐谓黑为黸。"《土部》："垆，黑刚土也。"[2]
故"鸬"指黑色水鸟，得名之由是"其色黑"。同理，"鹚"的命
名亦由其声符而来，《艸部》："兹，艸木多益。从艸，丝省声。"

下面着重以"菑"为例，具体说明得名之由的推求。"菑"的
训释存在分歧，这里结合相关研究，略做综述。

《艸部》："菑，不耕田也。"段注：　"海宁陈氏鳣曰：
'不，当为才。才耕田，谓始耕田也。才、财、材皆训始。'
玉裁按，不当为'反'，字之误也。《尔雅》：'田一岁曰菑。'

---

[1]　王力《同源字典》，商务印书馆，1982年，第150页。
[2]　大徐本作"刚土也"，此据段玉裁改。

《毛诗》传，马融、虞翻《易》注皆用之。《韩诗》、董遇
《易章句》皆曰：'菑，反艸也。'与田一岁义相成。《诗·大
田》笺曰：'俶载读为烖菑。时至，民以其利耜烖菑，发所受
之地，趋农急也。'考诸经传，凡入之深而植立者皆曰菑，如
《考工记·轮人》菑训建辐，《弓人》菑训以锯副析，《公羊
传》'以人为菑'，《汉书》'揳石菑'。郑仲师云：'泰山、
平原所树立物为菑，声如戴；博立枭棊亦为菑。'其他若毛
传'木立死曰菑'，《汉书》'事刃公之腹中'，《急就篇》
'分别部居不杂厕'，汉太学石经'以人为侧'，皆此字之引
伸假借。又假为烖害字。"

"菑"指的是一种土地耕作方式，何炳棣曾以科学、训诂互证
的方法探讨《尔雅》"田一岁曰菑"的意涵，待后文详述。这里段
玉裁主要是在讨论"菑"的得名之由。《大田》是《小雅》中的
一首农事诗，其诗云："大田多稼，既种既戒，既备乃事。以我覃
耜，俶载南亩。播厥百谷，既庭且硕，曾孙是若。""覃"是"剡"
的假借，毛传训为利，所以"覃耜"就是锋利的犁头。陆德明
《释文》："俶，始也。载，事也。"据此，"俶载"是说开始从事
农作。但郑玄认为"俶载"是假借，应破读为"烖菑"。段玉裁引
《周礼》《公羊传》《汉书》中的例子对"烖菑"的"菑"做了解
释，指出"凡入之深而植立者皆曰菑"。

《大田》孔颖达疏："此及《载芟》《良耜》皆于耜之下言
'俶载南亩'，是俶载者，用耜于地之事，故知当为'烖菑'[1]，
谓耜之烖而入地，以菑杀其草，故《方言》'入地曰烖，反草曰

[1] "菑"在典籍中多通作"菑"，下同。

蔺’也。”《载芟》《良耜》是《诗经》中的另外两首农事诗,《周颂·载芟》:“有略其耜,俶载南亩。”毛传:“略,利也。”[1] 郑笺:“‘俶载’当作‘烖菑’。……农夫既耕除草木根株,乃更以利耜烖菑之,而后种,其种皆成好,含生气。”孔疏:“郑以‘俶载’为‘烖菑’,烖然入地而菑杀其草于南亩之中。”《诗·周颂·良耜》:“畟畟良耜,俶载南亩。”毛传:“畟畟,犹测测也。”郑笺:“良,善也。农人测测以利善之耜,烖菑是南亩也,种此百谷,其种皆成好,含生气,言得其时。”孔疏:“以畟畟文连良耜,则是利刃之状,故犹测测以为利之意也。《释训》云:‘畟畟,耜也。’舍人曰:‘畟畟,耜入地之貌。’郭璞曰:‘言严利也。’”由此可以理解段玉裁所谓的“入之深”。

　　再看段注所引《周礼》中“菑”的用例。《考工记·弓人》:“居干之道,菑栗不迤,则弓不发。”注:“郑司农云:‘菑读为不菑而畬之菑,栗读为榛栗之栗,谓以锯副析干。’……玄谓栗读为裂繻之裂。”孙诒让《正义》:“《说文·刀部》云:‘副,判也。’段玉裁云:‘以锯副析干,如耜之烖菑,栗则干木也。’案,段说是也。菑与《史记·张耳传》‘剚刃’之剚音义相近,详《轮人》疏。……段玉裁云:‘郑谓七干中无栗树,易栗为裂,菑者锯入之,裂者分之。’”此例是说处理用作弓干的木材,剖析干材时不要斜锯,制成的弓就不会扭曲变形。锯入木料和利耜入地相类似,故皆可称“菑”。[2] 另外,《史记·张耳传》“傅刃公之腹中”,

---

[1] “略”的《说文》本字是“劙(劣)”,《刀部》:“劙,刀剑刃也。劣,籀文劙,从韧各。”段注:“各声与尔声同部。《释诂》:‘剺、劣,利也。’陆德明本作‘劣’,颜籀、孔冲远引作‘略’。”

[2]《大田》孔疏:“彼锯弓干,以锯菑而裂之,犹耕者以耜菑而发之,义理既同,故读从其文以见之也。”

"傅"与"剚"同,《集解》引李奇曰:"东方人以物插地皆为傅。"《汉书·蒯通传》"事刃于公之腹",师古曰:"事,字本作傅。《周官·考工记》又作'菑',音皆同耳。"又如《管子·轻重甲》:"春日傅耜。""傅"义为插。[1] 因此,孙诒让说"菑"与"剚"音义相近。

又,《考工记·轮人》:"察其菑蚤不齵,则轮虽敝不匡。"注:"菑,谓辐入毂中者也。……郑司农云:菑……谓建辐也。"贾公彦疏:"凡植物于地中谓之菑,此辐入毂中似植物地中,亦谓之菑。"孙诒让《正义》:"建犹插入也。辐上头插入毂,故名为菑。"段玉裁《周礼汉读考》卷六:"云'博立枭棊亦为菑'者,广证之,皆建立之义。《弓人》之'菑栗',《诗笺》之'炽菑',《管子》之'剚耕''剚耘',《史记》之'剚刃',义训略同。"

再者,《公羊传·昭公二十五年》"既哭,以人为菑",何休注:"菑,周埒垣也。所以分别内外,卫威仪。今大学辟雍作'侧'字。"陈立《义疏》:"《汉书·沟洫志》瓠子歌:'隤林竹兮楗石菑。'注:'石菑,谓舌石立之也。'盖凡立物皆谓之菑。立人以当埒垣,故亦谓之菑。"此例"菑"用作名词,指树立的围墙。[2]

关于"田一岁曰菑",何炳棣综合《尚书》《诗经》诸节及

---

[1] 闻一多云:"'傅'与'载'并通'菑',是《管子》'傅耜'即《月令》'载耒耜',并谓插耒耜于地中以发土反草。"见黎翔凤《管子校注》,中华书局,2004 年,第 1428—1429 页。不过,《月令》:"天子亲载耒耜,措之参保介之御间,帅三公、九卿、诸侯、大夫,躬耕帝藉。""载"恐怕当作本字读。

[2] 《诗·大雅·皇矣》:"作之屏之,其菑其翳。"毛传:"木立死曰菑,自毙为翳。"这里"菑"也作名词,指直立未倒的枯木。又如《荀子·非相》:"周公之状,身如断菑。"杨倞注:"《尔雅》云:木立死曰椔。椔与菑同。"

《尔雅·释地》等文献训诂资料，并用科学原理加以解说，认为
"菑"的含义是："第一年开垦和重新清理的土地，暂不播种"，
"所谓'反草'实际上是指翻土这一工序，翻过之后，植物残体才
会在土壤中逐渐腐烂"，"菑的音义都含有'杀'意，就是反映翻
土或'反土'的主要目的在'杀草'，也就是把所有的残根败叶，
都化为腐质"。[1] 古代训诂家对此早有解释，如《尔雅·释地》
郭璞注："今江东呼初耕地反草为菑。"郝懿行《义疏》："《诗·
采芑》正义云：'菑者，灾也。'引孙炎曰：'菑，始灾杀其草木
也。'《易·无妄》释文引董遇云：'菑，反草也。'盖田久芜莱，必
须利耜炽菑，发其冒橛[2]，拔彼陈根，故云'反草'。《诗》'俶
载南亩'，笺读'俶载'为'炽菑'，是其义也。江南以首春垦草
为'翻田'，江北以初冬耕田为'刷草'，皆与'菑'义合。"又
如《尚书·大诰》："厥父菑，厥子乃弗肯播，矧肯获？"孔疏：
"其父菑耕其田，杀其草，已堪下种矣，其子乃不肯布种，况肯收
获乎？"可知"菑"指田中除草和翻土的工作，据段注，则"菑"
的耕地反草义和经传中的树立、插入义相关，因为除草翻土的主
要动作是"耜入地"，即农具插入地里。[3]

　　由此可以揣想段玉裁为什么把"不耕田"改为"反耕田"。
"畬"字下注云："反耕者，初耕反艸，一岁为然。"如上所述，

---

[1] 何炳棣《华北原始土地耕作方式：科学、训诂互证示例》，《农业考古》1991
　　年第 1 期。
[2] "橛"是指禾稼的残余。《礼记·月令》"草木萌动"，郑注："《农书》曰：
　　'土长冒橛，陈根可拔，耕者急发。'"
[3] 罗汝怀《释菑》谓："凡植立者皆曰菑。……是菑之为字，取艸植立田中之
　　义，然则谓为'才耕田'可，谓为'不耕田'亦无不可也。"虽然也以植立为
　　释，但角度与段玉裁不同。参见丁福保编纂《说文解字诂林》，中华书局，
　　1988 年，第 16248 页。

"初耕反艸"可以和"入之深而植立者"联系起来。不过,"反耕"的说法于文献无据,正如徐承庆《段注匡谬》指出的,"作'反耕田',则于反艸义晦,而田一岁义亦不显。"

关于"菑"的得名,还有其他观点。如认为菑之言哉,《广雅·释诂四》:"甾,业也。"王念孙《疏证》:"甾者,《尔雅》'田一岁曰菑',郭璞注云:'今江东呼初耕地反草为菑。'《释文》:'菑,本或作甾。'郑众注《考工记·轮人》云:'泰山平原所树立物为甾。'《汉书·沟洫志》'隤林竹兮揵石菑',颜师古注云:'石菑,谓臿石立之,然后以土就填塞之也。'是凡言'甾'者,皆始立基业之意。'甾'之言'哉'也。《尔雅》'哉、基,始也',卷一云'业,始也',此云'甾,业也',义并相通。"这就是改"不耕田"为"才耕田"的依据。[1] 黄侃亦云:"哉又与菑通。菑即栽植之本字,故哉又与栽通。下文'田一岁曰菑'。《广雅》:'菑,业也。'业亦始也。又《考工记·轮人》先郑注:'泰山平原所树之物为菑。'此即栽植义矣。草木之初为才,初栽草木则为菑。《论衡·初禀》:'草木出土为栽蘖。'《东京赋》:'寻木始于蘖栽。'是栽亦有始义。"[2]

又如认为"菑""灾"音义同。《尔雅·释诂上》:"栽,危也。"郝懿行《义疏》:"栽者,与'灾''災'同。災训害,与危义近,经典多通作'菑'。'菑''災'声同也。《释地》云'田一岁曰菑',郭注:'初耕地反草为菑。'孙注:'菑,音災。始災杀其草木也。'是災、菑音义同。"王筠认为"菑"本指灾害,谓田

---

[1] 桂馥《义证》:"王君念孙曰:不耕当为才耕,字之误也。"

[2] 黄侃著,黄焯辑,黄延祖重辑《尔雅音训》,中华书局,2007年,第1页。

地荒芜，草多成灾。《说文句读》云："田而为艸所宅，为水所淹，是不耕也。案，菑以害为正义，汉人皆然。"《说文释例》亦云："许君收菑于《艸部》，以艸为主，田而有艸，是不耕也。……菑又加艸，以表其巛之由于多艸，故以菑害为正义，菑畬为借义。"徐灏也有类似的观点，《注笺》云："菑者，初垦辟之谓也。田久汙莱，必就除其艸木，然后可耕。因之，灾杀艸木谓之菑。又引申之，谓木立死曰菑，别作槌。巛本训害，故菑借为灾害之灾。反其义，则种植亦谓之菑，别作'栽'。"王力据此认为"菑""槌"和"灾""栽"同源，并且指出"原始社会刀耕火种，'菑'有火种之意"。[1]《说文》有"畩"字，指的就是火耕这种原始耕作方法。[2] 由此联系郑玄所谓"炽菑"，"炽"本有燃烧义。[3] 陆宗达曾指出"炽菑就是用火杀草而后播种"。[4] 这种解释与何炳棣所说的"第一年开垦和重新清理的土地，暂不播种"不同。

其实，对于"菑"的"烧薙杀艸"和"耕田反艸"这两种含义之间的关系，清代的黄以周早就做过清楚的解释，《释菑》："凡治田之法，先杀草而后耕，既耕而后耘。《诗》云：'载芟载柞，其耕泽泽，千耦其耘。'郑笺：'民治田业，将耕，先始芟柞其草木，土气蒸达而和耕之，则泽泽然解散，于是耘除其根株。'此治田一定之叙，郑笺言之凿凿可据者也。然《诗》据不易之田而言，

---

[1] 王力《同源字典》，商务印书馆，1982年，第96—97页

[2] 《田部》："畩，烧穜也。"段注："《篇》《韵》皆云：'田不耕，火种也。'谓焚其艸木而下种，盖治山田之法为然。《史记》曰：'楚越之地或火耕。'杜甫《夔府》诗：'烧畬度地偏。'"

[3] 不过，孔疏说"炽然入地而菑杀其草于南亩之中""耜之炽而入地以菑杀其草"，乃据《方言》"入地曰炽"，似不以"炽"作燃烧解。

[4] 参看陆宗达《说文解字通论》，中华书局，2015年，第147页。

芟柞耕耘同在春月。若以再易之田而言，所谓芟柞艸木者，其一岁之菑田也。土和耕泽然解散者，其二岁之新田也。孙炎注《尔雅》云：'新田，新成柔田，谓一岁土强㯺不可耕，至二岁田始柔和新成矣。'菑字从艸巛田会意。巛者，灾也。以烧薙杀艸为本义，孙炎注《尔雅》云'菑，始灾杀其草木'是也；以耕田反艸为后义，郑笺《良耜》读'俶载'为'炽菑'，云'农以利善之耜炽菑南亩'是也。自说者误以后义为本义，于以字诂不明而经义遂晦。《说文》：'菑，不耕田也。''畬，二岁治田也。'以治释畬，明菑为田之未治，故曰不耕田。不耕田者，明一岁田只杀艸，尚未耕治也。故其字与艸盛之蕃、除艸之薙相次。注《说文》者不达其意，乃改不耕田为才耕田，或改为反耕田，皆误。以后义为本义，而失造字之意者也。"[1] 蒋冀骋据此总结指出："刀耕火种是当年下种，菑田是当年不下种，只砍伐田地上的草木，翻挖地下的草木之根，第二年再下种。这是它们的区别。"[2]

黄以周所说的"不易之田""再易之田"见于《周礼·地官·大司徒》："不易之地家百畮，一易之地家二百畮，再易之地家三百畮。"郑司农云："不易之地岁种之，地美，故家百畮。一易之地休一岁乃复种，地薄，故家二百畮。再易之地休二岁乃复种，故家三百畮。"陆宗达说："《周礼·大司徒》把耕田分为三等，所谓'上田''中田''下田'。上田是每岁能种的，叫'畬'，畬舒音通，是地力舒每岁耕种。隔一岁种的叫'新田'，是每岁更新，是为中田。三岁更种的叫'菑田'，……必须三岁一耕，是为下

［1］　丁福保编纂《说文解字诂林》，中华书局，1988年，第1789页。
［2］　蒋冀骋《〈说文〉注音释义考略》，《古汉语研究》2021年第4期。

田。"[1] 陆先生把《周礼》的"不易之地""一易之地""再易之地"与《诗经》《尔雅》的"菑""新""畬"联系在一起，颇有其合理之处。

综上所述，"菑"《说文》训"不耕田"，谓不耕治之田，为其本义，无误。而郭璞注云"初耕反草"则是"菑"的后义，段玉裁、王念孙等皆囿于后义而改《说文》。

三　相关名物的类比

黄侃云："《尔雅》名物，仍当贯以声音，求其条例。"[2] 这可以理解为，在探讨名物音义关系的同时，应当关注词汇和词义的系统性。段玉裁就常用类比的方法来探讨不同名物词之间的关联，如《隹部》"雁"字下注云："舒雁谓之鴚，犹舒凫谓之鹜也。"下面举四个例子做具体说明。如：

《水部》："灉，河灉水也。"段注："河之别为灉，如江之别为沱，沱非一沱，则灉亦非一灉。凡首受河之水，皆可名之矣。"

按："沱"是江水支流的通称，《水部》："沱，江别流也。出崏山东，别为沱。"段注："《召南》曰：'江有沱。'《释水》曰：'水自江出为沱。'毛传曰：'沱，江之别者。'按，今《说文》衍'流'字，宜删。沱为江之别，如勃、澥为海之别，立文正同。

---

[１]　陆宗达《说文解字通论》，中华书局，2015 年，第 147 页。

[２]　黄侃述，黄焯编《文字声韵训诂笔记》，上海古籍出版社，1983 年，第 256 页。

《禹贡》某氏注云：'沱，江别名。'江别名，谓江之别出者之名
也。……《禹贡》曰：'岷山道江，东别为沱。'按，荆州、梁州皆
有沱。……沱江会北来绵、雒诸水，而南入江，曰中水。是首受
江，尾入江，与《汉志》合。然此郫之沱耳，汶江之沱，尚当在
其上流，未审今何水。"此即所谓"沱非一沱"。《尔雅·释水》：
"灉，反入。"郭璞注："即河水决出又还入者。河之有灉，犹江之
有沱。""灉"指从黄河主道分出又流回主河道的水，"河水决出又
还入"相当于"沱"的"首受江，尾入江"。段玉裁以"沱"
"灉"相类比，指出"灉亦非一灉"。据考证，《说文·水部》《尚
书·禹贡》《尔雅·释水》三者之"灉"所指皆不同。又如：

> 《鱼部》："鲤，鳣也。"段注："《周颂》：'有鳣有鲔，鲦
> 鳢鰋鲤。'鳣鲤并言，似非一物。而笺云：'鳣，大鲤也。'然
> 则凡鲤曰鲤，大鲤曰鳣，犹小鲔曰鲼，大鲔曰鲔，谓鳣与鲤、
> 鲼与鲔不必同形，而要各为类也。许意当亦如是。"

> 《鱼部》："鳣，鲤也。"段注："《卫风》毛传曰：'鳣，
> 鲤也。'许本之。以鲔鲼例之，此当同。郑曰：'大鲤也。'盖
> 鲤与鳣同类而别异，犹鲼与鲔同类而别异。"

按：段玉裁将"鲤"与"鳣"、"鲼"与"鲔"相类比，说明
它们都是"同类而别异"的关系，区别在于大小。《鱼部》："鲼，
叔鲔也。"段注："叔鲔者，鲔之小者也。对王鲔为辞。《江赋》亦
以叔鲔、王鳣俪句。……叔鲔名鲼，则王鲔不名鲼，而以鲼注鲔
者何也？浑言析言不同，故互注而又别其大小也。"又如：

> 《糸部》："繐，细疏布也。"段注："其名曰繐者，布本有
> 一种细而疏者曰繐，但不若繐衰之大疏，而繐衰之名繐，实
> 用其意。故郑举凡布以名之。刘氏《释名》说繐衰亦曰细而

疏如繐也。许云'细疏布'，亦谓凡布，不主繐衰，与緆本为
细布名，而锡衰之锡取以为名正同。"

按：这里以"繐"和"緆"相类比。《糸部》："緆，细布
也。"段注："锡衰之锡，与细布之緆，其实不同也。盖古者布十
五升为冣细，十五升布成，治之使滑易，是曰緆。锡衰则半十五
升而治之，亦名曰緆，实非緆也。……许作字书释緆本义，故只
曰细麻，而不必详十五升去半之緆。""繐"和"緆"都是细布名，
"锡衰"[1] 和"繐衰"则是用这两种细布所制的丧服。再如：

> 《糸部》："绖，丧首戴也。"段注："按，经传首要皆言
> 绖，而首章传'苴绖大搹，去五分一以为带。齐衰之绖，斩
> 衰之带也'云云，然则在首为绖，在要为带，绖特举绖以统
> 带耳。故许以丧首戴释绖，犹言当心之缞，则负板、辟领皆
> 统其中也。"

按：这里以"绖"和"缞"相类比。《糸部》："缞，丧服衣。
长六寸，博四寸，直心。"段注："《礼·丧服记》曰：'衰长六寸，
博四寸。'注云：'广袤当心也。前有衰，后有负板，左右有辟领，
孝子哀戚无所不在。'"胡培翚《仪礼正义》："袤，长也，言其上
下左右适当心之处也。衰当心，是前有衰也。负在背上，是后有
负版也。适在两肩，是左右有辟领也。"可知"衰（缞）"是披于
胸前的麻布条，"负版"是披在背上的粗麻片，"辟领"指丧服的
领子。同时，丧服之上衣也称"衰（缞）"，即包括负版和辟领。
"绖"的《说文》本义指服丧期间结在头上的葛麻布带。同时，系

---

[1] 徐灏《注笺》："古但作锡，其后乃蒙锡字而易作糸旁，故《礼》古文作锡，
今文作緆也。"

在腰间的麻带也称"绖"。《仪礼·丧服》"苴绖"郑注:"麻在首在要皆曰绖。"

四 名物故训的考察

名物考据是训诂研究的重要组成部分,从周秦到清代一直备受关注,如《尔雅》十九篇中的后十六篇大都是名物训诂,《释名》更进一步用声训探究名物的来源。特别是在《诗经》和"三礼"中名物众多,自汉代毛亨、郑玄以来,历代注疏都有对名物词的训释和考证。段玉裁注《说文》常对名物故训加以考察和辨析,并做出他认为合理的判断,所谓"训诂必考其源流得失"。这里举两个例子。如:

《玉部》:"琫,佩刀上饰也。"段注:"《小雅》:'鞞琫有珌。'传:'鞞,容刀鞞也。琫,上饰。珌,下饰。'《大雅》:'鞞琫容刀。'传:'下曰鞞,上曰琫。'戴先生疑《瞻彼洛矣》之'珌下饰'当为'鞞,下饰。珌,文饰皃'。'有珌'与首章'有奭'句法同,《说文》训鞞为'刀室'误也。玉裁按,鞞之言裨也,刀室所以裨护刀者,汉人曰削,俗作鞘。琫之言奉也,奉俗作捧,刀本曰环,人所捧握也,其饰曰琫。珌之言毕也,刀室之末,其饰曰珌,古文作璊。传云'鞞,容刀鞞也',谓刀削。其云'琫,上饰,珌,下饰'者,上下自全刀言之。琫在鞞上,鞞在琫下,珌在鞞末。《公刘》诗不言珌,故云'下曰鞞',举鞞以该珌。'鞞琫有珌',言鞞琫而又加珌也。《王莽传》'玚琫''玚珌',孟康曰:'佩刀之饰,上曰琫，下曰珌。'若刘熙《释名》曰：'室口之饰曰琫。琫，捧也。捧束口也。下末之饰曰珌。珌，卑也。下末之言也。'珌即鞞之讹。刘意自一鞘言之，故虽袭毛'上曰琫，下曰鞞'之云，而大非毛意。至杜预，本之注《左传》云：'鞞，佩刀削上饰。鞛，下饰。'又互讹上下字矣。凡训诂必考其源流得失者，举眡此。许云'佩刀上饰'，用毛说，谓一刀之上，非一削之上也。凡刀剑，以手所执为上，刀谓之颖，亦曰环。书刀谓之拊，剑谓之镡。"

按：这里涉及《小雅》《大雅》毛传、刘熙《释名》、《汉书》孟康注、《左传》杜预注和清代戴震对"琫"及相关的"鞞""珌"的解释。首先，段玉裁所谓"刘意自一鞘言之"，就是说依据《释名》，"琫"指佩刀鞘口部位的装饰物。而依据《大雅》毛传，则"琫"指刀柄上的装饰，即"谓一刀之上，非一削之上"，《说文》即用毛说。其次，《小雅·瞻彼洛矣》"鞞琫有珌"[1]，孔疏："古之言鞞，犹今之言鞘。……以《公刘》云'鞞琫容刀'，故知'鞞，容刀鞞也'。又容者容饰，此'琫有珌'即容饰也。'琫，上饰'，于鞞之形饰有上下耳。其名为琫、珌之义则未闻。""鞞"指刀鞘，"琫"是刀鞘的上饰，"有珌"相当于"珌然"或"珌珌"，形容玉饰花纹美丽貌。《诗·大雅·公刘》"鞞琫容刀"，孔疏："鞞者，刀鞘之名。琫者，鞘之上饰。下不言其饰，指鞞之体，故云'下曰鞞'。上则有饰可名，故云'上曰琫'。""容刀"指佩饰用的刀。《瞻彼洛矣》传云"珌，下饰"，而《公刘》传云"下曰鞞"，毕沅《释名疏证》云："同出毛公，而语有异。……戴

---

[1] "鞞"，一本作"鞞"。

氏震以《公刘》传为是，云：'有邲'与'有奭'一例，犹言奭然、邲然。传'邲下饰'当作'鞞下饰'，下数邲字皆当作鞞。《说文》所见已是误本，有《释名》可以正之。"段玉裁亦引戴震之说，同时运用因声求义的方法，指出"鞞之言裨""琫之言奉（捧）""邲之言毕"，从而明确"琫在鞞上，鞞在琫下，邲在鞞末"，鞞指刀鞘，琫是刀鞘上端的饰物，邲是刀鞘末端的饰物。正如段玉裁所说，"凡刀剑，以手所执为上"。"琫"为刀本之饰，在"人所捧握"之处，故曰"琫在鞞上"。再次，《左传·桓公元年》"藻、率、鞞、鞛"，杨伯峻注："鞞音丙，刀鞘。……鞛同琫，音崩，上声，佩刀刀把处之装饰。"[1] 而杜预以"鞞"为上饰，"鞛"为下饰，故段玉裁谓其"互讹上下字"。又如：

> 《竹部》："箱，大车牝服也。"段注："《考工记》：'大车……牝服二柯又参分柯之二。'注云：'大车，平地载任之车，……牝服长八尺，谓较也。'郑司农云：'牝服，谓车箱。服读为负。'《小雅》传曰：'服，牝服也。箱，大车之箱也。'按，许与大郑同，箱即谓大车之舆也。毛二之，大郑一之，要无异义。后郑云较者，以左右有两较，故名之曰箱，其实一也。"

按："箱"是牛拉的大车的车箱，所谓"大车之舆"，郑玄（后郑）、郑众（大郑）和毛传各有训释，段玉裁对各家说法做了沟通，认为"其实一也"。《周礼·考工记·车人》贾公彦疏："言'牝服'者，谓车较[2]，即今人谓之平箱，皆有孔，内軨子于其

---

[1]　参看陈乔枞《礼堂经说》之《藻率鞞鞛解》。
[2]　"较"，阮刻本作"毂"，误，此据宋刻八行本《周礼疏》改。

中，而又向下服，故谓之牝服也。是以先郑云'牝服，谓车箱。服读为负'，以众辀所依负然也。"车箱周围的栏杆称为"輢"；左右两旁车栏上用作把手的横木称为"较"；较底凿孔，以纳辀子（即栏杆条），谓之"牝服"。孙诒让《正义》云："贾《山虞》疏亦释牝服为车平较，谓皆有凿孔，以辀子贯之。盖以凿孔为牝，辀子即横直材，犹马车之轵軹也。然贾以辀子贯凿训牝服，则与马车无别，似非的解。今以郑义推之，较者，舆两面上横木之称。马车、牛车皆有左右两较，但马车较左右出式[1]而高，牛车较卑，无较式之别，是之谓平较。平较谓之牝服，较高者为牡，则平者为牝矣。"郑玄认为"牝服"就是车平较，即车箱两旁的横木。而郑众则将"牝服"径释为车箱，许慎亦以"牝服"释"箱"，谓二者异名同物。孙诒让《正义》又云："《诗·大东》以服箱并举，故毛两释之。郑笺亦云牵牛不可用于牝服之箱，孔疏谓两较之内容物之处为箱[2]，马瑞辰谓郑以牝服为左右较，而以箱为大车之舆。案：综校毛、郑、孔义，盖当如马说。若然，是牝服为两平较之专称，箱为车舆之大名，犹之小车辀较通属舆也。大总言之，服亦即箱，异名同物，后郑《既夕礼》注亦云'服，车箱'，是二郑说同。"这大概就是段玉裁所说的"毛二之，大郑一之，要无异义"。[3]

---

[1]　"式"，即"轼"。

[2]　《小雅·大东》："睆彼牵牛，不以服箱。"孔疏："知服牝服者，以连箱言之，为牛所用，故牝服也。……今俗为平较。两较之内谓之箱。《甫田》曰：'乃求万斯箱。'《书传》曰'长几充箱'，是谓车内容物之处为箱。"

[3]　不过，关于"牝服"和"服箱"的问题，前人还有不同的解释，这里不再涉及。

◇扩展阅读

刘兴均、黄晓冬《"三礼"名物词研究》，商务印书馆，2016 年。

汪少华《中国古车舆名物考辨》，商务印书馆，2005 年。

王宁、谢栋元、刘方《〈说文解字〉与中国古代文化》，辽宁人民出版社，2000 年。

许嘉璐《中国古代衣食住行》，北京出版社，2016 年。

◇思考题

1. 你认为"菑"是得名于树立、插入，还是得名于灾杀？"菑"和"灾"是同源通用，还是同音假借？

2. 读《木部》"樑"字下段注，同时参阅段玉裁《周礼汉读考》、程瑶田《通艺录》、孙诒让《周礼正义》中的相关材料，试做分析，并谈谈你的看法。

第八讲 《说文段注》虚词研究例释

词汇包括实词和虚词，词汇学研究的重点是实词，虚词的词汇意义已经虚化，主要表达语法意义，所以从现代学科分类的角度来说，虚词的研究一般归入语法研究的范畴。但虚词毕竟多由实词虚化而来，古代的虚词研究属于训诂学的范围。阮元《经传释词·序》云："经传中实字易训，虚词难释。……赖《尔雅》《说文》二书，解说古圣贤经传之词气，最为近古。然《说文》惟解特造之字，而不及假借之字，《尔雅》所释未全，读者多误。"[1] 古人对虚词颇为重视，《毛诗故训传》中关于虚词解释方面的内容已很丰富，元代有了研究虚词的专书。传统虚词研究在清代发展到顶峰，出现了包括刘淇《助字辨略》、袁仁林《虚字说》和王引之《经传释词》在内的多种虚词专著。[2]《段注》作为一部对汉字形音义进行全面系统研究的语言学著作，也包含一部分关于古汉语虚词研究的内容。虽然虚词并不是段玉裁注《说文》的重点，但《段注》的虚词训释有其特点，体现了段玉裁对虚词的独到认识。

一　段玉裁的虚词研究特色

《段注》对于虚词的注解有不少精湛之处，即使放在成就颇高

---

[1]　见王引之撰，李花蕾校点《经传释词》，上海古籍出版社，2016 年，第 1 页。
[2]　参见郭锡良《古汉语虚词研究评议》，《语言科学》2003 年第 1 期。

的清代虚词研究著作中来看，也有其独特的价值。段玉裁的虚词研究在前人基础上有所突破，他深入理解许慎所说的"意内而言外"，重视发掘虚词的语法意义和语法作用，同时关注虚词的句法分布，如《口部》："哉，言之间也。"段注："锴云：若《左传》'远哉遥遥'，《论语》'君子哉若人'，是哉为间隔之词。按，如锴说，则必句中乃为言之间，岂句末者非耶？句中哉字，皆可断句。凡两者之际曰间，一者之竟亦曰间，一之竟即两之际也。言之间歇多用哉字。"再者，段玉裁对实词虚化特别是在探讨虚词来源方面颇有创见，又注重分析不同虚词之间的联系和区别，而且认识到不同时代虚词的使用不尽一致，应以变化的眼光对其做历时的考察。当然，《段注》毕竟是文字训诂学专著，用传统的训诂方法研究古汉语虚词有其难以克服的局限。[1] 下面举例概述段玉裁对虚词的见解及其虚词研究的特色。

首先，段玉裁对《说文》训诂术语"词"做了界定和说明。通常认为"词"是专用来解释虚词的术语，如徐锴《系传》"曰"字下云："凡称词者，虚也，语气之助也。"但段玉裁通过考察指出："词者[2]，……此谓摹绘物状及发声助语之文字也。"[3] 即认为，《说文》所说的"词"包括形容词和虚词两类。他概括《说文》凡例："有是意于内，因有是言于外，谓之词。"并解释说："意即意内，词即言外；言意而词见，言词而意见。意者，文字之

---

[1] 参见郭锡良《古汉语虚词研究评议》，《语言科学》2003 年第 1 期。

[2] 词，《段注》作"䛐"，注云："此字上司下言者，内外之意也。郭忠恕《佩觽》曰：'䛐朗之字，是谓隶行，本作䛐䚯。'李文仲《字鉴》曰：'词朗崩秋字，《说文》作䛐䚯㘟㑐。'是可证古本不作词，今各本篆作词，误也。"这里统一作"词"，如非必要，不做区分。

[3] 见《司部》"䛐"字下注。

义也；言者，文字之声也。词者，文字形声之合也。"如：

　　《口部》："各，异词也。"段注："异为意，各为言也。"

　　《人部》："皆，俱词也。"段注："其意为俱，其言为皆。以言表意，是谓意内言外。"

　　《丂部》："粤，亏词也。"段注："其意为亏，其言为粤，是曰意内言外。"

　　《矢部》："矣，语已词也。"段注："已，止也。其意止，其言曰矣，是为意内言外。"

　　在段玉裁看来，虚词作为"发声助语之文字"，并非无义，《段注》对虚词的训释重在阐明其在内之义。为此，段玉裁注重考察虚词与实词的联系，即虚词的来源及其引申虚化。在传统语言学中，本来就有实词虚化的观念。元周伯琦《六书正讹》云："大抵古人制字，皆从事物上起。今之虚字，皆古之实字。"《助字辨略》《虚字说》和《经传释词》等清代虚词专著都或多或少涉及实词虚化的问题。由于《说文》所训释的是字的本义，因此，段玉裁特别关注虚词义与其本义之间的关系。如：

　　《欠部》："欤，安气也。"段注："如趣为安行，驣为马行疾而徐，音同义相近也。今用为语末之辞，亦取安舒之意。"

　　《页部》："顾，还视也。"段注："还视者，返而视也。《桧风》笺云：'回首曰顾。'……又引伸为语将转之词。"[1]

　　《印部》："归，按也。"段注："《论语》三用'抑'字皆转语词，于按下之意相近。"

　　《亦部》："亦，人之臂亦也。"段注："臂与身有重叠之

---

[1]　袁仁林《虚字说》已指出："凡转头别看曰顾，今作虚用，亦含斯意。"

意，故引申为重累之词。"

同时，段玉裁也指出，有一部分虚词词义与其字的实词本义无关，属于依声托义："凡古语词皆取诸字音，不取字本义，皆叚借之法也。"[1] 如《段注》指出"则""也""繄""载"等的虚词义与其本义没有关系，是"假借为语词"。又如：

《乌部》"焉"字下注云："自借为词助，而本义废矣。古多用焉为发声，训为于，亦训为于是。"

《㫃部》"旃"字下注云："叚借为语助，如'尚慎旃哉'，传曰：'旃，之也。'"

《日部》"昳"字下注云："昳其正字，聿、遹、曰皆其假借字也。"

《而部》"而"字下注云："引伸假借之为语词，或在发端，或在句中，或在句末；或可释为然，或可释为如，或可释为汝。"

《火部》"然"字下注云："通叚为语词，训为如此，尔之转语也。"

《女部》"姑"字下注云："姑之字叚为语词，《卷耳》传曰：'姑，且也。'"

《糸部》"缇"字下注云："祇之训适，以其音同在十六部而得其义。"

《斤部》"所"字下注云："伐木声乃此字本义，用为处所者，叚借为处字也。……用为分别之词者，又从处所之义引申之。若'予所否者''所不与舅氏同心者'之类是也，皆于

本义无涉，是真叚借矣。”

其次，段玉裁运用古音沟通声近的虚词，区辨音异的虚词。得益于古音学的研究成果，段玉裁可以准确地把握词与词之间的语音关系，由此建立起不同虚词之间的关联。如：

　　《乃部》“乃”字下注云：“乃、然、而、汝、若，一语之转，故乃又训汝也。”

按：“乃”“然”“而”“汝”“若”皆可作第二人称代词。“乃”是泥纽，“然”“而”“汝”“若”皆为日纽，上古娘日归泥，故五者声同；“然”是元部，“乃”“而”皆为之部，“汝”“若”鱼铎对转。[1] 又如：

　　《我部》“我”字下注云：“《口部》曰：‘吾，我自称也。’《女部》曰：‘姎，女人自称。姎，我也。’《毛诗》传曰：‘言，我也。’‘卬，我也。’《论语》二句而我、吾互用，《毛诗》一句而卬、我杂称，盖同一我义而语音轻重缓急不同，施之于文若自其口出。”

按：“我”“吾”“姎”“卬”皆可作第一人称代词。《匕部》“卬”字下注云：“……卬，我也。语言之叚借也。”《尔雅·释诂下》“卬，我也”，郭璞注：“卬，犹姎也，语之转耳。”《诗·邶风·匏有苦叶》“人涉卬否”，马瑞辰《传笺通释》：“卬、姎声近通用，亦为我之通称。”“我”“吾”“卬”皆为疑纽，“姎”为影纽，“卬”“姎”阳部叠韵，“吾”“卬”鱼阳对转，故段玉裁谓

[1]　关于上古汉语虚词的声转和韵转渠道，参看郭燕妮、黄易青《上古汉语虚词溯源与转语平行互证法——以九组常见虚词为例》，《北京师范大学学报（社会科学版）》2019年第2期。

"语音轻重缓急不同"。[1]

上述两例均为人称代词。下面再举语气词为例，如：

> 《耳部》"耳"字下注云："凡语云'而已'者，急言之
> 曰'耳'，在古音一部。凡云'如此'者，急言之曰'爾'，
> 在古音十五部。"

按：王引之指出"爾，犹'如此'也""耳，犹'而已'
也"[2]，段玉裁则从古音的角度沟通双音节的"而已""如此"
和单音节的"耳""爾"。"而""耳"同音，"已""耳"叠韵；
"如""爾"双声，"此""爾"叠韵[3]。又如：

> 《八部》"尔"字下注云："语助有用'耳'者，与爾绝殊。
> 《三国志》云'生女耳'是也。耳之言而已也。近人爾、耳不
> 分。如《论语》'女得人焉爾乎'，唐石经讹为'焉耳'，《诗·
> 陈风》笺'梅之树善恶自爾'，宋本讹为'善恶自耳'，皆是也。"

按："爾"是支部，"耳"是之部，支脂之三分是段玉裁在古
韵分部上的重要主张，因此，二者古音迥异。但隋唐以后支和脂
之混用[4]，即"爾""耳"今音趋近，所以出现"近人爾、耳不
分"的情况。下面一例是助词：

> 《曰部》"曰"字下注云："有是意而有是言，亦谓之
> '曰'，亦谓之'云'，云、曰双声也。《释诂》：'粤、于、
> 爰，曰也。'此谓《诗》《书》古文多有以曰为爰者，故粤、

---

[1] 参看何书《〈说文解字注〉的语法观》，《徐州师范大学学报》2004 年第 6 期。

[2] 王引之撰，李花蕾校点《经传释词》，上海古籍出版社，2016 年，第 158、159 页。

[3] "此"字下注云："十五部。汉人入十六部。""爾"字下注云："周时在十五
部，汉时在十六部。"

[4] 参看王力《汉语语音史》，中华书局，2014 年，第 211—212 页。

于、爰、曰四字可互相训，以双声叠韵相假借也。”

按：四字均为云纽，“于”是鱼部，“爰”是元部，鱼元通转，“粤”“曰”皆为月部，月元对转，故段玉裁谓“双声叠韵相假借”。下面再举副词的例子，如：

《页部》“顠（愿）”字下注云：“《丂部》曰：‘寍（宁），愿词也。’《用部》曰：‘甯，所愿也。’《心部》曰：‘愚，肎也。’凡言愿者，盖宁、甯、愚三字语声之转。”

按：“宁、甯”为泥纽耕部，“愚”为疑纽文部，“愿”为疑纽元部，文元旁转，耕元通转，泥疑邻纽，因此，段玉裁谓“语声之转”。又如：

《不部》“不”字下注云：“……与弗字音义皆殊。音之殊，则弗在十五部也。义之殊，则不轻、弗重。如‘嘉肴弗食，不知其旨’‘至道弗学，不知其善’之类可见。《公羊传》曰：‘弗者，不之深也。’俗韵书谓不同弗，非是。”

《不部》：“否，不也。”段注：“不者，事之不然也。否者，说事之不然也。故音义皆同。”

《丿部》“弗”字下注云：“今人矫弗皆作拂，而用弗为不，其误盖亦久矣。《公羊传》曰：‘弗者，不之深也。’固是矫义。凡经传言不者，其文直；言弗者，其文曲。如《春秋》：‘公孙敖如京师，不至而复。’‘晋人纳捷菑于邾，弗克纳。’弗与不之异也。《礼记》：‘虽有嘉肴，弗食不知其旨也；虽有至道，弗学不知其善也。’弗与不不可互易。”

按：段玉裁指出“不”“否”音义皆同，即二者同源[1]。徐

───────────

[1]　参见王力《同源字典》，商务印书馆，1982年，第102页。

锴《系传》云："否者，不可之意见于言也。"《段注》谓"否者，说事之不然"，即"否"多用于言说对话之中。"弗""不"则音义皆殊。关于"弗"与"不"的区别，自丁声树《释否定词"弗""不"》一文发表以来一直是古汉语语法学界讨论的一个热点问题。丁文引何休《春秋公羊传解诂》"弗者，不之深也"，又说"清段玉裁在他《古文尚书撰异》及《说文解字注》里更力辨'弗''不'之有别"，并详引段说，进而从语法角度辨析二者的异同，指出"弗"字只用在省去宾语的外动词（或介词）之上，内动词及带有宾语的外动词（或介词）之上只能用"不"字，不用"弗"字，"弗"应该是一个含有代词性宾语的否定词，略与"不之"二字相当，"不"则是一个单纯的否定词。[1]后来有不少学者提出反对意见，不过，他们所指出的反例并不可靠。即使丁文的观点或可商榷，但"弗"与"不"有不同的语法功能这一点毋庸置疑。今人对此问题有不断深入的探讨，而这些研究的起点仍然是段玉裁在何休"弗者不之深"的基础上提出的"（不）与弗字音义皆殊""'弗'与'不'不可互易"。当然，需要指出的是，"弗"的这一语法特点只存在于上古汉语的某一时段，在甲金文和《尚书》中不合此例者较多，而汉魏以后"弗"与"不"的区别便逐步消失了。[2]

最后，虚词的演变涉及词性、意义、用法以及书写形式等多个方面。同一个虚词在不同的时代可能会有意义和用法

---

[1]　参见丁声树《释否定词"弗""不"》，《丁声树文集》（上卷），商务印书馆，2020 年，第 17—65 页。
[2]　参看杨剑桥《古汉语语法讲义》，复旦大学出版社，2020 年，第 70—75 页。

上的区别，段玉裁对虚词使用的时代性有所考察，关注到虚
词用法的古今差异。如：

> 《邑部》"邪"字下注云："今人文字，邪为疑辞，
> 也为决辞。古书则多不分别。如'子张问十世可知也'，
> 当作'邪'是也。"

> 《人部》"仅"字下注云："唐人文字，仅多训庶几
> 之几。如杜诗'山城仅百层'，韩文'初守睢阳时，士卒
> 仅万人'，又'家累仅三十口'，柳文'自古贤人才士被
> 谤议不能自明者，仅以百数'，元微之文'封章谏草，鳞
> 委箱笥，仅逾百轴'，此等皆李涪所谓以仅为近远者，于
> 多见少，于仅之本义未隔也。今人文字皆训仅为但。"

按：段玉裁认为"邪"和"也"在古书中可以相互通用，后
来才有比较严格的区分，即"邪"是表疑问的语气词，"也"是表
判断的语气词。"仅"这一例可以说是虚词在不同时代使用范围的
变化，当然也可以说是虚词词义的演变。此外，下面两例说明同
一虚词在不同时代可由不同的字记录：

> 《于部》："于，於也。"段注："凡《诗》《书》用'于'
> 字，凡《论语》用'於'字。盖于、於二字在周时为古今
> 字。……凡言'於'，皆自此之彼之词，其气舒于。……自周时
> 已分别'於'为属辞之用，见于群经、《尔雅》，故许仍之。"

> 《白部》"者"字下注云："凡俗语云'者个''者般'
> '者回'，皆取别事之意。不知何时以迎這之迮代之。"

按："于/於"是古汉语中最常见的介词，不过，"于"是较早
的书写形式，"於"则是后起的形式。《乌部》"乌"字下注云：

"凡经多用于，凡传多用於。"《春秋经》中只用"于"，而《左传》中则二者都用，说明"于""於"用法的递嬗经过。[1] 近指代词"這（这）"最早出现于唐代，又写作"者""遮"等字形，其来源问题学界至今仍多有讨论。[2]

二　《说文段注》虚词注解疏证

段玉裁对虚词的见解和研究理念体现在《段注》相关字词的注解中。这些字词可以分为两类：一是按照许慎的训释，本义就是虚词；二是《说文》本义为实词，段玉裁讨论其虚词用法。下面列举六组古汉语虚词，逐一对段玉裁的注解进行疏证，一方面说明《段注》虚词训释的独到之处，另一方面征引相关材料做进一步的阐释，并以清代其他学者的虚词研究为参照，从而补足其说。

1."曾""尚"

《八部》："曾，词之舒也。"段注："《曰部》曰：'朁，曾也。'《诗》'朁不畏明''胡朁莫惩'，毛、郑皆曰：'朁，曾也。'按，曾之言乃也。《诗》'曾是不意''曾是在位''曾是在服''曾是莫听'，《论语》'曾是以为孝乎''曾谓泰山不如林放乎'，《孟子》'尔何曾比予于管仲'，皆训为乃，

---

[1] 参看梅广《上古汉语语法纲要》，上海教育出版社，2018年，第314页。
[2] 参看蒋绍愚、曹广顺主编《近代汉语语法史研究综述》，商务印书馆，2005年，第46—48页；朱冠明《再谈近指代词"這"的来源》，《中国语文》2019年第6期。

则合语气。赵注《孟子》曰'何曾犹何乃也'是也。是以暬
训为曾，'暬不畏明'者，乃不畏明也。皇侃《论语》疏曰：
'曾犹尝也。'尝是以为孝乎，绝非语气。"

《八部》："尚，曾也，庶几也。"段注："尚之词亦舒，故释
尚为曾。曾，重也。尚，上也。皆积累加高之意，义亦相通也。"

按：段玉裁指出"曾"和"尚"的实词义相通，皆含积累加
高之意。徐灏《注笺》亦云："尚之言上也，加也。曾犹重也，亦
加也。"虚词"尚"和"曾"也有一定的相近之处，故曰"尚之
词亦舒"。《说文》另有一处"词之舒"，《八部》："余，语之舒
也。"段注："语，《匡谬正俗》引作'词'。《左氏传》：'小白余
敢贪天子之命，无下拜。'此正词之舒。《于部》曰：'于，於也。
象气之舒于。'然则余、于异字而同音义。《释诂》云：'余，我
也。余，身也。'孙炎曰：'余，舒迟之身也。'"由此可知"词之
舒"大概是指通过迟慢延长的方式来加强语气。"尚"用于反诘疑
问句或感叹句，可以起加强语气的作用，如司马迁《报任安书》：
"如仆，尚何言哉！"《段注》所引《诗》《论语》《孟子》诸例中
的"曾"也都起加强语气的作用。《孟子》赵岐注已有"何曾犹何
乃也"的训释，朱熹《论语集注》谓"曾犹乃也"，《助字辨略》
也说"曾训乃也"。段玉裁指出训曾为乃，"则合语气"，若训为
尝，"绝非语气"，用"语气"来照应"词之舒"，更加明确了虚
词的作用，是其独到之处。

又按："尚"用作副词，可以表示动作行为或情状仍在继续或
维持原来的状况，盖与"积累增加"之义有关，即动作或状况的
持续，如《尚书·多方》："今尔尚宅尔宅，畋尔田。"《孟子·滕
文公上》："今吾尚病，病愈，我且往见。"又可以表示愿望或祈

使，如《尚书·汤誓》："尔尚辅予一人，致天之罚，予其大赉汝。"孔疏："汝庶几辅成我一人，致行天之威罚，我其大赏赐汝。"《左传·昭公十三年》："初，灵王卜曰：'余尚得天下！'"杜注："尚，庶几。""庶几"表示内心希望实现或达成某个目的，即为"心意之所加"。[1]

2. "不啻""奚啻"

《口部》："啻，语时不啻也。"段注："玄应引《仓颉篇》曰：'不啻，多也。'按，不啻者，多之词也。《秦誓》曰：'不啻若自其口出。'《世说新语》云：'王文度弟阿智恶乃不啻。'《玉篇》云：'买卖云不啻也。'可知为市井常谈矣。不啻，如楚人言伙颐。啻亦作翅，支声、帝声同部也。《疒部》'痣'下曰：'病不翅。'《孟子》曰：'奚翅食重。'"

《疒部》："痣，病不翅也。"段注："翅，同啻。……帝声、支声、氏声同在十六部，故'痣'以'病不翅'释之，取叠韵为训也。……又按，古书或言'不啻'，或言'奚啻'，'啻'皆或作'翅'。"

按：《助字辨略》卷四："啻，与翅通，仅也，止也，第也，但也。"徐灏《注笺》："啻有二音，读若弟者与但义同，读若翅者与止义同，皆声相近也。弟训为但，故啻亦训但。《汉书·陈胜传》曰：'藉弟令毋斩。'师古曰：'《汉书》诸言弟者甚众。弟，

---

[1] 参见中国社会科学院语言研究所古代汉语研究室编《古代汉语虚词词典》，商务印书馆，2012年，第489页。

但也。今俗人语称但者，急言之则音如弟矣。'……以上诸言不啻犹言不但，亦犹不止。……又《一切经音义》三引《仓颉篇》：'不啻，多也。'多亦不止此之义。"不过，"啻"一般不单用，而总是和"不""何""岂""奚"等连用。因此，段玉裁以"不啻"为"市井常谈"，如"伙颐"之类，当作整体加以解释，而不强做语素分析。"不啻"是"多于"的意思，其核心义可以概括为：与某事物相比较，更进一步或程度更深，从一方面说是"更甚于"，从另一方面说就是"不止于"。如《尚书·秦誓》："人之有技，若己有之；人之彦圣，其心好之，不啻若自其口出，是能容之。"蔡沈传："心之所好，甚于口之所言也。"可知"不啻"就是甚于，对于他人的才能，良臣不但口中称道，而且内心仰慕之情甚于言表。《多士》："尔不克敬，尔不啻不有尔土，予亦致天之罚于尔躬。"孔传："汝不能敬顺，其罚深重，不但不得还本土而已，我亦致天罚于汝身，言刑杀。"这里"不啻"是说所受的处罚比"不有尔土"还要严重。《无逸》："厥愆，曰：'朕之愆。'允若时，不啻不敢含怒。"孔疏引郑玄云："不但不敢含怒，乃欲屡闻之，以知己政得失之源也。"补出了省略的语意，即愿意进一步检讨自己的过失。前一例"不啻"应该解释为甚于，后两例则都可以释为不但、不仅，也是程度更甚的意思。又，《颜氏家训·文章》："且《太玄》今竟何用乎？不啻覆酱瓿而已。"《汉语大词典》举此例，释"不啻"为"只有，不过"，与核心义不符。该书另两例"不啻"则与核心义一致，《止足》："蓄财数万，以拟吉凶急速，不啻此者，以义散之，不至此者，勿非道求之。""不啻"与"不至"相对，显然指数量上超过。《归心》："一披法服，已堕僧数，岁中所计，斋讲诵持，比诸白衣，犹不啻山海也。"是说僧人与白衣相比，其高低的程度胜过高山与深海的差距。所以我们认为，上述《文章》中的"不啻"也可理解为甚于，因为其后有表限止语气的"而已"，所以这是说比"覆酱瓿"稍强点，换言之，就是比"覆酱瓿"也好不到哪儿去。当然，"只有，不过"作为文意训释也符合语境。《大词典》又释"不啻"为"无异于，如同"，其实刘淇在《助字辨略》中早就指出过："今多有训不啻为不异者，非也。"试看书证，唐元稹《叙诗寄乐天书》："视一境如一室，刑杀其下，不啻仆畜。"此例可以理解为对待其下的残酷程度比对待仆人和牲畜更甚。宋陈亮《送韩子师侍郎序》："后来者咎其徒之不合舍去，责诮怒骂，不啻仇敌。"可以理解为"责诮怒骂"的程度有甚于对待仇敌。《西湖佳话·白堤政绩》："樊素善于清讴，每歌一声，而齿牙松脆，不啻新莺。"这是说歌声清脆好听胜于新莺。由上可见，这些例子中的"不啻"依然可以用甚于或胜于解释。《大词典》还将"不啻"释为"不如，比不上"，也是随文释义，试看书证，《聊斋志异·促织》："举家庆贺，虽连城拱璧不啻也。"这其实可以看作"不啻连城拱璧"的倒装，意思是比连城拱璧还要宝贵。清王韬《淞滨琐话·李延庚》："生细视，女冰雪为肌，琼瑶作骨，两颊薄晕，如泛朝霞，真神仙不啻也。"此例也可以看作"不啻神仙"的倒装，意谓胜过神仙。[1]

又按："不翅"和"奚啻"与"不啻"类似。试看《段注》所举的两例，《国语·鲁语上》："公执之，曰：'违君命者，女亦闻之乎？'对曰：'臣以死奋笔，奚啻其闻之也！'"韦注云："奚，何也。何啻，言所闻非一也。"是说比"闻之"更进一步，即完全

---

[1] 参看祝注先《"啻"和"不啻"》，《辞书研究》1980 年第 4 期。

了解"违君命者"将会遭受的罪罚，但自己置之不顾，依然"以死奋笔"。《孟子·告子下》："取食之重者与礼之轻者而比之，奚翅食重？取色之重者与礼之轻者而比之，奚翅色重？"赵注："翅，辞也。若言何其重也。"意谓比"食重""色重"还要更进一步，程度更深一些，也就是赵岐所谓"何其重"。可见"奚啻（翅）"就是"不啻"的反诘形式，只是语义更为强烈，含义依然是"不止于"或"更甚于"。

3. "岂"

《岂部》："岂，一曰欲登也。"段注："各本作'欲也，登也'，多'也'字，今删正。欲登者，欲引而上也。凡言岂者，皆庶几之词，言几至于此也。故曰'欲登'。《曾子问》：'周公曰：岂不可。'注：'言是岂于礼不可。'按，此谓于礼近于不可也。《汉书·丙吉传》：'岂宜褒显。'犹言盖庶几宜褒显也。周汉文字用'岂'同此者甚多，举二事足以明矣。《欠部》有'欯'字，幸也。《文王世子》注、孔庙《礼器碑》有'驡'字，意皆与岂相近，驡即岂之变也。岂本重难之词，故引伸以为疑词。如《召南》传曰：'岂不，言有是也。'后人文字言'岂'者，其意若今俚语之'难道'，是与《曾子问》《丙吉传》二岂字似若相反，然其徘徊审顾之意一也。"

按：《助字辨略》卷三："此岂字，安也，焉也，宁也。……此岂字，曾也，宁也。……此岂字，宁也，非也。又何也。……此岂字，辞之未定，与宁义通。……此岂字，亦辞之未定，犹云殆也。……此岂字，犹云岂可，省文也。……此岂字，与其通，音相近也。"可见前人对于"岂"往往随文而释，而且多用单训的方式。段玉裁根据《说文》"欲登"之训，将上古文献中"岂"的核心义概括为："凡言岂者皆庶几之词，言几至于此也。"[1] 同时，运用因声求义的方法，指出"欪""驥"与"岂"意皆相近。《欠部》："欪，幸也。"段注："幸者，吉而免凶也。'覬'下曰：'欪幸也。'欪与覬音义皆同。今字作'冀'，古音不同。[2]""岂""覬"同源。[3]《广雅·释言》："驥，企也。"王念孙《疏证》："《易是类谋》'在主驥用'，郑注云：'驥，庶几也。'又《文王世子》注引《孝经说》云：'大夫勤于朝，州里驥于邑。'字或作'冀'，又作'覬'，并同。"《文选·曹植〈朔风诗〉》"岂云其诚"李善注引《苍颉篇》："岂，冀也。"由上可见三者的关系。再者，段玉裁指出周汉文献中"岂"的用法与后代文献有所不同，所举《曾子问》和《丙吉传》两个例子，都可用庶几解释[4]，

---

[1] 不过，徐承庆《段注匡谬》云："段氏此字注历举周汉文字用'岂'字者解释其义，而不足以证'欲登'之义。"徐灏《注笺》："欲、登二义未详。段以欲登为庶几，非也。"此外，《孟子·离娄下》"人之所以异于禽兽者几希"，焦循《正义》："几通作蟣，蟣与几通。《尔雅·释诂》云：'蟣，汔也。'郭璞注云：'谓相摩近。'"《豈部》"蟣"字下注云："庶几、几近，字当作蟣。"由此似可认为，"岂"通"蟣"而训近。

[2] 《段注》中"欪""覬"在第十五部，即脂部，"冀"从異声，段玉裁据谐声归为第一部。但其实"冀"也是脂部字。

[3] 参见王力《同源字典》，商务印书馆，1982年，第394—395页。

[4] 曾国藩赞同段说，《求阙斋读书录》云："岂字古义，段氏之说近之。今京师俚语谓事之相去甚近者，则曰彀得上。其相去远者，则曰彀不上。岂字词意，盖在彀得上、彀不上之间，未定之词也。亦重难之词也。明知其近于此矣，然审重而未敢深信，则曰岂。"不过，王念孙、王引之父子认为这两例"岂"相当于"其"，《读书杂志·汉书十二》："余谓岂犹其也。言武帝曾孙病己有美材如此，其宜褒显也。《吴语》曰：'天王岂辱裁之？'《燕策》曰：'将军岂有意乎？'《史记·魏公子传》曰：'我岂有所失哉？'字并与其同义。"《经传释词》卷五云："家大人曰：'岂不可，其不可也。'故郑注曰：'言是岂于礼不可，不许也。'"

并认为"岂"由"重难之词"引申为疑词。所谓"重难之词"，相当于"庶几之词"，"欲登"是将登而未登，"庶几"是将至而未至，在够得上、够不上之间，亦即悬疑未定。《诗·召南·行露》"岂不夙夜"，疑词（其实就是反诘）和否定连用，就带有肯定的意味，所以毛传训为"有是"。[1]段玉裁谓"后人文字言'岂'者，其意若今俚语之'难道'"，大概是指二者都可表示推测语气。[2]测度句是有疑而问，表踌躇难定，而《曾子问》《丙吉传》中二"岂"字是庶几之词，"庶几"为近幸之义，表示主观上的希冀或者事实上的接近，并无疑问之意，所以说与后来常见的用法"似若相反"。但是，"庶几"又非完全肯定，而是含有"重难"之意，故与测度所含的"徘徊审顾之意"相类。综上，段玉裁对"岂"的语义即表达的语气做了深入发掘，其观点虽不一定都令人接受，但仍具有一定的启发意义。

4."况""怳"

《兄部》："兄，长也。"段注："《小雅》：'兄也永叹。'传曰：'兄，兹也。'《大雅》：'仓兄填兮。'传曰：'兄，滋也。''职兄斯引''职兄斯弘'，传曰：'兄，兹也。'又《小

---

[1]"岂"表反诘，相当于对其后命题的否定，如《文选·东京赋》"岂徒跼高天、蹐厚地而已哉"，李善注："岂，非也。"

[2]陆宗达指出，"岂"和"难道""二者虽同为反诘语气词，都有疑问、猜测的意味，可两者的语法意义不仅不一样，甚至可以说是相反。含'难道'的句子倾向于肯定，含'岂'的句子则倾向于否定。'岂'与'哪里''怎么'义近，'难道'与'莫非''恐怕'义近。见吴永坤《春风三沐忆恩师——记追随颖明夫子学〈说文〉》，北京师范大学民俗典籍文字研究中心编《陆宗达先生百年诞辰纪念文集》，中国广播电视出版社，2005年，第79—80页。

雅》：'仆夫兄瘁。'笺云：'兄，兹也。'又《大雅》：'乱兄
斯削。'笺云：'而乱兹甚。'兹与滋义同。兹者，草木多益
也。滋者，益也。凡此等，《毛诗》本皆作兄，俗人乃改作从
水之况，又讹作况。"

　　《水部》"况"字下注云："《毛诗·常棣》《桑柔》《召
旻》皆曰：'兄，滋也。'《矢部》䷂下曰：'兄，词也。'古矧
兄、比兄皆用'兄'字，后乃用况字，后又改作况、作兄。"

　　《矢部》："䷂，况词也。"段注："各本况下有'也'，
误，今删。况当作兄，古今音殊，乃或假况。许书当本作兄
也。兄长之兄引伸为兄益。《诗·常棣》传曰：'况，滋也。'
《桑柔》传曰：'兄，滋也。'《召旻》传曰：'兄，兹也。'兄
况不同，以兄为正。滋兹不同，许皆训益。兄词者，增益之
词。其意益，其言曰䷂，是为意内言外。今俗所云已如是、
况又如是也。《尚书》多用䷂字。俗作矧。"

　　按：《助字辨略》卷四："义转而益进，则云况也。……况，
义转而益深，故又得为滋益之辞。"刘淇对"况"的虚词义已有准
确的分析。段玉裁进一步指出"况"虚词义的来源及其本字
"兄"，认为"兄"的本义为兹益。由此，"况"可作副词，用于
谓语前，表示程度加深，如《小雅·出车》："忧心悄悄，仆夫况
瘁。"郑笺："况，兹也。"《国语·晋语一》："以众故，不敢爱
亲，众况厚之。"韦昭注："况，益也。""况"又可作连词，表示
递进关系，如《左传·僖公十五年》："一夫不可狃，况国乎？"

　　又按："䷂"同"矧"。大徐本作"䷂，况也，词也"。《尔
雅·释言》："矧，况也。"郭璞注："譬况。"未得"况"字之义。
段玉裁改作"况词"，并解释为"增益之词"，又以今俗云"已如

是，况又如是"做进一步阐说，明确了"矧"的虚词义及其连词用法。如《尚书·大诰》："若考作室，既厎法，厥子乃弗肯堂，矧肯构？"孔传："子乃不肯为堂基，况肯构立屋乎？"

5. "虽"

《虫部》："虽，似蜥易而大。"段注："此字之本义也。自借以为语词，夐有知其本义者矣。《常棣》云：'每有良朋。'又云：'虽有兄弟。'传云：'每，虽也。'凡人穷极其欲曰恣睢，虽即睢也。"

《屮部》："每，艸盛上出也。"段注："按，每是艸盛，引伸为凡盛，如'品庶每生'，贪也，'每怀'，怀私也，皆盛意。毛公曰：'每，虽也。'凡言虽者，皆充类之辞。今俗语言'每每'者，不一端之辞，皆盛也。"

《女部》："娷，姿娷，恣也。"段注："按，《心部》：'恣者，纵也。'诸书多谓暴厉曰'恣睢'。……盖本作姿娷，或用恣睢为之也。《集韵》《类篇》皆云：'姿娷，自纵皃。'此许义也。今用'虽'为语词，有纵恣之意。盖本当作娷，叚虽为之耳。虽行而娷废矣。"

按：清代以前对于虚词"虽"的训释主要包括以下一些，《广雅·释诂四》："虽，岂也。"《易·咸·象传》"虽凶居吉"，孔颖达疏："虽者，与夺之辞。"《礼记·少仪》"虽请退可也"，孔疏："虽，假令也。"《宋本玉篇·虫部》："虽，……词，两设也。又推也。"《集韵·脂韵》："虽，一曰不定，一曰况辞。"以上多数是对"虽"的语法意义的说明，未解释"虽"的虚词义与实词义的关联。《集韵》谓"况辞",略触及"虽"的语义实质。段玉裁揭示了"虽"虚词义的来源及其核心语义,认为语词"虽"的本字是"雖",实词义为纵恣,由此概括其核心义:"凡言虽者,皆充类之辞。""充类"见于《孟子·万章下》:"夫谓非其有而取之者盗也,充类至义之尽也。"朱熹《集注》:"……推其类至于义之至精至密之处而极言之耳。"焦循《正义》:"充类,谓已盈满其法式。""虽"通常用作连词,其意义就是将所述条件推类至极,亦即表示在满足所述条件的前提下。条件可以是事实,如《韩非子·说林上》:"失火而取水于海,海水虽多,火必不灭矣,远水不救近火也。"也可以是假设,如《孟子·梁惠王上》:"齐国虽褊小,吾何爱一牛?"二者分别为纵予句和容认句,"容认句所承认的是实在的事实,纵予句所承认的是假设的事实"[1]。"虽"和"纵"皆有纵恣义,因此,"纵"作连词用法与"虽"类似。《马氏文通》将"虽""纵"归为推拓连字,谓"所以推开上文而展拓他意也","诸'纵'字皆以领读,意在推开上文而跌落本意也。而经籍中'纵'字不多见,'虽'字则所在而有"。[2]

又按:在"虽"和"每"下段玉裁都提到"每,虽也",这一训释见于《尔雅·释训》《小雅·皇皇者华》"每怀靡及"毛传以及《常棣》"每有良朋"郑笺[3],据《段注》,"每"训虽亦源于盛意。不过,徐灏《注笺》云:"语辞之'每'训虽者,似与盛义无涉。凡语辞多借音,不必深求其义也。"

---

[1]　吕叔湘《中国文法要略》,商务印书馆,1982年,第434页。

[2]　马建忠《马氏文通》,商务印书馆,1998年,第316—317页。

[3]　郑笺原作"每有,虽也",此据阮元《校勘记》。

6. "且"

《且部》："且，所以荐也。"段注："且，古音俎，所以承藉进物者。引申之，凡有藉之词皆曰且。凡语助云且者，必其义有二，有藉而加之也。云娽且、苟且者，谓仅有藉而无所加，粗略之词也。"

《艸部》："荐，薦席也。"段注："薦席为承藉，与所藉者为二，故《释言》云：'荐、原，再也。'如且为俎几，故亦为加增之词。"

按：刘淇对"且"的训释颇详，《助字辨略》卷一："在句中者，语助之辞。在句末者，语已之辞。"卷三："二且字，发语辞也。……诸且字，是转语，犹云抑也。……诸且字，并是聊且、姑且之辞。……诸且字，犹云尚也。……诸且字，犹云将也。……此且字，犹云又也。……此且字，两务之辞，言方且如此，又复如彼也。"虽然说明了"且"的句法分布及其在具体语境中的含义，但多为随文而释，无从建立意义之间的关联。相比之下，段玉裁揭示了"且"语法意义的来源，指出其核心义是"有藉"，只是《段注》言简意赅，没有具体展开。我们在这里略做推阐，所谓"有藉"可以从两方面看：一是在物体之下有所垫；二是在所垫物体之上有所加。一方面，"有藉而加之"，即在原有一项的基础上加上另一项，因而涉及两个事物或对象。其一，"且"可用以连接两个谓词性成分。如《诗·秦风·蒹葭》"道阻且长"、《诗·齐风·园有桃》"我歌且谣"、《韩非子·十过》"且恐且喜"。其二，"且"也可用以连接两个分句。并列类复句包括分句间有平列并举关系的并列句、分句间有先后相继关系的连贯句、分句间有层递关系的递进句，这三类复句都是合取性的。[1] "且"用于这三类并列式复句，都与"有藉而加之"有关。其三，句首语助"且"应该是表并列或递进的连词用法进一步虚化而来的，即在一件事或一层意思叙述完毕之后，另外提起一件事或一层意思。另一方面，"仅有藉而无所加"，即只有最基础的，故只涉及一个事物或对象，"且"的姑且、尚且和犹且义均与此相关。其一，"且"表姑且义，如《诗·唐风·山有枢》："子有酒食，何不日鼓瑟？且以喜乐，且以永日。"这里"且"是副词，句意谓姑且依靠"酒食"和"鼓瑟"来寻乐度日。又如《史记·伍子胥列传》："民劳，未可，且待之。"从核心义的角度来看，"藉"是垫在最下面的，"且待之"即以"待之"为基础，以后再做进一步的打算或行动。其二，"且"表示尚且义，往往和"况"连用，"藉"是基点，"况"则含有增益、增加的意思，因此，"且……况……"构成表示递进的句式。"'尚且……何况……'表示以一层意思为基点向相比之下不值一提的另一层意思反逼递进"[2]，"且……况……"也是这种反逼递进句，前后两项对立成分存在递进关系。其三，"且"的犹且义与尚且义关系密切，故可做相类似的分析，如《墨子·兼爱下》："即此言汤贵为天子，富有天下，然且不惮以身为牺牲，以祠说于上帝鬼神。""不惮以身为牺牲"是最差、最苦的选择，这是"藉"，即基点，商汤王本可以有更好、更轻松的选择，而不必以自身作祷雨的祭品。又如《韩非子·饰邪》："赵龟虽无远见于燕，且宜近见于秦。""近见于秦"是基点，"远

---

[1] 参见邢福义《汉语复句研究》，商务印书馆，2001年，第43—44页。

[2] 邢福义《汉语复句研究》，商务印书馆，2001年，第231页。

见于燕"则是更高的目标或要求。[1]

三　《说文段注》虚词训释商榷

受《段注》体例的拘限以及时代的局限，段玉裁的虚词研究在今天看来有许多不足。最主要的是，由于他从训诂学而非语法学的角度来解释虚词，因而对虚词的语法属性和功能不可能详细论述，偶有涉及，也是只言片语，不成系统。此外，《段注》在具体虚词的训释和分析中也难免存在一些失误。如：

《皀部》："即，即食也。"段注："即，当作節（节）。《周易》所谓'节饮食'也。节食者，检制之使不过，故凡止于是之词谓之即。"

按：徐灏《注笺》："即食亦可通。《系传》曰：'即，犹就也。就食也。'灏按，引申之则凡有所就皆谓之即矣。""即"的古文字字形像就簋而食，徐锴之说甚确，段玉裁改即为节，非，其所述虚词"即"的来源亦不足信矣。又，云"凡止于是之词谓之即"，似亦未确，郝懿行《尔雅义疏》云："'则、即'又皆语词，而义亦为近。""即"的核心义是近、就，故用作副词表示随即、即刻，用作介词表示乘或趁，又可用作承接连词。《助字辨略》卷五："《孟子》'即不忍其觳觫'。此即字，犹云但也，特也。言非爱一牛，特是不忍其觳觫耳。"这里所引《孟子》中的"即"倒是

---

[1]　当然，"且"还有其他用法，如做连词表示选择关系和假设关系，来源与上述不同，与本义和核心义大概没有关系。

可以理解为"止于是"[1]，但这种用法恐怕是孤例。又如：

> 《皀部》："既，小食也。"段注："此与《口部》叽音义
> 皆同。……引伸之义，为尽也，已也。如《春秋》'日有食之，
> 既'，《周本纪》'东西周皆入于秦，周既不祀'，正与小食相
> 反。此如乱训治，徂训存。既者，终也，终则有始。小食则
> 必尽，尽则复生。"

按："既"的甲骨文字形会人食毕口转向后不再食之意[2]，所以本义是食毕、食尽，引申指完毕、尽，作副词表示已经。"小食"之义，文献未见，罗振玉指出，"许君训既为小食，谊与形为不协矣"[3]。段玉裁未见"既"的早期字形，不能纠正《说文》"既"的本义，而且将错就错，用反训来解释小食与尽、已的关系。《春秋左传正义》："食既者，谓日光尽也。"《史记索隐》："既，尽也。日食尽曰既。言周祚尽灭，无主祭祀。""小食"是稍微吃一点，日食的"既"则是吃尽、吃毕，故为相反。段玉裁所谓"小食则必尽，尽则复生"，以此解释"既"的词义引申，恐怕是牵强附会。再如：

> 《女部》："嫫，嫫母，古帝妃都丑也。"段注："都犹冣
> 也。民所聚曰都，故凡数曰都，诣极亦曰都。"

按：钮树玉《段注订》、徐灏《注笺》皆云："《玉篇》引作'鄙丑也'，则'都'乃'鄙'之误。"桂馥《义证》云："馥谓'都丑'即《新序》所谓'极丑无双'。都者，大也。《汉书·五

---

[1]　杨伯峻译作"就是"，参见杨伯峻译注《孟子译注》，中华书局，2010年，第17页。
[2]　参见季旭昇《说文新证》，福建人民出版社，2010年，第442—443页。
[3]　罗振玉《殷虚书契考释三种》，中华书局，2006年，第493—494页。

行志》'坏都灶'，颜注：'都灶，大灶也。'《郑吉传》'都护'，颜注：'都犹大也，总也。'应劭曰：'驸马都尉谓总领。'""都"有总聚、全部之义，但似无"诣极"之义，也就是没有最（冣）义。《邑部》"都"字下《注笺》："都本都鄙之偁。《穀梁》僖十六年传'民所聚曰都'、《广雅》曰'十乡为都'是也。因之凡聚会之地皆曰都。……又为凡都总之偁。"故训中"都"字多训大、训聚，训最者似唯一见，《淮南子·天文》："何谓五官？东方为田。南方为司马。西方为理。北方为司空。中央为都。"高诱注："都为四方最也。"但是，俞樾云："'都'上疑脱'官'字。官都者，官之都总也。盖以二字为官名。"[1] 据此，则高诱恐误，其注不可从。[2]

附　段玉裁的语法观念管窥

虽然系统的汉语语法学理论的建立一般以《马氏文通》的问世为标志，但不能说中国古代没有语法研究。事实上，不少古代的训诂学者对语法有自己的观念和见解，对语法规律做过不少分析，只是散见于各处，缺少系统的论述。[3] 训诂学对虚词的解释和研究就是古代语法研究的一个重要方面。除了虚词之外，在《段注》中也可以看到段玉裁对其他语法问题的思考和认识。下面主要说明三个方面，作为本讲的附录。

---

［1］　何宁《淮南子集释》，中华书局，1998 年，第 199—200 页。

［2］　当然，换个角度看，上述三例其实也是段玉裁在文字训诂特别是引申研究方面的阙误。

［3］　参看陆宗达《训诂简论》，北京出版社，2002 年，第 45—63 页。

　　其一，关于实词的词性。古汉语中名动兼类，即所谓"体用同称"现象颇为常见。词的兼类是指"一个词在不同的语言环境里具备两类（或两类以上）词类的语法特点"，"它是词义引申发展的结果"。[1] 名动兼类主要涉及动静的引申，前已举例详述，从"梳""椎"两例中可见，《段注》强调本义的词性，对于本义为名词者，往往在《说文》动词性训释词前补加"所以"二字或在前后补加"所以……者"三字加以明确。《说文》训释本有这种体例，段玉裁认为，无"所以"者是被后人所删，应该补上。如：

　　　　《聿部》："聿，所以书也。"段注："以，用也。聿者，所用书之物也。凡言所以者视此。"

　　　　《金部》："钻，所以穿也。"段注："本是器名，因之谓穿亦曰钻。"

　　　　《鼻部》："鼻，所以引气自畀也。"段注："'所以'二字今补。口下曰：'所以言食也。'舌下曰：'所以言别味也。'是其例。"

　　按："聿""钻"的说解中本有"所以"字。"鼻"的说解依"口""舌"之例补"所以"字，但徐承庆认为不然，《段注匡谬》云："按，'所以'字不通，如以口舌二字为例，则耳目手足将尽改其解乎？"又如：

　　　　《竹部》："簸，所以簸者也。"段注："'所以、者'三字今补。全书中'所以'字为浅人删者多矣。"

　　按：《段注匡谬》："全书中本有'所以'二字者，皆必当有而义始明，其本无者，皆不必有也，浅人增之而反谓有删之者。"

---

[1]　王宁主编《古代汉语》，高等教育出版社，2012年，第193页。

又如：

> 《革部》："靷，所以引轴者也。"段注："'所以、者'
> 字，依杨倞注《荀卿》补。凡许书'所以'字，浅人往往
> 删之。"

按：《段注匡谬》："'引轴也'，词极简质，此古人文字。增
'所以'字、'者'字，非也。全书中如'苑，所以养禽兽'……
'酒，所以治病也'，凡用'所以'字者，原文具在，浅人未尝删
之。段氏增'所以'字甚多，此犹以杨倞注《荀子》借口，余多
以肊见窜入，非尽有依据，大约皆增所不必增。此'引轴也'乃
许本文，非浅人删字。"又如：

> 《石部》："碓，所以舂也。"段注："'所以'二字各本
> 无，今补。舂者，捣粟也。杵臼所以舂，本断木掘地为之，
> 师其意者又皆以石为之。"

按：《段注匡谬》："按，舂米者为碓，舂之亦为碓，不必增
'所以'字。"再如：

> 《车部》："轴，所以持轮者也。"段注："'所以、者'三
> 字今补。"

按：《段注匡谬》："按，原文简要，义已明箸，必增'所以'
及'者'字，此后儒陋识。"此外，《段注》在"卦""概""罠"
"铉""凿""铤""衔""簏""筋""箠""筓""箬""筑""暴"
"椎""圊""帚""缄""且""斧""轫"等字的说解中均补"所
以"二字。由于补改所涉之字较多，故不太为人所认可。但从另
一个角度看，这正说明段玉裁对词性问题的重视。

其二，关于动词的类别和用法。汉语动词及物与不及物的划
分一般认为始自《马氏文通》，不过，这是从建立语法体系的角度

而言的。动词及物与不及物的观念应该产生得更早，事实上在
《段注》中就有相关的表述，如：

> 《喜部》："憙，说也。"段注："说者，今之'悦'字。
> 乐者，无所箸之词；悦者，有所箸之词。《口部》嗜下曰：
> '憙欲之也。'然则憙与嗜义同，与喜乐义异。浅人不能分别，
> 认为一字，喜行而憙废矣。颜师古曰：'喜下施心，是好憙之
> 意。音虚记切。'"

按：段玉裁辨析"乐"与"悦"的不同，其实是对动词类别
的区分，所谓"无所箸之词"和"有所箸之词"，"即内动外动之
别"。[1] 据《马氏文通》的界说，"凡动字之行仍存乎发者之内
者，曰内动字，省曰内动。……凡动字之行发而止乎外者，曰外
动字，省曰外动"。又说："一其动而仍止乎内也，曰内动字。一
其动而直接乎外也，曰外动字。而凡受其行之所施者，曰止词。"
"内动者之行不及乎外，故无止词以受其所施。"[2] 这可以看作对
"无所箸"和"有所箸"的阐释。由此我们认为，段玉裁已有动词
及物与不及物的观念，以"喜""乐"为内动，以"憙""悦"
"嗜"为外动。[3]

古汉语动词的用法多样，动词与其宾语之间的关系颇为复杂。
动词的使动用法在上古汉语中很常见，包括不及物动词用作使动
和及物动词用作使动。前者易识，后者难辨，由于"及物动词带
上宾语之后，用作使动和不用作使动，在形式上是完全一样的，

---

[1] 参见王力《同源字典》，商务印书馆，1982年，第88页。

[2] 马建忠《马氏文通》，商务印书馆，1998年，第25、145、166页。

[3] 朱骏声《通训定声》："喜者，无所箸之词；憙者，有所箸之词。"即采纳了段
玉裁的观点。不过，徐灏《注笺》云："喜、憙古今字，段强生分别。""憙"
大概是"喜"的一个后出分化字。

因此只能根据上下文的语言环境来判断，舍此别无他法"[1]。段玉裁采用类比的方式来说明及物动词的使动用法，如：

　　《见部》："观，谛视也。"段注："凡以我谛视物曰观，使人得以谛视我亦曰观，犹之以我见人、使人见我皆曰视。"

　　《见部》："览，观也。"段注："以我观物曰览，引伸之，使物观我亦曰览。《史记·孟苟列传》：'为开第康庄之衢，高门大屋尊宠之，览天下诸侯宾客，言齐能致天下贤士也。'此览字无读去声者，则观字何必鈹析其音乎。"

　　按：《段注》以"观"和"览"相类比，"观"的本义为观看，用作使动，义为示人、给人看，如《尚书·益稷》："予欲观古人之象。"《周礼·考工记·栗氏》："嘉量既成，以观四国。""览"也是及物动词用作使动，有炫示、示人义，如《楚辞·九章·抽思》："憍吾以其美好兮，览余以其修姱。"朱熹《集注》："览，示也。""观""览"用作使动似应归为词类活用，即为"语言实际中的临时用法，一离开实际语言环境，这种用法就不复存在，属于语法学的范畴"[2]。而有的动词的使动则成为该词的经常性的用法和固有的功能，就应该看作词的兼类，这是词义引申发展的结果。还有的进一步分化为两个词，这就涉及构词的问题，如：

　　《见部》："视，瞻也。"段注："引伸之义，凡我所为使人见之亦曰视。《士昏礼》：'视诸衿鞶。'注曰：'视乃正字，今文作示，俗误行之。'《曲礼》：'童子常视毋诳。'注曰：

［1］　杨剑桥《古汉语语法讲义》，复旦大学出版社，2020年，第265页。
［2］　杨剑桥《古汉语语法讲义》，复旦大学出版社，2020年，第262页。

'视，今之示字。'《小雅》：'视民不恌。'笺云：'视，古示
字也。'按，此三注一也，古作视，汉人作示，是为古今字。"

按：《礼记·曲礼上》"幼子常视毋诳"，孔疏："古者观视于
物及以物视人，则皆作'示'傍著'见'，后世已来，观视于物，
作'示'傍著'见'，以物示人，单作'示'字，故郑注经中视
字者，是今之以物示人之示也。是举今以辨古。"也就是说，汉代
以前"视"的自动用法和使动用法用同一个字，汉代假借"示"
字表示使动的"视"。[1] 于是，"视"和"示"两个字就分别记
录自动词和使动词。

其三，关于语法结构和语序。《说文》的训释简质古奥，《段
注》做了解释和疏证，使之明白易懂。其中义界的疏解需要确定
主训词和义值差之间的关系，阐明句子或词组的结构，从中反映
出段玉裁对语法的分析。如：

《艸部》："菳，羹菜也。"段注："谓取菜羹之也。"

《又部》："赦，叉卑也。"段注："叉卑者，用手自高取
下也。"

《竹部》："等，齐简也。"段注："齐简者，叠简册齐之，
如今人整齐书籍也。"

《艸部》："莝，斩刍。"段注："谓以鈇斩断之刍。"

《口部》："咀，含味也。"段注："含而味之。"

《殳部》："毁，繇击也。"段注："繇，《说文》作繇，随
从也。《说文》无遥字，此即其遥字。繇击者，远而击之。如

---

[1] 参看王力《古汉语自动词和使动词的配对》，《王力语言学论文集》，商务印书
馆，2000年，第472—473页。

良与客狙击秦皇帝博浪沙中也。"

按：据《段注》的分析，前三例义界都是动宾式。"羹菜"的"羹"名词作动词，义为煮羹。"叉卑"的"叉"也作动词，《叉部》："叉，手指相错也。"段注："凡布指错物间而取之曰叉。""齐简"的"齐"是形容词作动词，义为使之齐。第四例"斩刍"看似是动宾式，但其实是偏正式，主训词是"刍"。第五例"含味"看似也是动宾式，但其实是并列式，"味"名词作动词。第六例"繇"通"遥"，故"繇击"为状中结构。

在汉语中语序是表示语法结构的重要手段。语序是语法结构内部成分的排序，语序的改动往往引起语法结构的变化，同时语义也会发生相应的改变。《段注》对此有细致的分析，如：

《酉部》："酖，乐酒也。"段注："酒乐者，因酒而乐。乐酒者，所乐在酒。其义别也。"

《弓部》："彍，满弩也。"段注："满弩者，张而满之。或作'弩满'，非也。"

《皿部》："盈，满器也。"段注："满器者，谓人满宁之[1]，如彍下云'满弩'之满。《水部》溢下云：'器满也。'则谓器中已满。满下云：'盈溢也。'则兼满之、已满而言。许书之精严如此。"

按："乐酒"是动宾结构，"乐"是喜好之义；"酒乐"是偏正结构，"乐"是喜悦之义。"满弩"的"满"是形容词作动词，谓使之满，侧重指张开弓弩的动作，而"弩满"则是弓弩张开的状态。"满器"与"器满"也是类似的区别，前者侧重于从不满到

---

[1]《宁部》："宁，辨积物也。"段注："宁与贮盖古今字。"

满的过程，而后者侧重于已满的状态。段玉裁所谓"许书之精严"，在这里具体指通过义界中的语序，对动词表达动作行为的过程与表达动作的结果状态二者做出区分。

最后，我们以下面这段话作为全书的结语，它唤起我们对《段注》内在体系和理论发明的关注：

> 段玉裁《说文解字注》，研究者多关注其于许书体例发凡、形音义关系论述、训诂实践方法、文献与专书互证诸方面。于乾嘉学术之成就，发掘既多。然此考据成就之底层，有无系统之理论发明？若无，畅茂之林宁起硗堉之土？若有，其根系体貌如何，扎深几许？其中深奥处，尚未见系统发明。遂有人以为此学缺乏理论，而应声者众。悲乎！"玉在山而草木润，渊生珠而崖不枯。"观草木崖岸，则珠玉可知也。木有朴，判而得之者材也；石有璞，剖而视之者玉也。然朴璞有实而不显，尚质也；英荣无实而有光，尚文也。谓朴无材、璞无玉，则蔽也。蕴藟不见，朴之过欤？抑工之过也？今既为工匠，当依朴之原质，遴举《段注》数条，试为剖判。拘于其书体例，先见其节目之细，构件之工，照应之密，知必有体大思精之体系在焉。其若欲还其宫室之恢宏，堂屋之井严，构架之密致，铆榫之契合，请俟异日。[1]

于省吾在比较《说文》四大家时指出："桂、王、朱三家偏于'述'而段氏偏于'作'。凡是独抒己见，成一家之言的叫作

---

[1] 见冯胜利《乾嘉之学的理论发明（一）——段玉裁〈说文解字注〉语言文字学理论阐微》，《民俗典籍文字研究》第 23 辑，商务印书馆，2019 年。

'作';对于材料作分类和系统编排的叫作'述',这是'述'与'作'不同之点。"[1] 从某种角度来说,《段注》中蕴含着传统语言文字学的学科体系,其中包括学科的研究范围、对象、术语、理论主张和研究方法等,只是由于体例的限制,未能像《六书音均表》那样做体系性、总结性的专论。欲治《说文》,首要参考就是《段注》,想要学习传统语言文字学,也常以《段注》为导引。我们学习、研读《段注》,在剖析一字一词、探讨一音一义的基础上,应当进而把握其体大思精的内在体系。作为一部两百多年前的著作,《段注》中一些具体的结论在今天看来可能已不准确,我们在继承其实际研究成果的同时,应当看到段玉裁的局限和不足。但是,段玉裁研究文字训诂的科学方法,包括形音义互相求的系统观,对于我们今天研究汉语、汉字仍然具有重要的指导意义和很高的参考价值。[2]

◇扩展阅读

丁声树《丁声树文集》(上卷),商务印书馆,2020 年。

郭锡良《汉语史论集:增补本》,商务印书馆,2005 年。

马建忠《马氏文通》,商务印书馆,1998 年。

王引之撰,李花蕾校点《经传释词》,上海古籍出版社,2016 年。

---

[1] 于省吾《从古文字学方面来评判清代文字、声韵、训诂之学的得失》,《历史研究》1962 年第 6 期。

[2] 参看郭在贻《从〈说文段注〉看中国传统语言学的研究方法》,《郭在贻文集》(第一卷),中华书局,2002 年,第 353—375 页;孙玉文《谈传统小学中形音义互求的方法——读〈说文解字注〉札记之一》,《宏德学刊》第 5 辑,江苏人民出版社,2016 年。

◇思考题

1. 你怎么理解段玉裁所提到的"文法"（如《火部》"炼"字下注）、"句法"（如《丌部》"奠"字下注）？

2. 读《广部》"庭"字下段注，谈谈你对这种语序倒置的语法现象的认识。除了段玉裁提到的之外，上古文献中还有没有类似的例子，前人对此有过哪些研究？

参考文献

一、图书类

陈奂撰，滕志贤整理《诗毛氏传疏》，凤凰出版社，2018 年。

陈立撰，刘尚慈点校《公羊义疏》，中华书局，2017 年。

陈晓强《形声字声符示源功能研究》，上海古籍出版社，2021 年。

陈垣《校勘学释例》，中华书局，1959 年。

崔枢华《说文解字声训研究》，北京师范大学出版社，2000 年。

戴震撰，汤志钧校点《戴震集》，上海古籍出版社，1980 年。

丁福保编纂《说文解字诂林》，中华书局，1988 年。

董莲池《段玉裁评传》，南京大学出版社，2006 年。

段玉裁撰，钟敬华校点《经韵楼集》，上海古籍出版社，2007 年。

方一新《训诂学概论》，江苏凤凰教育出版社，2008 年。

冯蒸《〈说文〉同义词研究》，首都师范大学出版社，1995 年。

郭珑《〈文选·赋〉联绵词研究》，巴蜀书社，2006 年。

郭在贻《郭在贻文集》，中华书局，2002 年。

郝懿行撰，王其和等点校《尔雅义疏》，中华书局，2017 年。

何九盈《语言丛稿》，商务印书馆，2006 年。

何宁《淮南子集释》，中华书局，1998 年。

黄德宽主编《古文字谱系疏证》，商务印书馆，2007 年。

黄金贵、曾昭聪编《古代汉语文化百科词典》，上海辞书出版社，
　　2016 年。

黄金贵《古代文化词义集类辨考》（新一版），商务印书馆，2016 年。

黄侃述，黄焯编《文字声韵训诂笔记》，上海古籍出版社，1983年。

黄侃《黄侃手批说文解字》，上海古籍出版社，1987年。

黄侃《说文笺识》，中华书局，2006年。

黄侃著，黄延祖重辑《黄侃国学文集》，中华书局，2006年。

黄侃著，黄焯辑，黄延祖重辑《尔雅音训》，中华书局，2007年。

黄天树《说文解字通论》，北京大学出版社，2014年。

黄易青、王宁、曹述敬《传统古音学研究通论》，商务印书馆，2015年。

黄易青《上古汉语同源词意义系统研究》，商务印书馆，2007年。

季旭昇《说文新证》，福建人民出版社，2010年。

江有诰《音学十书》，中华书局，1993年。

蒋冀骋《说文段注改篆评议》，湖南教育出版社，1993年。

蒋善国《〈说文解字〉讲稿》，语文出版社，1988年。

蒋绍愚、曹广顺主编《近代汉语语法史研究综述》，商务印书馆，2005年。

蒋绍愚《古汉语词汇纲要》，商务印书馆，2005年。

蒋绍愚《汉语历史词汇学概要》，商务印书馆，2016年。

李传书《说文解字注研究》，湖南人民出版社，1997年。

李国英《小篆形声字研究》，北京师范大学出版社，1996年。

李学勤主编《字源》，天津古籍出版社，2013年。

刘钧杰《同源字典补》，商务印书馆，1999年。

陆宗达、王宁《训诂与训诂学》，山西教育出版社，1994年。

陆宗达《陆宗达语言学论文集》，北京师范大学出版社，1996年。

陆宗达《训诂简论》，北京出版社，2002年。

陆宗达《说文解字通论》，中华书局，2015 年。

陆宗达、王宁《训诂方法论》，中华书局，2018 年。

罗根泽《管子探源》，山东文艺出版社，2018 年。

罗振玉《殷虚书契考释三种》，中华书局，2006 年。

吕叔湘《中国文法要略》，商务印书馆，1982 年。

马建忠《马氏文通》，商务印书馆，1998 年。

马景仑《段注训诂研究》，江苏教育出版社，1997 年。

马瑞辰撰，陈金生点校《毛诗传笺通释》，中华书局，1989 年。

梅广《上古汉语语法纲要》，上海教育出版社，2018 年。

裘锡圭《裘锡圭学术文集》（甲骨文卷），复旦大学出版社，
　　2012 年。

裘锡圭《文字学概要》（修订本），商务印书馆，2013 年。

阮元撰，邓经元点校《揅经室集》，中华书局，1993 年。

上海人民出版社编，姜义华点校《章太炎全集：春秋左传读·春
　　秋左传读叙录·驳箴膏肓评》，上海人民出版社，2014 年。

上海人民出版社编，蒋礼鸿、殷孟伦、殷焕先点校《章太炎全集：
　　新方言·岭外三州语·文始·小学答问·说文部首均语·新
　　出三体石经考》，上海人民出版社，2014 年。

沈兼士著，葛信益、启功整理《沈兼士学术论文集》，中华书局，
　　1986 年。

舒新城等主编《辞海》，中华书局，1936 年。

苏宝荣《词汇学与辞书学研究》，商务印书馆，2008 年。

孙玉文《汉语变调构词考辨》，商务印书馆，2015 年。

童书业遗著《春秋左传研究》，上海人民出版社，1980 年。

万献初《〈说文〉学导论》，武汉大学出版社，2014 年。

汪维辉《东汉—隋常用词演变研究》（修订本），商务印书馆，2017年。

王国维《观堂集林》，中华书局，1961年。

王华宝《段玉裁年谱长编》，江苏人民出版社，2016年。

王力《同源字典》，商务印书馆，1982年。

王力《王力语言学论文集》，商务印书馆，2000年。

王力《汉语史稿》，中华书局，2013年。

王力《清代古音学》，中华书局，2013年。

王力《中国语言学史》，中华书局，2013年。

王力《汉语语音史》，中华书局，2014年。

王念孙撰，张靖伟等校点《广雅疏证》，上海古籍出版社，2018年。

王宁《训诂学原理》，中国国际广播出版社，1996年。

王宁主编《汉字学概要》，北京师范大学出版社，2001年。

王宁主编《古代汉语》，高等教育出版社，2012年。

王宁《汉字构形学导论》，商务印书馆，2015年。

王宁《汉字六论》，中国大百科全书出版社，2017年。

王宁主编《训诂学》（第2版），高等教育出版社，2017年。

王平《〈说文〉研读》，华东师范大学出版社，2011年。

王引之撰，李花蕾校点《经传释词》，上海古籍出版社，2016年。

王云路、方一新《中古汉语语词例释》，吉林教育出版社，1992年。

王云路、王诚《汉语词汇核心义研究》，北京大学出版社，2014年。

邢福义《汉语复句研究》，商务印书馆，2001年。

许嘉璐主编《传统语言学辞典》，河北教育出版社，1990年。

许慎撰，段玉裁注，许惟贤整理《说文解字注》，凤凰出版社，

2015 年。

杨伯峻译注《孟子译注》，中华书局，2010 年。

杨剑桥《古汉语语法讲义》，复旦大学出版社，2020 年。

杨树达《积微居小学述林》，中华书局，1983 年。

语言学名词审定委员会《语言学名词》，商务印书馆，2011 年。

张舜徽《爱晚庐随笔》，华中师范大学出版社，2005 年。

张涌泉《汉语俗字研究》（增订本），商务印书馆，2010 年。

张政烺《甲骨金文与商周史研究》，中华书局，2012 年。

章太炎《国故论衡》，上海古籍出版社，2003 年。

章太炎讲授，朱希祖、钱玄同、周树人记录，陆宗达、章念驰顾
　　问，王宁主持整理《章太炎说文解字授课笔记（缩印本）》，
　　中华书局，2010 年。

中国社会科学院语言研究所古代汉语研究室编《古代汉语虚词词
　　典》，商务印书馆，2012 年。

钟明立《段注同义词考论》，中国文联出版社，2002 年。

周祖谟《问学集》，中华书局，1981 年。

二、论文类

董志翘《传统训诂之典范古籍整理之利器——重读段玉裁〈说文
　　解字注〉》，《古籍整理研究学刊》2015 年第 6 期。

冯胜利《乾嘉之学的理论发明（一）——段玉裁〈说文解字注〉
　　语言文字学理论阐微》，《民俗典籍文字研究》第 23 辑，商务
　　印书馆，2019 年。

郭必之《从〈说文解字注〉看段玉裁"合韵"说的运用》，《中国
　　文化研究所学报》第 40 期，香港中文大学出版社，2000 年。

郭珑《段玉裁对〈说文解字〉连绵词训释所作校补考》,《兰州大学学报》2005 年第 5 期。

郭锡良《古汉语虚词研究评议》,《语言科学》2003 年第 1 期。

郭燕妮、黄易青《上古汉语虚词溯源与转语平行互证法——以九组常见虚词为例》,《北京师范大学学报（社会科学版）》2019 年第 2 期。

何炳棣《华北原始土地耕作方式：科学、训诂互证示例》,《农业考古》1991 年第 1 期。

何书《〈说文解字注〉的语法观》,《徐州师范大学学报》2004 年第 6 期。

华学诚《〈说文〉"一曰"义例试说》,《内蒙古师范大学学报（哲学社会科学版）》1986 年第 4 期。

黄易青《论"谐声"的鉴别及声符的历史音变》,《古汉语研究》2005 年第 3 期。

黄易青《上古汉语意义系统中的对立统一关系——兼论意义内涵的量化分析方法》,《北京师范大学学报（社会科学版）》2003 年第 5 期。

蒋冀骋《〈说文〉注音释义考略》,《古汉语研究》2021 年第 4 期。

蒋绍愚《两次分类——再谈词汇系统及其变化》,《中国语文》1999 年第 5 期。

李国英《〈说文〉的造意——兼论辞书对〈说文〉训释材料的采用》,《辞书研究》1987 年第 1 期。

凌丽君、苏晓君《段玉裁〈说文解字注〉"联绵字"异形考辨》,《民俗典籍文字研究》第 26 辑,商务印书馆,2020 年。

鲁国尧《新知：语言学思想家段玉裁及〈六书音均表〉书谱》,

《汉语学报》2015 年第 4 期。

桥本秀美《基于文献学的经学史研究》，《儒家典籍与思想研究》
　　第 1 辑，北京大学出版社，2009 年。

施向东《试论上古音幽宵两部与侵缉谈盍四部的通转》，《天津大
　　学学报（社会科学版）》1999 年第 1 期。

宋永培《对〈说文段注〉有关"引申的系统性"论述的整理研
　　究》，《古籍整理研究学刊》1996 年第 2 期。

孙玉文《谈传统小学中形音义互求的方法——读〈说文解字注〉
　　札记之一》，《宏德学刊》第 5 辑，江苏人民出版社，2016 年。

王宁、黄易青《词源意义与词汇意义论析》，《北京师范大学学报
　　（人文社会科学版）》2002 年第 4 期。

王宁、黄易青《黄侃先生古本音说中的声韵"相挟而变"理论
　　——兼论古今音变的"条件"》，《陕西师范大学学报（哲学
　　社会科学版）》2003 年第 4 期。

王云路《段玉裁与汉语词汇核心义研究》，《华中国学》总第六卷，
　　华中科技大学出版社，2016 年。

向熹《〈诗经〉里的复音词》，《语言学论丛》第 6 辑，商务印书
　　馆，1980 年。

于省吾《从古文字学方面来评判清代文字、声韵、训诂之学的得
　　失》，《历史研究》1962 年第 6 期。

朱承平《段玉裁的古声类观》，《中南民族学院学报（社会科学
　　版）》1986 年第 3 期。

祝注先《"啻"和"不啻"》，《辞书研究》1980 年第 4 期。